A MULHER VAI AO CINEMA

Organizadores

Inês Assunção de Castro Teixeira

José de Sousa Miguel Lopes

A MULHER VAI AO CINEMA

2ª edição

autêntica

CAPA
Victor Bittow (Sobre foto de Miguel Vidal/Reuters. *Jornal 20 MINUTOS*, Barcelona, Espanha, 26 de novembro de 2004, página 01)

EDITORAÇÃO ELETRÔNICA
Waldênia Alvarenga Santos Ataíde

REVISÃO
Rosemara Dias dos Santos

AUTÊNTICA EDITORA
BELO HORIZONTE
Rua Aimorés, 981, 8° andar. Funcionários
30140-071. Belo Horizonte. MG
Tel: (55 31) 3222 68 19
TELEVENDAS: 0800 283 13 22
www.autenticaeditora.com.br
e-mail: autentica@autenticaeditora.com.br

Teixeira, Inês Assunção de Castro

T266m A mulher vai ao cinema / organizado por Inês Assunção de Castro Teixeira e José de Sousa Miguel Lopes . — 2. ed. — Belo Horizonte: Autêntica, 2008.

296 p.

ISBN 978-85-7526-164-4

1.Mulheres no cinema. I.Lopes, José de Sousa Miguel. II.Título.

CDU 791.43-055.2

Ficha catalográfica elaborada por Rinaldo de Moura Faria - CRB6-1006

Este livro é dedicado a todas as mulheres, do passado e do presente, que, vivendo em precárias condições sociais, nunca puderam estar em uma sala de cinema e nela conhecer a arte cinematográfica. É dedicado, ainda, a todas as mulheres que estão nas telas e demais atividades direta e indiretamente envolvidas na criação, produção, distribuição e exibição dessa arte. Às mulheres que fazem desses ofícios um palco de lutas pela justiça, pela liberdade e pela dignidade entre os povos dedicamos este trabalho.

Sumário

Prefácio

Vá ao cinema!

Eliane Marta Teixeira Lopes

O desafio que propõe este livro, bem como outros trabalhos que produziram seus organizadores e diversos autores, é o de pensar o cinema como uma expressão da cultura, mas também como uma forma de educação. A construção da cultura implica homens, mulheres, meninos e meninas de diferentes classes sociais e idades, que a construirão da maneira como foram construídos – mas não da mesma maneira. Na cultura, nada tem mão única e nada é imune à resistência. O cinema tanto recebe quanto oferece imagens, idéias, figuras, modelos de ordem e de rebeldia. Qual o papel que o cinema tem, e como isso pode ter um viés especial do ponto de vista do exercício da educação? Qual o papel que o cinema tem, e como isso pode ter um viés especial do ponto de vista da mulher que nele é mostrada?

O cinema, produção da cultura, desse negócio de homens e mulheres, não apenas conta histórias, mas também tem história – e não apenas uma. Expandido por todo o mundo, em cada país onde foi e é produzido, há a feição dele, isto é, de sua cultura, de seu povo. Vamos falar um pouco da história dos primórdios do cinema.

Filmes e figuras em movimento[1] foram desenvolvidos cientificamente muito antes de suas possibilidades artísticas ou comerciais serem

[1] A palavra cinema tem em sua etimologia a origem grega *Kinein* e a latina *ciere citus,* ambas palavras relativas a movimento, colocar em movimento.

desenvolvidas e exploradas[2]. Em 1824, um inglês publicou um artigo no qual anunciava que o olho humano retinha a imagem por uma fração de segundo além do momento em que ela estava presente. Isto levou muitos cientistas a inventarem variadas maneiras de demonstrar esse princípio. Um deles foi Thomas Alva Edison, que patenteou o *Kinetoscope* em 1891. Na Europa, em 1895, os irmãos Lumière, Louis e Auguste introduziram o cinematógrafo, combinando impressor, câmera e projetor. A partir daí, produziram vários filmes curtos sobre situações de rua e situações de portas de fábrica; o mais famoso deles, o de um trem que, entrando em uma estação, causou pânico na platéia. Era como se estivesse, ao vivo, atropelando a todos.

Em 1896, o francês Georges Méliès[3], adepto das magias e da fantasia teatrais, depois de assistir ao filme dos irmãos Lumière, provou que o filme podia interpretar a vida muito bem e fez uma série de filmes que exploravam o potencial de narrativa do novo meio. Em 1899, ele filmou *Cinderela* em 20 cenas. Essa talvez tenha sido a primeira abordagem do feminino no cinema. Cinderela, boa e doce, serve de empregada a sua malvada madrasta e suas filhas. Ajudada por sua madrinha, a fada boa, ela vai aparecer esplêndida e misteriosa no baile do príncipe. Seduzido por ela, ele a reencontrará, depois de tê-la perdido, graças ao sapatinho de cristal perdido na escada depois de sua fuga alucinada à meia noite. Existirão não menos que 345 versões do conto *Cinderela.* A mais antiga é uma história chinesa que foi deixada por escrito no século IX antes de Cristo. Depois dela é que vem a mais conhecida por nós ocidentais, a de Charles Perrault, escrita em 1697. No conto, o que torna interessante essa história simples e comovente são suas características de rapidez, o anonimato desprovido de realismo físico dos personagens que permite uma imediata identificação do leitor/a e sua leveza. Mesmo sabendo que Cinderela é "cem vezes mais bela que suas irmãs" e sua madrasta, "a mais altiva e a mais orgulhosa que jamais se viu", no conto não se conhecem suas qualidades físicas. Todos qualificativos empregados pelo autor para descrevê-la

---

[2] Esses dados foram extraídos, entre outras fontes, de "Motion Pictures, History of," Microsoft® Encarta® 96 Encyclopedia. © 1993-1995 Microsoft Corporation. All rights reserved. © Funk & Wagnalls Corporation. All rights reserved.

[3] http://www.alphacentauri.be/Friends/Melies/Index.htm. Confira também: DUARTE, Rosália. *Cinema e Educação.* Belo Horizonte: Autêntica, 2002. p. 26.

são de natureza moral e psicológica. Só em 1949, com o filme de Walt Disney, é que vamos acrescentar a esses adjetivos o loura, com traços delicados, pequena e, naturalmente, branca.[4]

O estilo documentarista dos irmãos Lumière e as fantasias teatrais de Méliès foram fundidos na ficção realista do inventor americano Edwin Porter, que é freqüentemente chamado de "o pai do filme de história". Trabalhando no estudo de Edison, Porter fez o primeiro filme *O grande assalto do trem,* em 1903, que fez grande sucesso marcando aí o início do cinema como arte popular e indústria. Rapidamente vai deixando de ser apenas diversão e se transformando em máquina de fazer dinheiro e expandindo-se para diferentes partes do mundo. Iniciava-se também a era do cinema mudo, que começava a ser uma indústria. Nos filmes mudos, para que não existissem dúvidas, legendas e rótulos eram inseridos entre as cenas explicando a ação ou os diálogos. Dentro das salas de exibição, um pianista, ou um violinista, acompanhava com o ritmo e a melodia o próprio suceder da trama. As barracas do início do cinema se transformavam em salas elegantes e espaçosas que as classes mais altas da sociedade começaram a freqüentar. Ir ao cinema começou a ser um programa.

Mas sendo um negócio rendoso, gerou, além de lucros, brigas por eles. Essa fase (1897-1907) foi conhecida como a guerra das patentes entre Edison e os outros e incluiu inúmeros processos, fechamento de salas e confiscação de aparelhos. Para fugir das perseguições jurídicas de Edison, os produtores independentes resolvem ir para outro lado do país, a Califórnia. Ali, distante do centro econômico do país, surge Hollywood e os primeiros grandes estúdios. Em 1912, Mack Sennett, o maior produtor de comédias do cinema mudo, que descobriu Charles Chaplin e Buster Keaton, instala a sua Keystone Company. No mesmo ano, surge a Famous Players (futura Paramount) e, em 1915, a Fox Films Corporation. Para enfrentar os altos salários e custos de produção, exibidores e distribuidores reúnem-se em conglomerados autônomos, como a United Artists, fundada em 1919. A todo-poderosa, 20th Century Fox, só vai surgir em 1935.

A década de 20 consolida a indústria cinematográfica americana e os grandes gêneros – *western,* policial, musical e, principalmente, a comédia –, todos ligados diretamente ao estrelismo.[5] Esse *star system* é um

---

[4] http://expositions.bnf.fr/contes/grand/162.htm.

[5] http://www.conhecimentosgerais.com.br/cinema/ascensao-de-hollywood.html.

sistema de *fabricação* de estrelas que encantam as platéias. Mary Pickford, a "noivinha da América", Theda Bara, a espiã misteriosa com olheiras que farão moda, Tom Mix, Douglas Fairbanks e Rodolfo Valentino são alguns dos nomes mais expressivos. Com o êxito alcançado, os filmes passam dos 20 minutos iniciais a, pelo menos, 90 minutos de projeção. O ídolo é chamado a encarnar papéis fixos e repetir atuações que o tenham consagrado.

Mas eis que, em 06 de outubro de 1927, algo maravilhoso acontece: o cinema começa a falar!!! A Fox produz curtas e seu primeiro filme de atualidades utilizando o sistema *Movietone*, que grava o som diretamente na película; *Aurora*, de Murnau, é lançado apenas com música; *O cantor de jazz* usa o *Vitaphone* (sistema de sonorização em discos) para realizar cenas musicais sincronizadas. Em 1928, é apresentado o *Mickey* de Walt Disney e introduz-se o som sincronizado em desenhos animados. O som das vozes vai provocar ascensão e queda de vários atores e atrizes; cito apenas Louise Brooks e lembro que a mais bela, Greta Garbo, teve sua atuação e reputação seriamente abaladas. O *star system* faz com que atores e atrizes se convertam em mito[6] e já não podem mais contar apenas com a imagem. E surgem, para consolidar os mitos, as revistas especializadas em pequenos *flashes* e grandes escândalos da vida cotidiana de atores e atrizes; e a vida privada de cada um passa a ser levada a todos, consumida e copiada vorazmente. "Todos querem ser Cary Grant, até eu quero ser Cary Grant". E surgem as modas copiadas de atores grandes ou pequenos. Copiadas de menina que fazia um sucesso espetacular, comovendo adultos e crianças, as bonecas Shirley Temple fizeram grande sucesso, assim como o tipo de sapato, os vestidos e o penteado que ela usava. As crianças deveriam ser bonitas, inteligentes, espertas, comoventes, elegantes tal como ela. Era chique e revelava contemporaneidade estar entrosado com o que atrizes e atores vestiam. Não menos furor fizeram os modelos de bigode de Douglas Fairbanks ou de Rodolfo Valentino e suas maneiras de amar e fazer amor (apenas presumidas).

Já é lugar comum podermos dizer que o cinema educa. E não acho apropriado dizermos que, às vezes, deseduca, já que é sempre educação,

---

[6] Assisti recentemente na TV a um filme interpretado por Charles Bronson e Jill Ireland, em que fica muito clara a origem, o nascimento do mito e a impossibilidade (ou dificuldade) de destruí-lo: *From noon till three* (em português: *O Grande Assalto*).

mesmo que não se concorde com seus objetivos, métodos ou resultado final. E educa talvez de forma mais definitiva, pois apela para emoção, para a fantasia.[7] A imagem é um poderoso veículo de impressão. Nas sociedades pós-modernas, que são essas nas quais convivemos, a imagem se impôs no lugar do objeto. O imaginário dessas sociedades passou a adquirir características próprias, alcançando tal intensidade que se passa a visar recriar a realidade, transformando-a em uma outra realidade – a realidade virtual. Livre de angústia e de esforço, a imagem oferece a apreensão instantânea. Nessa cultura imediatista, o adiamento da satisfação torna-se insuportável assim como qualquer idéia de trajeto, necessária à construção de um projeto que implique retorno a longo prazo. Busca-se o prazer aqui e agora, e o conhecimento deve ser apreendido de forma rápida, panorâmica e globalizante. A imagem se torna, portanto, uma forma de transmissão de conhecimento que pode se adequar a essa demanda de rapidez e "imediatez" com todas as conseqüências que tem.[8]

O cinema, imagem e(m) movimento, passou a ser, em várias sociedades, incluindo a brasileira, e desde as primeiras décadas do século XX, uma das formas culturais mais significativas. Em pouco tempo, o cinema transformou-se numa instância formativa poderosa, provocando novas práticas e novos ritos urbanos com representações de gênero, sexuais, étnicas e de classe reiteradas, legitimadas ou marginalizadas. O cinema e a TV elegem e indicam o que é e deve ser qualificado e o que, ao contrário, deve ser desqualificado.

Nas últimas décadas, outras leituras, além das técnicas e incluindo a perspectiva feminista, vêm sendo propostas. É graças a essas análises, a um certo ponto de vista, que hoje é possível assistir aos filmes com menos ingenuidade do que há alguns anos. Além disso, novos temas, como o da Aids, que vem associado ao homossexualismo e ao uso de drogas e a sua aceitação ou não, passam a freqüentar as grandes e as pequenas telas. Um outro tema que não se esconde mais atrás de disfarçadas formas de expressão é o racismo e as mais cruentas formas de discriminação e suas manifestações de opressão, libertação e resistência.

---

[7] Daqui em frente me apoiarei largamente no texto de Guacira Lopes Louro O cinema como pedagogia. In: *500 anos de educação no Brasil*. Belo Horizonte: Autêntica Editora, 2000.

[8] Cf: LIMA, Nádia La Guardia de. *Sedução e alienação no ciberespaço*. Dissertação de Mestrado. FaE/UFMG, 2002.

As transformações sociais que marcaram os anos 60, especialmente no terreno das relações de gênero, também se revelam no cinema. Sem ser um grande filme, *Ardida como pimenta* (1953), mistura de faroeste com comédia romântica, estrelado por Doris Day no papel de Calamity Jane, é muito expressivo para se perceber esse início de um, digamos, movimento de liberação da mulher. A mulher (e sabemos bem a imagem de boa moça que tem Doris Day) luta pelo que deseja, pelo que é seu – a terra e as formas de ocupá-la, assunto sempre de homens – vestida de homem e agindo como um homem agiria; ao fim do filme, quando encontra um amor em um homem, ela queima todos esses signos de masculinidade, que são também os de uma vida livre e destemida, e se veste de mulher e assume o papel que uma mulher *deve* ter. Era preciso esperar pelos tempos em que a mulher não queimaria suas formas de expressão.

A partir dessa época, mulheres independentes passam a ser apresentadas de forma positiva em alguns filmes: mulheres que vivem por sua própria conta, que sustentam sozinhas seus filhos e que, eventualmente, podem expressar sua sexualidade. Chegam mesmo a um papel ativo e nada convencional ou estereotipado nas conquistas e nos jogos de sedução. Formas de sexualidade antes proibidas, para homens e mulheres, também são agora encenadas: personagens *gays* e lésbicas não apenas se tornam *visíveis* como também são, algumas vezes, centrais nas tramas. Apesar disso, ainda são freqüentes os desfechos trágicos para aqueles e aquelas que vivem fora do padrão heterossexual, mesmo que, eventualmente, alguns desses personagens sejam protagonizados por artistas consagrados. Os jogos de travestismo e transexualidade também aparecem, e mais em comédias, como em *Quanto mais quente melhor* (1959), *Vitor e Vitória* (1982) ou *Tootsie* (1982); nesses casos, as fronteiras de gênero são atravessadas apenas de brincadeira ou transitoriamente. Mas podem ser consideradas brincadeiras sérias (*Priscila, a rainha do deserto* – 1994).

Até os anos 70, a preservação da idéia de que a virgindade feminina é intocável mantém-se como uma questão central. Ela se constituía na *pedra de toque* que permitia distinguir as moças bem-comportadas daquelas que haviam *se perdido*. Era fundamental, portanto, não apenas ser virgem até o casamento mas, principalmente, aparentar ser virgem. Terríveis conseqüências adviriam para aquelas que afrouxassem o autocontrole. Ao mesmo tempo em que acentuavam o caráter sexual "naturalmente" ativo dos homens, os vários discursos em circulação tornavam-se escorregadios quando tratavam da sexualidade das mulheres. A ambigüidade em relação à sexualidade feminina sugeria que essa sexualidade poderia explodir, repentinamente, caso não fosse cuidadosamente vigiada, controlada, governada. Cabia às *boas moças* exercer o controle não apenas sobre si mesmas mas também sobre a impetuosidade de seus namorados e noivos. O sexo legitimado era, certamente, o sexo conjugal, sancionado pelas leis civis e pela igreja. No entanto, até mesmo no contexto do casamento, a maioria dos filmes populares, romances, comédias e musicais, bem como os filmes e seriados da televisão (que passavam a ser divulgados no Brasil), evitavam apresentar situações que sugerissem relações sexuais. Camas de solteiro, separadas por mesinhas de cabeceira com delicados abajures, constituíam-se no mobiliário tradicional dos quartos de casais, e beijos, quando mais calorosos, eram gradualmente esmaecidos, com o discreto passear da câmera sugerindo que a ação amorosa continuava. Fora do casamento, a sexualidade era, quase sempre, representada como perigosa, proibida, vergonhosa ou subversiva, usualmente sujeita à punição ou à condenação. Os anos noventa trouxeram o adultério sem-censura e o debate sobre ele. O adultério pode ser cor-de-rosa (Amor à primeira vista; Ponte de Madison) sem ferir os cônjuges, mesmo que implique uma terrível e dolorosa renúncia dos amantes, ou pode ser devastador e mortal (*Atração fatal*).

Os filmes de faroeste criaram o herói branco que, geralmente sozinho, salva a cidade, a sociedade, a mocinha, os valores tradicionais, ataca os vilões, em geral índios ou negros etc. Um tipo particular de masculinidade ganha legitimidade e universalidade através desses filmes: mocinhos são fortes, corajosos, duros; freqüentemente solitários e silenciosos; são também decididos e capazes de liderar; e, na maioria dos *western* clássicos, são decentes e bons. Por outro lado, uma masculinidade mais dura e violenta passa a ser exaltada, especialmente a partir dos anos 80. Surgem os "exterminadores" e "robocops", os "rambos" e tantos outros "duros de matar". São heróis, de algum modo, sobre-humanos que lutam sozinhos contra uma sociedade crescentemente deteriorada. Os corpos desses novos heróis exalam uma hipermasculinidade, marcada pelos músculos esculpidos nos exercícios e nas lutas, ou produzida por incríveis combinações humano-tecnológicas, em que o corpo-máquina potencializa as habilidades e poderes do homem. A formação de "homens de verdade" contou sempre com esses aliados. A televisão popularizou esses tipos, transformando-os mesmo em super-heróis prontos a estar ao lado de cada criança e cada jovem a qualquer hora do dia, fazendo-os julgarem, algumas vezes, ser eles mesmos os super-heróis.

Os filmes dos anos 80 e 90 tornam visíveis, também, outras formas de masculinidade e de feminilidade. As possibilidades de trajetórias e de destinos são apresentadas menos dicotomizadas, mais plurais e complexificadas. Os limites estão borrados, o que, pelo menos em princípio, exige para as imagens muito mais palavras, já se podendo deduzir daí um papel importante da educação, seja na escola, em casa ou em outro lugar. Para que a imagem não ocupe tudo, é preciso ceder lugar cada vez maior à palavra, pois é ela que sempre dá a dimensão limitada e incompleta do ser humano.

Além disso, o advento das redes de televisão a cabo trouxe a possibilidade das pessoas confrontarem documentários com filmes, pois são os documentários que revelam, mostram o que, muitas vezes, os filmes não têm condição (ou não querem) de mostrar e dizer, pois exploram aspectos sociais, culturais e humanos antes restritos a especialistas. Quando a possibilidade de confronto é maior, a inteligência das coisas também o é.

Nada disso quer dizer que as pedagogias culturais dominantes tenham deixado de reafirmar a óptica branca, masculina, heterossexual e ocidental; mas temos que reconhecer que uma política de identidade está em curso. Grupos historicamente subordinados (não apenas do ponto de vista de gênero e sexualidade mas também de raça, etnia, classe) buscam, crescentemente, afirmar seus valores, suas escolhas, sua estética; lutam pela possibilidade de representar a si mesmos e, para isso, ocupam todos os espaços e instâncias possíveis, entre esses, obviamente, o cinema. Hoje é possível ver, nas salas de cinema, ao lado de filmes americanos – ainda com ampla dominação no mercado[9] –, filmes europeus, coreanos, indianos, sul-americanos e outros. Tudo isso permite que a leitura de um filme possa ser interpretada pelo que se assistiu de outro.

Os leitores deste livro devem saber que os autores dos diversos artigos são, antes de serem doutores ou professores, amantes do cinema. É amar o cinema, aquela sensação que dá a sala escura, a tela grande (com ou sem pipoca), que permite a leitura e a interpretação de um

[9] A França comemorou, este ano, a volta do grande público ao cinema francês.

filme. E aqui talvez se abra um segredo e um convite: para uma leitura de um filme, ou para se tornar um leitor ou leitora de um filme, o truque é ir muito ao cinema, é assistir aos filmes indicados pelos amigos ou pelo bonequinho que aplaude mas também se deixar guiar pela intuição de que "pode ser bom" ou "gosto desse artista" ou "gosto desse diretor". É claro que existem filmes ruins, mas são ruins para quem? Há também os que são ditos muito bons, mas são bons para quem? Sempre é bom relativizar e formar opinião, a sua opinião.

Assim, leia os artigos deste livro que traz o cinema, pegue o vídeo ou o DVD do filme, mas... vá ao cinema e divirta-se!

A mulher vai ao cinema
Apresentação à segunda edição

Inês Assunção de Castro Teixeira
José de Sousa Miguel Lopes

Quando ela mente não sei
Se deveras sente o que mente pra mim
Serei eu mais um personagem
Efêmero da sua trama
Quando vestida de preto
Dá-me um beijo seco
Prevejo o meu fim
Ela faz cinema, ela faz cinema
Ela é demais
Talvez nem me queira bem
Porém faz um bem que ninguém me faz.

(*Chico Buarque de Hollanda*)

Com grande alegria apresentamos aos leitores e às leitoras a segunda edição de *A mulher vai ao cinema.* Como os demais números da coleção Educação, Cultura e Cinema, este segundo número foi muito bem aceito no País.

Por certo que esta segunda edição poderia ser enriquecida com novos filmes e colaborações, o que não foi nossa escolha. Além de não pretendermos adiar este novo lançamento, sabemos que sempre haverá grandes filmes que não seriam selecionados, visto os limites de um livro.

É inegável que de agosto de 2005, quando do lançamento da primeira edição de *A mulher vai ao cinema,* até hoje, belas obras fílmicas, cujo argumento central refere-se às mulheres e aos femininos, foram realizadas. Se pensarmos na produção mais recente, por exemplo, teríamos grandes novos trabalhos. No Brasil, entre muitos outros, poderíamos citar: *Estamira* (Marcos Prado, 2005); *Casa de areia* (Andrucha Waddington, 2005); *Anjos do sol* (Rudi Lagemann, 2006); *Carreiras* (Domingos de Oliveira, 2006); *O céu de Suely* (Karim Aïnouz, 2006); *Jogo de cena* (Eduardo Coutinho, 2007). Na Argentina, para ficar com mais um país da América Latina, teríamos outros tantos como: *Conversando com mamãe* (Santiago Carlos Oves, 2006); *Elsa e Fred – um amor de paixão* (Marcos Carnevale, 2005) e *La niña santa* (Lucrecia Martel, 2004). Na Colômbia temos *Maria Cheia de Graça* (Joshua Marston, 2004), entre outras importantes obras da cinematografia latinoamericana. Indo a outras regiões e países como a Espanha, não poderiam faltar *Volver* (Pedro Almodóvar, 2006) e *Te doy mis ojos* (Icíar Bollain, 2003). Numa produção canadense e espanhola, lembramos o filme *Minha vida sem mim* (Isabel Corceix, 2003). Vindo de Espanha/Itália/EUA, destacam-se *Cem escovadas antes de dormir* (Luca Guadagnino, 2005) e dos USA, *As mulheres de verdade têm curvas* (Patrícia Cardoso, 2002); estes dois últimos, focalizando questões do universo de jovens mulheres, no conjunto de outras obras. Do Iran não se pode esquecer *Às cinco da tarde* (Samira Makhmalbaf, 2003) e *O caminho de Kandahar* (Mohsen Makhmalbaf, 2001), entre inúmeros. Passando ao continente africano, temos os belíssimos *Zulu love letter* (Radaman Suleman, África do Sul, 2004), *Moolaadé* (Ousmane Sembene, Senegal, 2004), *Esperando a felicidade* (Abderrahmane Sissako, Mauritânia, 2002), entre outras importantes obras dessas e outras regiões e países.

Tais fatos indicam que as mulheres continuam presentes e cada vez mais visíveis nas cenas da história e nas telas do cinema. Reinventam seu passado, no presente, e evocam devires históricos e cinematográficos, em luminosas figurações femininas. Sejam eles "os femininos em estado de rebelião e primavera", sejam eles "na profusão das cores do tapete", expressões de Maria Antonieta Pereira e de Ana Maria Cavalieri com as quais agrupamos os filmes discutidos nas duas partes desta coletânea.

Elas estão interpretando enredos e histórias nas telas. Talvez por isso Chico Buarque as tenha cantado com as palavras em epígrafe. E com outras em que diz: "com tantos filmes na minha mente, é natural que toda atriz presentemente represente muito pra mim. Represente presentemente muito pra mim".

Nos trabalhos de produção, de distribuição e exibição dos filmes, seja nos primeiros planos, seja nos mais escondidos e distantes, as mulheres se revelam.

Elas estão cada vez mais presentes no cinema, também como diretoras e roteiristas, como realizadoras. E isso é o mais importante, tal como se observa em mostras de cinema de realizadoras femininas, a exemplo do Festival Internacional de Filmes de Mulheres de Créteil, na França, em sua trigésima edição. Realizado entre 14 e 23 de março de 2008, nele foram exibidos 150 filmes de diretoras mulheres de todo o mundo, incluindo películas de Taiwan, dos Estados Unidos, do Iran, da Rússia, da França, da Índia e uma co-produção germano-turca. No Brasil, temos um outro exemplo, o Festival Internacional de Cinema Feminino (FEMINA), com sua primeira edição em 2004 e realizado anualmente no Rio de Janeiro.

Mais vagarosamente, porque aí estão em menor número, visto que o trabalho e a produção de cinema é ainda um universo masculino, as mulheres foram ampliando seu lugar nessa arte: tomam as câmeras nas mãos, escrevem os textos, os roteiros, dirigem os atores, montam os cenários. São muito mais do que atrizes ou intérpretes: são autoras – realizadoras, diretoras, roteiristas – de variados tipos de criação cinematográfica.

Observando o cinema da América Latina e do Caribe, para ficar com o que nos é mais próximo e familiar, remonta aos primórdios de sua história a presença de mulheres como intérpretes, diretoras, produtoras, escritoras ou como roteiristas, embora em pequeno número quando realizadoras, o que tem ampliado nos nossos dias. E assim sendo, as diretoras de cinema dessa região, trouxeram às telas e aos enredos sua sensibilidade, suas inquietações, suas preocupações, nelas refletindo vidas e histórias de mulheres colocadas nas películas com talento e técnica. Ainda que para isso elas tenham de vencer inúmeras dificuldades, algumas das quais comuns aos diretores, homens, pois ambos, diretoras e diretores de cinema na América Latina e no Caribe, têm de enfrentar os esquemas de produção, distribuição e exibição da produção hollywoodiana, entre outros problemas.

Sobre os trabalhos das diretoras de cinema na América Latina e no Caribe, especificamente, Concha Irazabal (2002) salienta que muitas de suas obras cinematográficas revelam um cinema "marcado por compromisso político e social, carregado de frescura e atrevimento". Muitas realizam seus trabalhos de forma independente, afastando-se dos clichês do cinema hollywoodiano, mesmo em se tratando de diretoras que estão fazendo cinema ou o fizeram na Europa ou nos Estados Unidos. Em alguns desses casos, por razões políticas, perseguidas em seus países onde combatiam as ditaduras militares.

Apenas para ilustrar ou mesmo como uma homenagem, lembremos de algumas dessas realizadoras, começando pelas pioneiras: as argentinas Emilia Saleny e Maria V. de Celestina, que desenvolveram seus trabalhos na época do cinema mudo; as brasileiras Cléo de Verberena e Gilda de Abreu, esta nascida na França, porém brasileira por adoção, e as mexicanas Cândida Beltrán, Mimi Derba, Adela Sequeyro e Maria Navarro. Da Venezuela pode-se citar Margot Benacerraf, que dirigiu duas películas importantes na cinematografia latinoamericana, quais sejam, *Reverón* (1952) e *Araya* (1959). Na Argentina da atualidade, com alguns de seus filmes trazendo a temática da mulher à cena, destaca-se Lucrecia Martel. E no Brasil, mais recentemente, aparecem Tizuka Yamasaki e Susana Amaral, ao lado de Eliane Caffe, Ana Luiza Azevedo, Daniela Thomas, Kátia Lund, entre várias outras com importantes contribuições para a produção cinematográfica brasileira contemporânea.

Ainda segundo Concha Irazabal, muito do cinema das realizadoras dessa região é de pouca projeção comercial, cuja promoção e distribuição além de seus limites geográficos é quase nula. Porém, deve-se destacar a aposta dessas mulheres no sentido de conquistar um espaço em que possam mostrar sua modesta participação em termos numéricos. Em face do número de diretores homens, essas cineastas vão se firmando e rompendo barreiras, trazendo novas interpretações da realidade. Não se deixam abater pelas dificuldades, para elas específicas e maiores no universo masculino do cinema, onde cresce a presença de mulheres diretoras. Essa é uma tendência irreversível, como também em outros espaços das artes, do conhecimento, da política, embora ainda sejam relativamente poucas e com pequena visibilidade. Porém, elas valem por muitas, porque são ousadas, aguerridas, persistentes. Como Tisuka Yamasaki afirmava em uma de suas entrevistas: "se eu não fosse ambiciosa e não tivesse um pouco de irresponsabilidade e loucura, não conseguiria fazer cinema".

Mas essa é conversa para outro livro em que possamos discutir as vidas e as histórias das realizadoras de cinema, suas alegrias e dificuldades, seus projetos, suas frustrações e seus sonhos. Suas obras.

Assim sendo e considerados os baixos índices de edições e vendas de livros no Brasil, a segunda edição de *A mulher vai ao cinema* é um fato a comemorar. É uma possibilidade para que esta coletânea estenda seus raios e horizontes, ampliando-os a novos leitores e leitoras, ganhando maior luminosidade. Abrindo-se a outras percepções e interpretações sobre os filmes nela contidos.

Por tudo isso, desejamos que esta nova edição seja uma feliz oportunidade para que novos expectadores e expectadoras possam conhecer, debater e, sobretudo, sentir a fruição do bom cinema e da leitura.

Esperamos, enfim, que esta segunda edição de *A mulher vai ao cinema* atualize as palavras de João Antônio de Paula, para quem as imagens da mulher, feitas e refeitas em luz e movimento, "amplificam a nossa visão do mundo". São "um inventário dos sentimentos humanos surpreendidos na gama de suas diversas colorações". Idéias que nos remetem à Frida Khalo, uma das mulheres presentes nesta coletânea, quando dizia: *"Pies, para qué los quiero, se tengo alas pa' volar?"*.

Belo Horizonte
Maio de 2008

Apresentação à primeira edição

Inês Assunção de Castro Teixeira
José de Sousa Miguel Lopes

Elas estão no singular e no plural. Elas estão no direito e avesso de suas vidas, suas telas. Elas estão no verso e reverso das texturas de suas histórias em telas, suas vidas. Elas estão na luz sobre as telas – no cinema. E na palavra sobre as páginas – neste livro.

Nas texturas dos tapetes, dos bordados, das colchas, dos tecidos que tecem; nas telas do cinema, dos livros, dos quadros, dos retratos, vagando entre fios e tramas, cores, imagens, relevos, elas se compõem, se recompõem e, não raro, se opõem.

Nos seus contornos e traçados, trançados de suas alegrias e dores, desejos e sonhos; entre encantos e desencantos, ânimo e lamento; nas teias de luzes e sombras de seus amores, em seus sabores e dissabores, elas tecem as tramas de que são tecidas. Vivem suas experiências de mulheres, suas teias, em urdiduras do outono ao inverno, da primavera ao verão. No passado, no presente e no que virá, temporalidades dos movimentos da vida, do mundo, da natureza, vividos no feminino, nos femininos.

Nas telas estando, elas são abertura e margem, possibilidades e limite, dados pelas circunstâncias individuais e sociais em que estão implicadas. Nem tudo podem, nem tudo é possível. Embora tudo possa ser desejado, imaginado, sugerido.

Nas ondulações, variações e errâncias de seus movimentos no mundo e no tempo, nos enlaces e desenlaces de suas vidas nas telas, elas se confundem com a própria vida de que são criadoras e procriadoras. De que são progenitoras, condição em que se igualam, estando no singular.

Tendo dado a vida, na parte que lhes cabe, elas cuidam. Tecem a vida que nasce apenas como horizonte, porque carece de cuidados para fazer-se pensamento, palavra, sujeito, cultura, história. Para fazer-se amorosidade e alegria, para fazer-se outra coisa que seja, ou nada disso, quem sabe. E o fazem com generosidade e ternura, atentas para que o vigor que aporta em cada criança, em cada uma de suas criaturas, suas crias, não se desfaça. Dão-se gratuitamente, para que o fio da vida não perca o viço com que desponta em cada infante.

Elas são tecelãs das vidas que bordam com fios e pontos de ternura, para que o viver se realize na promessa que amanhece em cada criança, se renovando em esplendor. Ainda que isso lhes custe o anonimato, a invisibilidade, ainda que com isto, muitas vezes, pareçam perder seus próprios viveres. Ou, talvez, pensar assim seja um engano, pois, gerando a vida e dela cuidando, por serem assim, capazes de generosidade, gratuidade, envolvimento e ternura, na verdade elas ganham a vida. Ganham em sabedoria, numa outra ordem simbólica, numa outra ordem de valor, numa outra relação com a vida, com o mundo, com as pessoas, opostas aos paradigmas mercantil, instrumental e patriarcal que tanto violentam, penalizam e pervertem a existência humana. Que esvaziam de sentido nossas vidas e histórias, nossos modos de ser e de estar no mundo, no tempo.

E, assim estando, com engenhosidade e sutileza, elas misturam razão e paixão, pensamento e emoção, sensibilidade e racionalidade, política e afeto, no uno, no indivisível dos seres e das coisas, da vida. Relativizando as especializações e explicações estritamente racionais e racionalizadas, dos vigentes padrões científicos, das medidas e verificações que a tudo quantificam e padronizam – porque mães, avós, madrinhas, tias, assim como certos sentimentos, relações e vínculos intersubjetivos, como a amizade, a afetividade, a maternidade, não cabem nesses enquadramentos –, elas se opõem consciente ou inconscientemente à ordem simbólica patriarcal na qual são um Outro, como Simone de Beuvoir (1948)[1] nos dizia.

Em seus sentimentos e condutas, elas interpelam e contrastam com a banalização da vida, das pessoas, da experiência, ainda que

[1] Aqui estamos nos referindo ao livro O segundo sexo dessa autora, uma obra clássica na discussão da mulher e do feminino. Ver BEAUVOUIR, Simone. *O segundo sexo*. São Paulo: DIFEL, 1949 (v. I e II)

potencialmente. Ligando-se às ditas pequenas coisas, às emoções, aos cuidados com os quais se envolvem; deixando-se tocar, deixando-se afetar pelo que *nos* passa, pelo que *lhes* passa,[2] no exercício de um outro modo de estar no mundo, elas imprimem uma outra valoração à vida e ao tempo, num registro outro. Interrogam e ameaçam o que estamos assistindo nas sociedades do espetáculo, em que as relações sociais se mercantilizam e empobrecem cada vez mais. Um mundo em que a mercadoria é não apenas uma relação social de tempo de trabalho apropriado e fetiche mas imagem e desejo feito vontade de consumo e servidão; em que a amorosidade e os vínculos interpessoais, em todas as suas possibilidades e formas, vão se tornando não apenas líquidos mas descartáveis. Uma sociedade em que assistimos, a cada dia, à corrosão do caráter, nos termos de Richard Sennet. Modos de ser e de viver em que chegamos muito longe, mas não chegamos ao nosso semelhante, na expressão de Saramago.[3]

Pensando a partir de uma outra sensibilidade, a partir de uma outra ordem simbólica, quando se dedicam, quando se envolvem gratuita e generosamente, com ternura e afeto na educação e cuidado dos filhos, por exemplo, as mulheres podem estar ganhando suas vidas. Não as estão perdendo, porque instauram uma outra forma de ser e de viver, que diz respeito a uma outra ordem de valor, a outros tipos de mediações e vínculos humanos, que não a reprodução, no campo das mulheres, de práticas da razão instrumental e do patriarcalismo, que sufocam tanto as mulheres quanto os homens. Assim não perdem suas vidas; ao contrário, conquistam-nas, vivendo-as de forma mais plena e formosa, porque são capazes de se emocionar, de se dedicar, de amar sem medidas.

---

[2] A respeito da discussão da experiência como aquilo que nos passa, ver alguns trabalhos de Jorge Larrosa Bondía, entre eles sua conferência inaugural nos Anais do Congresso de Formação de Professores realizado pela UNESP, em Águas de Lidóia (São Paulo) em 2003; o texto em mimeo "Algumas notas sobre la experiência y sus lenguajes" e "La experiência de la lectura. Estudios sobre literatura y formación" (Barcelona: Laertes, 1996. Tercera edición ampliada em México, Fondo de Cultura Econômica, 2004). Ver ainda: "Experiência e paixão" e "Sobre leitura, experiência e formação" em Linguagem e educação depois de Babel. Jorge Larrosa. Belo Horizonte: Autêntica, 2004.

[3] Aqui estamos nos lembrando das discussões de vários pensadores, tais como a análise da mercadoria em Karl Marx; da sociedade do espetáculo em Guy Debord; da modernidade líquida e do amor líquido em Z. Bauman; da corrosão do caráter em Richard Sennet. Quanto a esta expressão de José Saramago, está registrada em uma de suas entrevistas à grande imprensa brasileira quando do lançamento de seu livro A caverna.

Ganham a vida, porque são capazes de se envolverem não só com seus filhos mas com seus amores, com suas casas, com seus lugares, com seus guardados, com suas lembranças, com as pequenas coisas de seu cotidiano, suas telas. Ganham a vida porque se entregam, são capazes *dos excessos* de que são criticadas. Ganham a vida porque se compadecem com o outro, com os mais frágeis: com a humanidade que amanhece em cada criança, como na relação mãe-filho/a[4]; com a humanidade em seu poente, ao cuidarem dos idosos; com a humanidade que corre riscos, quando a vida é ameaçada, ao cuidarem dos enfermos. Ao se dedicarem a essas lidas, zelando por esses tempos humanos que pedem mais atenção, elas estão não apenas revigorando a vida humana que habita o outro mas suas próprias vidas.

Assim estando, elas estão na história dos tempos e territórios da cotidianidade, onde a vida flui, por vezes, mais sincera, espontânea e inteira. Mais simples e incerta. Mais singela e verdadeira, porque os ritmos, os movimentos, os gestos podem ser outros e tantos, não-burocráticos, não-instrumentais. Podem ser os da amorosidade, da fraternidade, da fratria; da alquimia dos alimentos que se fazem nas cozinhas para serem saboreados juntos, ao redor da mesa; dos sentimentos e fazeres da maternidade e da vida doméstica, dos nossos espaços privados e íntimos, da casa. Assim estando, elas estão nas coisas ditas pequenas, como na cozinha, nas costuras, nos bordados, na limpeza, nos serviços do cuidado e asseio do corpo, da casa, dos enfermos, vigiando a vida quando ela é tênue e se esgarça, como nas telas de alguns tecidos. Em sua maior parte, uma história fora dos livros e da historiografia, porque é dita menor, porque é dos pequenos feitos, ditas insignificâncias. Como se a vida fosse possível sem o cuidar desses cuidados. Como se o viver fluísse nos grandes feitos, ao largo do pequeno, do miúdo, do que parece menor.

---

[4] A esse respeito, estamos nos remetendo, por exemplo, à discussão de Georg Simmel sobre a cultura feminina, na qual o autor destaca a cultura que as mulheres edificaram em torno da casa. Deve-se salientar, contudo, que esse é apenas um dos vértices da realidade e da discussão, pois é preciso considerar que o trabalho e dedicação da mulher aos filhos, aos cuidados, a certos serviços como os da casa, do cuidado dos enfermos, entre outros, nos marcos das relações sociais capitalistas, qual seja, sob as condições do trabalho alienado e da apropriação capitalista do tempo de trabalho não-pago, exige um outro tipo de análise. Isso porque, nesses marcos, essas tarefas, atividades, gestos e condutas historicamente atribuídas ao feminino, a um estereótipo do feminino, ou, ainda, a uma cultura feminina, nos termos de Simmel, se transformaram em exploração e opressão da mulher em nome de sua feminilidade. (Ver, entre outros, SIMMEL, Georg. *Cultura femenina y otros ensayos*. Barcelona: Alba Editorial, S.L., 1999).

Gerando e vigiando a vida com seus cuidados, em suas pequenas e grandes temporalidades e territorialidades, em suas formas cotidianas e nos longos tempos da história, elas estão também no mundo do trabalho, para além do espaço da casa, do labor doméstico. Elas estão na história do trabalho em suas formas cotidianas, abertas ou escondidas, como na casa, na cozinha, nos espaços mais íntimos da família, e também estão – e cada vez mais – no mundo do trabalho de um modo geral. Nos espaços públicos, da vida em comum: na escola, nas ruas, nos bares, nas praças, nos conventos, nas prisões, nos mercados, nos palcos, nos parlamentos, nos tribunais, nas estradas, nos hospitais, nos prostíbulos e em outros tantos e variados tempos e espaços do campo e da cidade, de ontem e de hoje.

Assim estando, elas estão no singular e no plural. O singular, o que as distingue como mulheres, principia em seu corpo. Nos contornos, elementos e movimentos próprios de sua corporeidade, de seu sexo e sexualidade. Elas têm curvas, ondulações e ritmos biológicos peculiares frente aos de outros seres vivos, entre eles, os homens. Elas ovulam, elas sangram, elas amamentam, elas engravidam, elas geram. Elas têm melodias e modulações próprias para chegarem ao prazer, para entregarem seu corpo, para entregarem sua alma, quando se deixam percorrer por inteiro. Têm delicadas "exigências" para se deixarem tocar por completo. Por isso, elas estão no singular, por sua condição e experiência corporal, original, primeira. E há em seus corpos, como nos dos homens, dos quais se diferem, uma fisiologia e uma anatomia constituídas não apenas de elementos biofísico-químicos e psíquicos mas históricos, nos quais se inscrevem significados e significantes socioculturais, numa particular simbiose entre natureza e cultura, entre objetividade e subjetividade.

Elas estão no singular, também, porque são únicas, em suas histórias particulares, irrepetíveis. Que não se podem reproduzir ou copiar por inteiro; que nunca se podem imitar em uma e outra, em quantas ou quais sejam. Por suas biografias, pela forma peculiar como tecem, individualmente, suas vidas, elas estão no singular. Em cada vida, uma vida. Em cada biografia, uma história. Em cada tela, um tecido. Um enredo singular em cada corporeidade, que se deixa chamar por um nome, como os daquelas que aqui estão: Ana Paula, Andréa, Carmem, Cynthia, Eliane Marta, Fernanda, Inês, Isabel Antunes, Keylla, Maria Antonieta, Paula, Vera Casa Nova e Virgínia, autoras que colaboraram conosco em Minas Gerais.[5] A elas somamos nossas convidadas de outras partes do Brasil: Michèle, de Mato Grosso; Ana Cavaliere, Isabel Lelis e Vera de Paula, do Rio de Janeiro; Cláudia, Elen Cristina, Maria da Graça e Zeila, de São Paulo, e, ainda, Eli e Maura, do Rio Grande do Sul, todas muito bem-vindas.

E estando no singular – em cada nome uma vida, uma tela, ou em cada corpo um nome, uma história –, elas são plurais. São múltiplas. Elas se diferenciam não somente por suas histórias particulares, que habitam seus corpos, mas por sua variedade étnica, etária, geracional e de origem social. Por suas crenças e valores; por seus registros culturais; por seus trabalhos, por seus projetos; por suas preferências, por seus amores; por suas localizações geofísicas; por suas tendências políticas, ideológicas, estéticas, entre outros traçados de sua pluralidade, elas se diversificam.

Assim estando, no singular e no plural, nas telas de suas vidas e histórias em telas, elas são possibilidade e limite. Fronteiras que lhes são impostas, seja pelas circunstâncias sócio-históricas e políticas dos tempos e territórios que habitam, de que são criaturas e criadoras, seja por seus contornos pessoais, mais ou menos interiores. Tal como os quadros, elas têm abertura e margem, acabamento e inacabamento. E cada olhar sobre cada obra, de quem seja ou como seja, irá (re)interpretando, (re)inventando o tecido, refazendo o bordado, em sua incompletude.

Tudo isso e muito mais, tentamos trazer a esta coletânea. Tudo isso e muito mais agora, podemos não apenas contemplar, sentir e pensar, lendo e relendo os artigos que aqui estão, lendo e relendo as mulheres que neles estão. Tudo isso e mais, podemos imaginar, sentir e pensar, vendo e revendo, quem sabe, os filmes trazidos aos artigos. Em ambos, películas e artigos, está a mulher, o feminino, no singular. Em ambos, películas e artigos, estão as mulheres, os femininos, no plural. Aqui estão elas, em sua singularidade e pluralidade. Em sua luminosidade. Em seus acabamentos e inacabamentos. Nas telas dos enredos, das películas e nas páginas do livro, suas telas, estão elas em seus enigmas. Em suas errâncias no mundo, pelo mundo.

---

[5] Lembramos que Fernanda Soares, estudante de Comunicação Social, foi responsável pelo levantamento das informações sobre os filmes da coletânea, sobre seus diretores e diretoras e suas respectivas filmografias, que constam da terceira parte do livro. Este trabalho de Fernanda Soares foi completado por Vanda Lúcia. Quanto a Paula Diniz traduziu, do espanhol para o português, junto com Carlos André Teixeira Gomes, o artigo de Juan Antônio Montiel, intitulado "Sobre Hable con ella".

Na coletânea, está a mulher nas mulheres, em várias mulheres, em diferentes lugares, de diferentes origens e histórias. Sejam elas mulheres reais, relembradas e celebradas em alguns filmes, como as mães da Praça de Maio de *Uma história oficial*, como Rosa Luxemburgo, como Frida e Pagu, sejam elas mulheres imaginadas. Personagens criadas pela inventividade, sensibilidade e talento das diretoras e diretores das películas, como Antonia, como Hannah, como Gabbeh, como Sofie e outras protagonistas das películas.

Na coletânea, estão e estiveram, também, várias mulheres, realizando diferentes trabalhos, a começar pelas diretoras das películas: Liv Ullmann; Margarethe Von Trotta; Marleen Gorris; Moufida Tlatli e Norma Bengell; e pelas atrizes que interpretam as personagens, além das autoras dos artigos. Elas aqui estão e estiveram, também, embora com menor visibilidade, por detrás das câmeras: na iluminação, nos arranjos técnicos e artísticos e em outras tarefas necessárias para que a idéia e o roteiro da película se materialize no rolo do filme, na fita do vídeo, no DVD que chega às nossas mãos. De igual forma, elas aqui estão e estiveram, por detrás do livro. Na realização de tarefas necessárias para que o pensamento-palavra se materializasse na brochura, está o trabalho de outras tantas mulheres que fizeram a revisão dos textos, a editoração, a impressão gráfica, a distribuição dos volumes já fabricados. Neste caso, para nomear algumas delas que aqui as representam, elas se chamam Rejane e Waldênia. A todas elas, somos muito gratos por seus trabalhos, todos eles, não somente a quem escreveu os artigos.

Assim estando, no singular e no plural, no verso e reverso de suas telas, suas vidas, elas deslizaram das películas para o livro, das câmeras das diretoras e diretores dessas obras cinematográficas para a caneta, o lápis, para o teclado do computador, quando a idéia-pensamento vira palavra no papel.

E assim sendo e estando, no singular e no plural, na abertura e margem dos fios e imagens das teias, das tramas, por vezes dos dramas de suas vidas nas telas, as mulheres não estão sozinhas. Em suas histórias em telas, nos filmes e artigos deste livro, tanto quanto em suas vidas vividas, em sua existência real, de cada dia, como também nos médios e longos tempos de suas histórias individuais e coletivas, elas contracenam com os homens. Nesta coletânea, especificamente, eles estão e estiveram dirigindo as películas, interpretando os personagens masculinos, escrevendo artigos sobre as películas. E, também, estiveram presentes nas tarefas invisíveis que asseguraram a produção material das películas e da brochura da coletânea. Como autores dos artigos da coletânea, eles são: Luiz Augusto, nosso colega de Mato Grosso; Alfredo, Renato e Amaury, nossos colaboradores de São Paulo; João Antonio que nos concedeu o texto da orelha da coletânea e José Miguel, um dos organizadores desta coletânea. Para nossa alegria, está também conosco um colega mexicano, Juan Antônio Montiel – de quem Carlos André e Paula de Castro traduziram o texto do espanhol –, uma importante presença latino-americana no livro, ampliando nossos horizontes de diálogo.

Para facilitar nosso encontro com essa singularidade e diversidade de vidas e enredos, reais e fictícios que diretoras e diretores das películas, que autores e autoras dos artigos nos oferecem, agrupamos as personagens e histórias por sua proximidade em dois conjuntos de artigos reunidos na primeira e na segunda parte da coletânea, denominadas, respectivamente, *O feminino em estado de rebelião e primavera* e *O feminino na profusão das cores do tapete*. Porém, como em toda classificação, fomos também arbitrários, pois uma e outra película, um e outro artigo, uma e outra mulher, personagem, poderiam estar em um agrupamento ou outro. Nesse sentido, estando *Na profusão das cores do tapete*, as protagonistas estão, também, *em estado de rebelião e primavera*, expressões que retiramos do artigo de Ana Cavaliere e de Maria Antonieta sobre as películas *Gabbeh* e *Uma cidade sem passado*. E vice-versa, pois, estando as mulheres *nas cores do tapete*, elas estão, por vezes, *em estado de rebelião e primavera*, assim como estão na *rebelião e na primavera*, estando *nas cores do tapete*. Em seus deslocamentos, nos fluxos de suas histórias e enredos, sempre inacabados, elas estão nas cores dos tapetes e da primavera... Cambiantes como a vida que nelas flui ou, por vezes, que delas foge, escapando-lhes, sendo preciso agarrá-la para prossegui-la mais bela, elas são uma pluralidade de cores no tapete.

Ainda assim, sob o risco de certa inadequação de quando se classifica, categoriza e separa, agrupamos os artigos e suas respectivas películas do livro em duas partes, que apresentamos a seguir, resumidamente.

A primeira parte da coletânea reúne seis artigos sobre seis películas, nas quais as mulheres, suas principais protagonistas, se apresentam no que uma de nossas autoras, Maria Antonieta, denominou como "O feminino em estado de rebelião e primavera", uma bela expressão que tomamos emprestado para intitular esse primeiro conjunto de trabalhos.

A primeira mulher que trazemos a essa primeira parte e à coletânea como um todo, entre as três que viveram entre nós, é Rosa Luxemburgo (Alemanha, 1986), retratada na película desse mesmo nome, de Margarethe Van Trotta, uma grande diretora do cinema alemão. No artigo intitulado **"*Rosa Luxemburgo*: o filme – entre o corvo e o búfalo"**, numa escrita de mãe e filha, Vera Casa Nova e Andréa Casa Nova nos trazem um belo trabalho não apenas sobre a película mas sobre Rosa, que com elas podemos conhecer e reverenciar ainda mais. Numa leitura que combina a abordagem histórica e a semiótica, próprias da sensibilidade e formação de mãe e filha, as autoras começam lembrando que Margarethe Von Trotta tem a idéia de fazer a película nos idos de 1968, nela buscando a mulher por detrás dos livros. Assim como Trotta, as autoras, em uma outra busca, vão procurando a mulher, toda ela, nos fotogramas e signos da película. Enfatizando que o filme, típico de um cinema realista, é cordial, amoroso e viril, e subverte uma leitura comum da mulher Rosa Luxemburgo, vê-se, pelas palavras das autoras, que a diretora traz à tela a figura de Rosa em sua luminosidade histórica e poética, misturando dor e compaixão, combinando elementos da simbologia do corvo e do búfalo, visíveis na personalidade e ação histórica de Rosa. Deslindando a obra em seus matizes históricos e semióticos, o trabalho encanta e celebra, de um lado, a Rosa do Povo, com seus ideais e história, e, de outro, Margarethe Von Trotta, uma das diretoras mulheres mais importantes desde sempre, que soube fazer com seu talento, em cinema, a celebração e memória dessa notável mulher, como Vera e Andréa nos fazem ver.

Seguindo a história de Rosa, trazemos à coletânea a vida de Frida Kahlo, mexicana, através de um artigo sobre a película *Frida Kahlo* (EUA/ Canadá, 2002), de Julie Taymor, escrito a seis mãos por Virgínia Valadares, professora, e por Ana Paula e Keylla, suas alunas de graduação em História, trabalho intitulado **"Frida Kahlo: um corpo que fala"**.

Na análise da película e para contextualizá-la, o texto contém dados históricos sobre o México da época de Frida, necessários à compreensão de sua vida e história retratadas na película, que se passa entre os anos de 1925 e 1954 naquele país.

Lembrando que, na perspectiva historiográfica, a vida de Frida nega a visão de mundo da época em que ela viveu, seja quanto ao casamento, à sexualidade e à família, seja quanto às mulheres na vida pública, tendo em vista suas condutas de uma mulher irreverente e inovadora, além de corajosa, amorosa e zelosa quanto à cultura do seu país, as autoras destacam que Frida tornou-se uma referência de mulher que ultrapassou os costumes tradicionais esperados das latino-americanas dos anos 20 do século XX.

Demonstrando a importância dessa película pela vida de Frida, que nela se reconstitui e celebra, as autoras registram que o filme causa um impacto no expectador, pois "a vida conturbada e atípica de Frida Kahlo envolve-o em uma atmosfera que vai além de romances. Sofrimentos, arte, costumes e política remetem o espectador a questionamentos sobre ele mesmo, sua vida e seus desejos."

Esse cuidadoso trabalho de professora e alunas, além de servir-nos como um exemplo de uma criação conjunta dessas duas gerações de mulheres que se encontraram nos lugares de professora e estudantes na universidade – onde as mulheres estão cada vez em maior número – ao lado dos artigos sobre Rosa Luxemburgo e sobre Pagu, dá o sentido maior desta coletânea, pelas mulheres que foram: inesquecíveis mulheres. No caso dessa mexicana, uma vida e história de dignidade, mesmo frente aos sofrimentos que a marcaram. Trata-se de um trabalho à altura da vida e da importância dessa mulher, no qual temos um feliz encontro entre as historiadoras e o cinema, em seus olhares sobre Frida.

Para colocar-se ao lado dessas duas memoráveis mulheres, uma européia e uma mexicana, escolhemos a brasileira Patrícia Galvão, Pagu, mesmo sabendo que teríamos outras mulheres e películas. Por exemplo, *Luciana Teixeira*, protagonista do documentário *Cabra marcado para morrer,* de Eduardo Coutinho, preciosa e desconhecida brasileira, combatente das lutas pela terra em tempos remotos, mulher das primeiras trilhas que as companheiras do Movimento dos Sem-Terra hoje prosseguem. Ou, ainda, para ficar somente com estas duas, *Olga Benário*, do filme de Jayme Monjardim, lançado em 2004. Na impossibilidade de têlas todas conosco, pensamos que Pagu seria uma opção correta, como Inês Teixeira e Isabel Antunes nos fazem ver, no artigo **"Eternamente Pagu"** (Brasil, 1987), de Norma Bengell.

Em um texto em que vão reconstituindo a película e dialogando com alguns dos estudiosos de Pagu, o artigo nos apresenta estas "muitas mulheres em uma, esta mulher que foi muitas no tempo e no espaço", na expressão das autoras. Buscando a Pagu capturada na câmera de Norma

Bengell, porque seriam várias as formas de se falar de Patrícia Galvão, as autoras vão em busca do totem e do tabu que ela significou, nos termos de Augusto de Campos, seu biógrafo maior. Entendendo que Norma Bengell abriu a câmera no totem e fechou-a no tabu, buscam, também, o que Pagu possa ter anunciado de uma nova mulher brasileira.

Em um texto com diálogos, imagens e cenas que compõem os três blocos de seqüências que estruturam a obra, Isabel e Inês relembram Antônio Risério, entendendo que Pagu "se localiza em algum lugar entre Maria Bonita e Tarsila do Amaral".

Por certo que estamos frente a um jogo de luzes no qual a luminosidade de Pagu toca a câmera de Norma, que a captura, refletindo-se no olhar e na escrita das autoras. Confirmando o acerto da escolha: essa brasileira não poderia faltar à coletânea. Ela merece um lugar ao lado de Rosa e de Frida, mulheres que ficaram e ficarão para sempre nas melhores lembranças da história do feminino, dos femininos. Na história de mulheres e homens que até aqui, e para além daqui, se apaixonaram e se comprometeram com os ideais de justiça e liberdade.

Para completar o elenco das latino-americanas, como Frida e Pagu, estão, a seguir, as mulheres argentinas, presentes no artigo de Cynthia Greive, intitulado ***"A história oficial*: as mulheres e seus excessos"**. Relembrando, entre outras cenas, o diálogo em que Sara (uma das Mães da Praça de Maio e avó de Gaby, filha de um casal de "desaparecidos" políticos da ditadura militar Argentina dos anos 70/80) fala com Alicia, mãe adotiva de Gaby, que "chorar não serve"; salientando que, ao invés de "ficarem chorando pelos cantos da casa", as Mães foram para a Praça de Maio, onde inventaram a maternidade solidária, tornando-se, cada uma delas, mãe de 32 mil "desaparecidos" políticos argentinos; observando, ainda, que, nesse espaço público que conquistaram, elas se igualaram na dor de quem havia sido tirado os filhos e na luta por eles e pelo que lutaram, Cynthia Greive elabora seu trabalho sobre a película *A história oficial* de Puenzo (Argentina, 1985).

À luz de proposição e indagação iniciais, no sentido de que, para se compreender o conformismo feminino, se deve perguntar sobre a possibilidade acerca de uma forma específica sobre a qual o trato do passado, o silêncio e o esquecimento se deram em relação às mulheres; considerando, ainda, que a película de Puenzo inscreve-se na perspectiva benjaminiana de uma história a contrapelo, que vai em busca dos olvidados da história, de que as mulheres são uma parte, a autora encontra e releva, na película, *as mulheres em seus excessos.* Nos seus despropósitos, nas desmedidas de que são acusadas quando não se conformam. As mulheres e seus excessos, significativa expressão para nomear protagonismos históricos de mulheres, como o de Alicia ao lado das Mães da Praça de Maio na película de Puenzo, por suas desmedidas lembranças e ação, como Greive observa.

Em um trabalho com sensibilidade e lucidez histórica e de historiadora, Greive nos revela o que considera a marca desse filme de Puenzo: a utilização de uma estratégia de narrativa "que desloca as tensões domésticas e tensões públicas". Uma história dos tempos de chumbo na Argentina, em que o diretor da película discute alguns desdobramentos e modulações da incidência do processo histórico no plano da intimidade, como Greive salienta.

O artigo de Cynthia é um feliz encontro entre película e texto, que se completam, contribuindo com o pensamento e a memória de tempos sombrios dos povos latino-americanos. O próprio texto, tal como o filme, é também memória e celebração das mulheres que não se submeteram enfrentando opressões, injustiças, autoritarismos com seus ditos *excessos,* na esteira de outras tantas, de tempos e lugares outros, do passado e do presente.

Percorrendo algumas das trilhas abertas por Cynthia Greive, ao apresentar-nos as *mulheres em seus excessos* e as vozes dos vencidos, dos silenciados, silenciadas vozes da historiografia, Maria Antonieta Pereira nos apresenta seu trabalho intitulado **"Políticas femininas e arquivos da memória"**, com o qual voltamos às européias. Com sua escrita límpida, sem qualquer excesso ou falta, em que usufruímos de seu manejo da idéia feita palavra, das letras, a autora tece sua reflexão sobre a película *Uma cidade sem passado* (Alemanha, 1989), de Michael Verhoven.

Depois de lembrar-nos que Verhoeven considera que esse seu filme, baseado na experiência da estudante Anja Rosmus e de sua família, é tanto verdadeiro quanto fictício, aplicando-se a todas as cidades da Alemanha, Antonieta vai tecendo sua análise.

Em uma reflexão que contém densidade e leveza, a autora percorre a história de Sonia Wegmus, narradora-personagem da película, filha de uma professora e de um refugiado político, de quem recebe valores que reúnem o gosto pela produção do conhecimento e a rebelião ideológica. Nesse sentido, a jovem prossegue sua história familiar, com seus projetos de pesquisa em torno das memórias européia, alemã e local, que resultarão em seu exílio em sua própria cidade, segundo a autora.

Ao lado dessas considerações, a autora salienta que, a partir da forma como Sonia Wegmus realiza a sua pesquisa – com garra e determinação, vencendo diferentes obstáculos, indo muito além das fontes usuais, oficiais, dos arquivos e vozes censurados, ouvindo mulheres que traziam uma outra interpretação dos fatos, diferente do discurso bélico-masculino – em um processo vagaroso e dolorido, Sonia, a mulher, e Pfilzin, a cidade, "atravessam a zona obscura das lembranças reprimidas".

Completando sua reflexão, Antonieta observa que a película coloca questões básicas sobre o saber, não apenas no sentido de sobre *o que* se sabe, mas relativas *a quem* sabe e *como* os sujeitos chegam ao que pensam que sabem. No caso desse filme, essas questões estão presentes, por exemplo, nos embates da memória individual e coletiva, no confronto de arquivos, de fontes, nas escolhas de Sonia para a realização de sua pesquisa, à procura de "uma versão plausível dos fatos".

Em sua busca "do feminino de novos discursos artísticos, num espaço político de resistência", uma das direções de sua abordagem da película e mostrando que "a persistência do discurso feminino vai desconstruindo a narrativa oficial", Maria Antonieta encontra o que denomina "o feminino em estado de rebelião e primavera" e as "políticas femininas". Duas férteis idéias, entre outras com que nos contempla. Duas referências imprescindíveis para pensarmos não somente a história de Sonia Wegmus e as questões implicadas na pesquisa e na memória, ambas igualmente políticas, mas também a presença das mulheres no mundo, no tempo, na história e nas leituras da história. Duas proposições básicas para relembrarmos o jeito feminino de fazer e estar na política, com arte e astúcia, com sensibilidade e engenhosidade, com graciosidade e ternura. Duas proposições para pensarmos uma forma de se fazer e estar na política mediante outros vínculos e mediações, femininas, da política entendida e realizada como exercício da ética e da estética no cuidado de si e do outro. A política exercida mediante vínculos de autoridade, da ordem da sabedoria e do afeto, ao invés da política entendida e realizada como exercício do poder, do controle e da violência.

Passando às obras de ficção e nelas trazendo as mulheres chinesas para finalizar esse primeiro conjunto de artigos, temos a história de Songlian. Num texto claro e fluente, intitulado ***"Lanternas vermelhas* – antinomias da luz: prestígio, dominação e relações de gênero"**, Cláudia Vianna e Graça Setton nos proporcionam uma qualificada e significativa discussão de *Lanternas vermelhas* (Chi/Hon/Taw, 1991), de Zhang Yimou. Depois de lembrarem que a história de Songlian nos remete à condição da mulher na China do início do século XX e que se baseia no romance *Esposas e Concubinas* de Su Thong, as autoras salientam que as lanternas vermelhas, que intitulam a obra, devem-se a um remoto costume de famílias chinesas. O costume de deixarem acesas as lanternas vermelhas da ala e dos aposentos da esposa escolhida para passar a noite com seu senhor, o que confere poder a sua detentora, uma vez que *iluminam* como símbolo de prestígio.

Com o duplo desafio de apreender as rupturas e contradições presentes na película na construção das personagens mulheres e de como elas elaboram, subvertem e assimilam, cada uma à sua maneira, a gramaticalidade do registro simbólico chinês à época, e diante da necessidade do distanciamento da narrativa fílmica para analisar um processo mais geral e atual da "construção de identidades femininas pela via da dominação simbólica", desafio que explicitaram em seu texto, as autoras percorrem os personagens, cenas e enredo da película. Neles, discutem, em especial, aspectos constitutivos da socialização de gênero daquelas mulheres. Fazem essa discussão dialogando com a teoria sociológica, sobretudo com os conceitos de *habitus* e da violência simbólica em Pierre Bourdieu, entre outros autores a que se reportam.

Tendo como alerta a idéia de que inexiste "um modelo generalizante da condição da mulher" e de que "é preciso buscar as contradições, as heterogeneidades e rupturas", demonstrando "a não-coincidência da mulher com as mulheres" e distanciando-se da idéia de que a diferença entre os sexos possa ter uma força explicativa, as autoras entendem que "a dominação expressa pelo filme é rica em contradições e ambivalências. Uma perfeita antinomia, pois na sua vivência enreda dominados e dominadores em uma trama, uma rede de significados que constroem poderosas identidades sociais".

Com o cuidado de situar no tempo e no espaço histórico-cultural o enredo e seus personagens, a China dos anos 60, e sem qualquer juízo de valor ou preconceitos em relação às formas como a condição feminina se apresenta naquele contexto, as autoras concluem que a rebeldia está ali presente. É uma realidade, mesmo diante de todos os condicionamentos e conformismos que se manifestam em muitas mulheres em relação aos processos de socialização de gênero a que são submetidas. Esse é o caso das ações de Songlian, que resistiu à subserviência e à inferioridade a que foi submetida.

Certamente que Cláudia Vianna e Graça Setton conseguiram seu intento, oferecendo-nos um artigo muito bem-vindo, ofertando-nos um trabalho de referência para questões colocadas para a Sociologia da Educação, sobretudo no que se refere aos processos de socialização nos domínios do gênero. É também um exemplo de um bem-sucedido esforço de diálogo entre a linguagem da arte cinematográfica e a dos conhecimentos sociológicos, para que se fecundem mutuamente. Esse, um empenho necessário e urgente, pelas possibilidades que nos abre para interrogarmos e pensarmos a vida social e as questões que nos inquietam. E, nessa tentativa, de melhor compreender o mundo, o que se passa e o que *nos* passa, reunindo arte e ciência, teremos, por certo, melhores condições para reinventá-lo na direção da emancipação e felicidade humanas. De forma que não mais existam, sequer como ficção, histórias como a de Songlian, uma mulher levada à loucura e à morte por sua rebeldia, por seu inconformismo e desejo de emancipação. De tal forma que jamais tenhamos na luz, antinomias de sombras, como nas lanternas vermelhas.

A segunda parte da coletânea contém nove películas que apresentam o *Feminino na profusão das cores do tapete*, começando pela película que nos apresenta a história de Gabbeh. Salientando que o filme *Gabbeh* (Irã/França,1996) é um poema cinematográfico e que se aproxima de um documentário, pois o grupo Gashgai que retrata vive no Sudeste do Irã, e lembrando que, nessa sua obra, Mohsen Makhmalbaf prossegue contando histórias, conforme a tradição milenar de sua cultura, Ana Cavaliere vai desfazendo os fios e trama da película. Em um texto zeloso e singelo, intitulado **"O tapete plano do tempo"**, a autora relembra que, no *gabbeh*, denominação de um tapete, está a vida e a história narrada por sua principal personagem que Makhmalbaf denominou Gabbeh, pela simbiose tapete/personagem, além de destacar que a noção de tempo é elemento-chave na película. Nesse caso, uma noção de tempo não-linear, mas cíclico e plano, como o tapete plano do tempo, em que passado e presente se unificam, sem sucessividade de causa e efeito, na formulação da autora. Segundo Ana, nos fios, tempos e cores do tapete, o filme trança os enredos dos amores da jovem Gabbeh com a história de amor do casal de velhos para quem ela conta sua história. Na verdade, a história do próprio casal de velhos, que vai se (re)vendo na história de Gabbeh, à qual também se enlaça o romance do tio de Gabbeh com Aladad, ambos na maturidade. Observando, ainda, que devemos cuidar, como ela mesma o fez, para que sua/nossa visão ocidental/cartesiana, parcial, preconceituosa e estereotipada sobre a cultura oriental, inclusive sobre as suas mulheres, não prejudique nossa sensibilidade e relação com a película, segundo a autora, em Gabbeh não há pretensões de sociologismos, pedagogismos ou psicologismos. A película suscita reflexões de outra ordem, entre a antropologia, a filosofia e a estética, ao apresentarnos o amor, em toda a sua complexidade, variações e imprevisibilidades, "na profusão das cores do tapete", em suas palavras.

O artigo de Ana Cavaliere revela que, com Gabbeh, o cinema iraniano, em suas características de minimalismo em imagens e a utilização de atores não-profissionais salientados pela autora, confirma a sua grandeza nos últimos anos. Oferece-nos uma película em que, entre outras de suas qualidades, a cor é mais do que um recurso de linguagem, pois é um personagem, como também nos revela as possibilidades da linguagem artística como um caminho privilegiado para o encontro das diferenças entre ocidente e oriente, tal como Ana destaca.

Do tapete de Gabbeh passamos ao de Aicha, uma mulher e uma história na qual o tapete, embora com outros significados, é também muito importante, é personagem e enredo do artigo de Elen Cristina e de Zeila, sobre a película ***"Tempo de espera"*** (Tunísia, 2000), de Moufida Tlatli, uma outra mulher cineasta nas nossas telas.

Na tentativa de pensar os desafios que a película nos coloca, empenho a que se propõem, Elen Cristina e Zeila lembram-se de que ela contém vários elementos significativos, não apenas do ponto de vista técnico-cinematográfico mas de seus personagens e enredo. Entre eles, o uso do *racconto* ou *flashback*, segundo as autoras, utilizado para o arranjo e apresentação da trama, como recuperação da memória. Quanto aos personagens e enredo, elas consideram que nele estão várias temáticas em interseção, cruzamento e articulação, tais como, a das famílias nucleares e extensas; dos movimentos migratórios; dos processos de socialização de mãe e filho/a, tios, avós; da convivência entre várias gerações de mulheres; das tradições culturais dos grupos; das relações entre homens e mulheres; das separações e deslocamentos; dos processos e práticas de educação informal. Ainda segundo Elen Cristina e Zeila, permeando essas vivências, a película tematiza os papéis e posições ocupados em torno dessas questões e das emoções e sentimentos dos sujeitos que as vivenciam.

No trato da temática da mulher nessa produção fílmica, as autoras se detêm em alguns aspectos, sobre os quais tecem considerações, recorrendo, por vezes, à contribuição de cientistas sociais e de estudiosos do cinema, abordando os seguintes ângulos: o tempo da espera, tempo circular; os contextos de Tunis e de Djerba (nomes das localidades onde vivem os personagens, mulheres e homens, em suas histórias que se passam e perpassam); mulheres e educação em suas tradições e conflitos e, por fim, o aspecto do tear feminino como símbolo do trabalho. Quanto a este elemento, do tecer, diríamos que embora em *Tempo de espera* tanto quanto em *Gabbeh* tenhamos a figura do tapete, no caso de *Tempo de espera*, este se apresenta de uma outra maneira. O tear, as lidas das mulheres no tecer ou o tapete a que Elen Cristina e Zeila se reportam na história de Aicha, representa e resulta de seu trabalho em condições de opressão, diferentemente do que Ana Cavaliere nos dizia sobre a figura do tapete em *Gabbeh*. Os tapetes que Aicha tece são vendidos por seu marido em Tunis, e com esse rendimento auxiliam no sustento da família. Nessa trama, as autoras percebem que tecer os tapetes, ao mesmo tempo que significa uma libertação para Aicha, é também sua submissão ao sistema de produção exigido por seu marido para que possa vendê-los.

Deve-se ressaltar, por fim, que esse trabalho dessas duas colegas, como outros desta coletânea, é uma importante referência para que prossigamos estreitando os diálogos e as reflexões que conjugam a linguagem e a contribuição da arte, do cinema em especial, com a linguagem e a contribuição das ciências sociais para as nossas leituras do mundo e da vida humana, uma aproximação da qual não podemos prescindir.

Da história de Aicha passamos à de Sofie (Suécia/Din/Noruega, 1992), descortinada na película desse mesmo nome, dirigida pela atriz e cineasta Liv Ullmann, analisada no artigo **"Entre o sonho e a realidade, a trajetória**

de Sofie", de Isabel Lelis e Vera de Paula. Depois de destacarem que o filme tem grande influência de Ingmar Bergman, seja no tema, seja em aspectos artístico-cinematográficos, as autoras nos lembram que a película é uma adaptação de uma novela dinamarquesa escrita em 1932. Explicitam, ainda, que foi preciso muito cuidado para escreverem a seu respeito, livre de preconceitos e xenofobia.

Mediante tal cuidado, as autoras analisam a obra, desvelando os personagens, cenas e enredos em torno de Sofia, principal protagonista. Neles, focalizam aspectos e questões do universo e da condição feminina por ela vividos, em meio aos conflitos, ambigüidades e tensões de sua história de mulher, tanto em suas relações com outras mulheres quanto com os homens e consigo mesma.

Trabalhando o argumento da película, que Isabel Lelis e Vera de Paula localizam *entre o compromisso com a tradição e a ânsia de liberdade* vividos por Sofia, as autoras enfatizam: o aspecto *da introspecção e do pudor, como marcas do feminino;* a questão *da força da figura materna*; o aspecto do *casamento como destino da mulher;* a dimensão das *permanências e rupturas na construção social da mulher* e, finalmente, *o sentido da solidão.* Acerca deste sentimento vivido por Sofie, as autoras salientam que Liv Ullmann, diretora da película, se confunde com Sofie, personagem de sua criação.

O artigo de Isabel Lelis e Vera de Paula, escrito de modo claro e fluente, vai nos envolvendo na história de Sofia e nos remetendo a outras histórias de mulheres e questões dos femininos. Por isso e mais, é uma importante contribuição para esta coletânea, não somente para a discussão da história da Sofie, especificamente, mas para a nossa compreensão e aproximação da condição e história das mulheres e dos femininos, de outras Sofias e das mulheres em geral, seja pelos prismas de análise das autoras, seja porque salientam algo muito forte e presente nas experiências das mulheres, nos domínios do feminino: a proximidade e a distância, as tensões, as impregnações entre realidade e sonho, uma outra forma de se falar sobre os limites e possibilidades, a abertura e as margens dos quadros dos femininos. Um outro modo de nomear os femininos no verso e reverso das texturas de suas telas, de que falávamos anteriormente.

Em seguida, ainda contendo a temática das mulheres nos cenários de suas famílias e gerações, temos o artigo de Carmem Eiterer sobre a película *A excêntrica família de Antonia* (Hol/Bel/Ing/ 1995), dirigida por Marleen Gorris, uma mulher; é um perfeito e sábio encontro que resulta da intimidade da autora com o cinema e com a Filosofia. Tendo intitulado o artigo como **"A vida em Antonia"** e depois de registrar que comentar uma obra é uma difícil tarefa, pelas várias possibilidades de leitura que se apresentam, observação recorrente nos vários artigos desta coletânea, Carmem expõe suas reflexões, atenta tanto aos aspectos estéticos, artístico-cinematográficos quanto às temáticas e às questões contidas na obra.

Nesse sentido, a autora começa por salientar que, entre outras qualidades técnico-artísticas do filme, seu diretor faz um uso da luz e da cor, de imagens, planos e ângulos que remetem ao pintor Jan Vermeer, dando-lhe significativa beleza.

Lembrando ainda que nenhum desses aspectos cenográficos é casual, mas uma escolha deliberada do diretor, a autora apresenta os personagens e seus enredos no filme. Sobre isso salienta que o filme é a crônica de décadas de vida de quatro gerações de quatro mulheres: Antonia, que chefia o "grupo"; sua filha Danielle; sua neta Therese e sua bisneta Sarah, que narra a história da matriarca. Nesse sentido, a autora observa que Sara, que viveu com a bisavó quando pequena, reelabora a saga familiar que narra. Carmem ressalta, ainda, que as vidas dessas mulheres se entremeiam à de outros personagens, inclusive homens, que aparecem tanto como seus amigos, amores e generosos quanto como vis, maldosos, inimigos.

Agregando às suas observações pessoais sobre a película comentários que o filme recebeu da crítica cinematográfica, ao lado de outros elementos da obra de Marleen Gorris como um todo, também trazidos ao texto, Carmem pontua outros aspectos, como, por exemplo: o de que, diante da película, por vezes, nos sentimos como espectadores que observam uma casa, a partir da rua, olhando-a pela janela de onde vemos passar a vida cotidiana; o aspecto de que, mediante eventos sucessivos compondo uma genealogia, a obra se encerra nas trajetórias dessas mulheres e de como elas enfrentam a vida e os preconceitos com coragem; a idéia de que os vínculos entre as pessoas são a principal matéria do filme, além de destacar que seu título deve-se ao formato incomum, excêntrico da família de Antonia, frente ao padrão das mulheres e dos grupos familiares do vilarejo em que ela vive.

Em seu percurso pela vida que transborda em Antonia, torna-se fácil entender as razões pelas quais Carmem Eiterer apresenta-nos não somente a vida de Antonia, pois acaba mostrando mais do que isso. Na verdade, a autora nos fala, da vida em Antonia, nela e partindo dela. A vida da forma como se manifesta e apresenta nessa matriarca e na forma como ela se coloca no mundo, na família, em seu povoado. Nesse sentido, a autora nos faz pensar em outras tantas Antonias que conhecemos: mulheres por onde o vigor da vida flui e se revigora. Mulheres que vão se desdobrando e se repartindo no mundo, reinventando-se entre várias gerações não somente de mulheres como também de homens.

Nesse sentido e outros, o artigo de Carmem tem um traço peculiar diante da discussão que vimos fazendo das telas dos femininos. De um lado, porque não passamos impunes ao seu texto, visto que todos somos levados e levadas a nos lembrar de nossos ancestrais, das gerações de mulheres que nos precederam e que sucedem em nossas histórias familiares, nossas telas. De outro, porque sua leitura da película nos faz ver, nos femininos, suas duas faces: das vidas de cada uma daquelas quatro gerações de mulheres, vividas no singular, mas vividas, também, no plural. Nos tempos, espaços e experiências que elas compartilham, de quatro vidas tecidas na tela de uma só história. Enredos dos femininos trançados em uma só textura: de quatro gerações de mulheres na saga de uma família.

Na seqüência das películas que vão compondo os fios e bordados do *feminino em estado de rebelião e primavera,* temos, em seguida, a história de Anahy, uma outra mulher fictícia, mas imaginada como brasileira, gaúcha. Em um artigo intitulado **"Anahy: mulher e mãe de guerra e de paz"**, sobre o filme *Anahy de las misiones,* Maura Lopes e Eli Fabris discutem na película e através dela *o lugar inventado para a mulher na história gaúcha.* Segundo elas, uma entre várias opções possíveis para se pensar e escrever sobre essa obra cinematográfica, dirigida por Sergio Silva (Brasil, 1997).

Entendendo que se trata de um filme polêmico que evoca uma *pedagogia cultural,* a ser desenvolvida na escola, na qual o cinema se coloca para além de um recurso metodológico, podendo produzir sentidos e criar realidades, as autoras observam que a película pode provocar o deslocamento de posições.

Ao discutirem a forma como a história e a personagem feminina Ahahy são apresentadas na película, Maura e Eli destacam dois aspectos. O primeiro é o da mulher Ahahy, pobre, velha, ex-prostituta, que vive o espaço masculino, andarilhando na guerra com seus filhos e filha, tendo que desempenhar funções de pai e de mãe diante de sua família. O outro reporta à necessidade de determinação e ao jogo de ambivalências vivido pela mulher e pela mãe Anahy, na formulação das autoras.

Em suma, não somente a película, como as autoras enfatizam, mas o próprio texto e interpretação que elas nos ofereceram nos permitem interrogar ou colocar em suspeita as diferentes posições que as mulheres têm ocupado na história, contribuindo para que se possa pensar os seus lugares no mundo, como também os dos homens, completaríamos. Lugares que, embora sejam apresentados e falados como se fossem naturais, foram inventados para definir determinadas maneiras de ser e estar no mundo, modelando atitudes e modos de vida, como as autoras nos relembram. Entretanto, Maura e Eli não encerram sua discussão nessa idéia, pois registram, ainda, que, para falar de Anahy, "não basta falar da diferença entre homens e mulheres; é preciso ir além. É preciso tentar entender comportamentos e outras representações que não se inscrevem em nenhum desses dois lugares." Essas são algumas das reflexões a que as autoras nos convidam, com esse seu instigante trabalho.

Completando o pequeno grupo de filmes em que as mulheres aparecem em seus cenários de família, temos a história de Hannah e suas duas irmãs. No artigo **"Universo feminino e relações de gênero em *Hannah e suas irmãs*"** sobre a película *Hannah e suas irmãs* de Wood Allen (USA, 1986), Afrânio Catani e Renato de Sousa nos oferecem uma discussão da história de Hannah, Lee e Holly, as três irmãs protagonistas da película, na perspectiva das relações de gênero, como o título do artigo indica. A partir da reconstituição do enredo, os autores vão desvelando o universo feminino dessas três mulheres, trazido à tela por Wood Allen, buscando explicitar e compreender seus enlaces, seus encontros e desencontros, conflitos e tensões, seja com os homens com quem convivem e contracenam, em seus romances e famílias, seja cada uma consigo mesma, seja entre elas, as três irmãs, enredos nos quais vão configurando, desfigurando e reconfigurando suas identidades e estereótipos femininos.

Depois de lembrarem que o filme desenvolve-se em torno do universo feminino e que se passa em um período de dois anos, tendo como marco três subseqüentes comemorações do Dia de Ação de Graças, importante data para a cultura americana, os autores observam que a obra "sugere múltiplas possibilidades de construção de papéis sociais das mulheres, passando por relações amorosas, atividades profissionais e relações familiares das irmãs Hannah, Holly e Lee", ao lado de outros elementos nela contidos, entre eles: "o casamento e não-casamento, drogas, psicanálise, religião; reflexões sobre a existência e o(s) sentido(s) da vida, amor, desejo, traição, remorso, liberação, independência, ópera, jazz...".

Considerando que aquelas três mulheres, irmãs, embora diferentes, são dependentes entre si e dos que as cercam, os autores vão reconstituindo o enredo da película.

Concordando com algumas críticas favoráveis recebidas por essa película de Wood Allen, Catani e Sousa concluem que, embora as três irmãs possam reproduzir os arquétipos da *filha vencedora* (Hannah), da *ovelha negra* (Holly) e da *mulher livre* (Lee), elas não se reduzem a isso, rompendo e ultrapassando a forma pela qual se espera, socialmente, que elas se comportem. Nesse sentido, os autores entendem que, ao mostrar esse aprendizado de cada uma delas para além do instituído para o feminino, Woody Allen aprofunda sua abordagem da temática. Da forma como traz a família e a mulher nessa película, seu diretor não apenas denuncia os estereótipos vigentes sobre ambas mas anuncia a possibilidade de uma maior autonomia dos sujeitos frente aos papéis sociais, superando os condicionamentos coletivos.

Completando a profusão das cores dos tapetes, temos ainda histórias de outras mulheres, de outros três filmes, agora mais destacadas em seus duplos e dramas, iniciando com Virgínia Wolf. Com sensibilidade e reflexividade de origem pantaneira, Michèle e Passos nos ofertam uma peculiar e sugestiva leitura do filme *As horas* (USA, 2002). Associando elementos da natureza, do feminino, da loucura, da vida e da morte, vão desvendando os personagens e tramas da película, vão desfazendo os mistérios da Virgínia Wolf focada na câmera de Stephen Daldry, diretor da película.

A partir da compreensão de que embora um filme nos anteceda e determine nosso aparelho perceptivo, este "não se dobra à sua objetividade, mas organiza-o, nomiza-o, transporta-o em linguagem, o configura, para que possamos lhe atribuir um sentido", autora e autor vão em busca desse sentido. Salientam, a princípio, que o filme *As horas* ousa revolucionar a tirania de uma noção linear do tempo, em movimentos metafísicos de ruptura com a linearidade do ontem, hoje e amanhã. Trabalham a memória, em uma abordagem da condição feminina de três mulheres que viveram em épocas distintas, quais sejam, Virgínia Woolf (uma personagem real), Laura Brow e Clarissa Dalloway. Destacam também que a boa direção do filme, embora sem explicitá-lo, permite ao expectador o entendimento de que o caos e o equilíbrio nele estão presentes, concomitantemente, "dando vazão à vida e à morte como na simultaneidade da paixão, na ardência do fogo e na queima dos sexos. Mas igualmente trazendo a calmaria dos ares e brisas tocando suavemente o esvoaçante cabelo, levando a alma longe, em pensamentos, e permanecendo apenas o corpo nas longas horas de sofrimento".

Ressaltam-se, ainda, no artigo de Michèle e Passos, seus diálogos com vários pensadores – a exemplo de Foucault, em seus estudos sobre a loucura, e de Bachelard, de quem retomam os quatro elementos: o fogo, o chão, o ar e a água –, através dos quais tentam compreender as *brumas e as esperanças* daquelas três mulheres, em seus espaços distintos e tempos semelhantes.

Na análise da película e para além dela, Michèle e Passos nos sugerem uma fecunda idéia para se pensar o feminino, ao associarem mulher e água na origem e na renovação da vida. Fazem-nos pensar que, nas telas das águas, nas telas dos femininos, na vida que nelas flui como movimento e vigor, mulher e água se encontram, se completam. Nas telas das águas em seu fluxo, nas telas do feminino em seu movimento, mulher e água evocam e revigoram a vida. Nas palavras de autora e autor, "a água é um reflexo da mulher, porque nada é mais mulher que a água, nada a diz mais e mais profundamente que os laços vivos das águas, nada a anuncia melhor. [...] E completam: "É assim que Virgínia Woolf entrega seu Eros terreno – encontrando na água seu Thanatos literário".

Na seqüência de *As horas*, nos chegam Alicia e Lydia, juntamente com Benigno e Marco, duas mulheres e dois homens envolvidos na trama de *Fale com ela* (Espanha, 2002), de Pedro Almodóvar. Lembrando que, nesse filme, como em outros desse diretor, o drama dá passagem ao sorriso, o drama da enfermidade, no caso de *Fale com ela*, numa emoção que "oscila entre ternura e ironia", que lhe dá o tom, Juan Antônio Montiel pontua que essa película é "a um só tempo cômica e ácida, cruel e plena de lirismo". Salienta, ainda, que o filme contém uma discussão na direção do lugar do complexo, na qual as marcas da ambigüidade estão no riso e na beleza que sobrepõem o trágico. Uma ambigüidade nostálgica, que percorre toda a película e para a qual a *chave* de compreensão está na infância de seus personagens, segundo observações do autor.

Em seu texto, Juan Montiel discute a película de Almodóvar sem qualquer julgamento prévio, partindo de seu entendimento do que seja uma obra de arte e de como deve ser nossa relação com ela. Nesse sentido, pode-se dizer que ele se protege de si mesmo com o véu da arte, feita riso ou beleza na filmografia de Almodóvar, como nos propõe no artigo.

Com essa sensibilidade e entendimento, Juan vai desfazendo e refazendo a trama, a narrativa, a simbologia da linguagem cinematográfica na película, em sua complexidade, interrogando-a a partir de seus personagens, mulheres e homens, em suas relações, nos enredos e enlaces entre Alicia e Lygia, as duas comatosas, que se confundem e se misturam aos de Benigno e Marco. Reconstituindo imagens e cenas, as tramas, o autor vai desvelando a obra: desfia o duplo e o especular presentes nos personagens; indica e trabalha as ambigüidades existentes em toda a película: imobilidade/movimento; masculino/feminino; vida/morte. Desfaz e refaz os nexos que ligam ambigüidade e nostalgia aos fios da infância – das relações pai, mãe/filho(a) –, uma *chave* para a compreensão da película, segundo Montiel.

Por fim, depois de observar que a esperança está também presente na trama, já em sua finalização, nos olhares que se cruzam entre Lydia e Marco, Juan Antônio relembra uma cena do filme para uma acurada e sensível observação. Relembra que o *suspiro* foi a linguagem usada pela mulher a que é dada a palavra. Nessa fina consideração, o autor nos remete à discussão não somente da voz ou da palavra institucionalizada, tão negada às mulheres, nos *silenciamentos* históricos a que foram submetidas, mas à discussão de outras possibilidades de linguagem, de palavra, inscritas na experiência e nos saberes femininos. Não no sentido do direito à repetição do discurso e ao preenchimento do lugar dos homens, imitando condutas associadas aos estereótipos masculinos, mas no sentido de as mulheres se expressarem, de falarem de uma forma própria, de um jeito próprio, com uma linguagem e gestualidade outras, femininas, digamos.

Com essa idéia, com a qual encerra seu artigo, Juan nos oferece um texto em que exercita o que nele nos recomenda logo no início, distanciando-se dos juízos de valor e das simplificações. Juízos e simplificações que, a nosso ver, têm marcado, por vezes, não somente a análise de obras artísticas mas também a análise da temática das relações entre mulheres e homens, do feminino e masculino. Com essas idéias, Juan Montiel traz uma significativa contribuição a esta coletânea, formulando uma compreensão da temática das relações entre mulheres e homens, entre masculino e feminino, entre os homens e as mulheres entre si, que foge ao usual. Contrariamente às simplificações, caminha na direção do complexo. Na esteira de Almodóvar, vai às ambigüidades, aos deslocamentos, às continuidades e rupturas, ao escorregadio, ao não-unívoco em que vivem as mulheres e os homens, consigo mesmos e em suas relações. Deixando ao largo os estereótipos, ou ainda o sexo ou o gênero vistos isoladamente ou como referentes estanques e binários, Juan encontra os deslizamentos, as interseções, as tensões presentes nesses domínios. Por tudo isso e mais, seu artigo é uma feliz oportunidade, seja para (re)vermos *Fale com ela,* seja para (re)pensarmos as relações e movimentos de subjetivação presentes nos ambíguos e cambiantes modos de viver e de estar dos sujeitos na contemporaneidade.

Seguindo a história de Lydia e Alicia e finalizando essa segunda parte da coletânea, está uma nova dupla de mulheres, Elizabeth e Alma, em artigo assinado por Amaury Moraes. À procura do que possa estar por detrás dessa *persona,* na formulação do autor no título do artigo, Amaury nos oferece uma qualificada leitura de *Persona* (Suécia, 1966), um clássico do cinema, dirigido por Ingmar Bergman.

A partir de duas observações básicas, uma delas salientando que se trata de uma película de Bergman particularmente instigante, porque parece trazer consigo os elementos de que necessitamos para interpretá-la, e uma segunda, no sentido de que, embora o filme seja entrecortado por significativas intervenções de seu diretor, pode parecer uma narrativa linear, Amaury destaca que *Persona* parece conter um filme dentro de um outro. Ou melhor, nessa película, "o filme que vemos é a máscara do filme que está sendo feito", nas suas palavras.

Depois de apresentar um pequeno resumo da obra, pois entende que o cinema é narrativa, mesmo sabendo o risco de que tal resumo seja também uma máscara, o autor desenvolve sua análise a partir de chaves de interpretação que considera adequadas. Primeiramente duas chaves: a idéia de *persona,* categoria psicanalítica junguiana, e *persona* como artefato usado no teatro, uma espécie de máscara. Com essas chaves, Amaury destrincha elementos dos personagens, de suas relações, enredos e cenas. Avançando na análise, o autor chama atenção para uma outra chave na interpretação da película: *o duplo* de Elizabeth e Alma[6], entendendo que "Alma e Elizabeth são imagens de uma mesma mulher".

Acrescentando luminosidade e vigor à sua análise, o autor finaliza, discutindo a idéia de *persona* em seus sentidos na maternidade, segundo ele, uma das formas como se apresenta na película. A esse respeito, salienta que "a maternidade tomada no contexto de vida de uma atriz, particularmente nesse filme, põe em questão a sua 'naturalidade', isto é, aparece como um 'papel social', como algo exterior e anterior ao sujeito, à pessoa, algo que, de um ponto de vista sociológico, consiste num conjunto de comportamentos – ações, respostas, modos de pensar – construídos e impostos socialmente. Nesse sentido é também uma persona." Essa é, sem dúvida, uma importante indicação do autor não apenas para a discussão da película mas para além dela: para a discussão da maternidade nas telas dos femininos que vimos nesta coletânea.

Com *Persona,* encerramos essa seção da coletânea e iniciamos sua terceira parte, intitulada Referências e Indicações. Diferentemente das duas partes anteriores, nela trazemos informações, referências e sugestões que consideramos importantes e enriquecedoras sobre: a ficha técnica e a sinopse de cada filme; dados biográficos e a filmografia dos diretores e diretoras; referências de livros, periódicos e dicas de *sites* sobre cinema e mulher de um modo geral, inclusive sobre alguns centros, grupos, iniciativas e acervos nesse campo. Esclarecemos que, contudo, não temos qualquer propósito de esgotar as informações nesses domínios e que tais complementos pretendem apenas oferecer algumas sugestões ligadas à temática deste livro. Pretendemos apenas estimular a busca de outros

---

[6] Nesse ponto da reflexão de Amaury, entre outros, somos levados/as ao artigo de Juan Antônio sobre *Fale com ela,* pelos aspectos e questões que aproximam uma película e outra, um artigo e outro artigo, a despeito de suas diferenças.

filmes, o conhecimento de novos diretores e diretoras e o contato com a literatura e outras possibilidades de leituras sobre a temática da mulher na arte cinematográfica.

Finalizando, são necessárias algumas explicações. Comecemos pela idéia da coleção. Esta coletânea é o segundo volume da "Coleção Educação, Cultura e Cinema", iniciada com o livro *A escola vai ao cinema,* lançado em agosto de 2003. Uma coleção e livro de que nos orgulhamos não somente pelos objetivos, originalidade e pertinência da proposta no campo da educação mas também por sua calorosa acolhida junto aos leitores e leitoras; especialmente junto a educadores, educadoras e escolas, aos quais a coleção se destina, prioritariamente.

Quanto à temática da mulher, em uma coleção que pretende, sobretudo, dialogar com educadores e educadoras, com estudantes e profissionais do campo da educação e áreas afins, além de todos e todas que gostam e se interessam pelo cinema, parece ser uma escolha óbvia. Como lembramos acima, porque geram e cuidam da vida, tecendo seus fios, pode-se dizer que, em todas as culturas e épocas, sem nos esquecermos dos homens, as mulheres são proeminentes protagonistas do ato educativo que realizam junto às gerações mais jovens, no dia-a-dia e nos longos tempos históricos de seus grupos de pertencimento e cultura. Na educação informal, espontânea, pela imitação, que inicia na vida doméstico-familiar, na relação mãe/filho(a), digamos, elas estão presentes. E, mais recentemente, são quantitativamente majoritárias nos territórios da escola e da educação formal, como salientam os estudos do processo de feminização do magistério e da divisão sexual do trabalho, entre outros que investigam essa temática. Poderíamos dizer que, no seu zelo e cuidado com os filhos, com a vida, com os infantes, as mulheres se fizeram educadoras por excelência.

No que se refere à escolha das películas e das autoras e autores convidados para a coletânea, deve-se a várias razões. Na seleção dos filmes, tentamos contemplar o bom cinema, a arte cinematográfica, fugindo do cinema comercial, restrito à sua manifestação como indústria cultural. Nesse sentido, escolhemos, entre mulheres e homens, diretores e diretoras de importância na tradição cinematográfica de vários países, de várias épocas, perspectivas e estilos. Não se trata, portanto, de um conjunto de películas somente de diretoras mulheres ou de realizadoras femininas, como se costuma chamá-las, hoje cada vez mais presentes na produção cinematográfica em geral, como se observa nas dezenas de festivais de cinema de diretoras/realizadoras femininas e, mais recentemente, nas mostras e festivais de cinema lesbiano.[7] Diferentemente disso, a coletânea contém um conjunto de películas que abordam a questão da mulher, do feminino, em seus singulares e múltiplos enredos, em suas diversas manifestações, épocas, espaços, culturas, sensibilidades, independentemente de as películas terem sido dirigidas por homens ou por mulheres. Trata-se da temática do feminino e das mulheres nas películas, nos mais variados traçados, âmbitos, estilos, propostas e imaginação dos diretores e diretoras dos filmes e dos autores e autoras convidados e convidadas para escreverem os artigos sobre os respectivos filmes.

Assim arquitetada, a coletânea reúne películas diversificadas, que vão do tipo mais documental ao ficcional, presentes no livro sob a forma de artigos. Estes, também muito variados quanto ao número de páginas, à densidade teórico-analítica, às vertentes, às direções e às perspectivas de abordagem das películas, além da variedade dos estilos de escrita. Optamos por manter essas diferenças, de modo a não restringir os vôos e opções dos autores e autoras, porque são muitas as possibilidades de análise e de escrita sobre as obras cinematográficas e porque são também diversas as preferências e sensibilidades de nossos leitores e leitoras frente às películas e aos tipos de artigos, por certo.

Lembramos, ainda, que há muitos colegas professores, professoras, pesquisadores e pesquisadoras da área da educação, do cinema e outros campos que poderiam, que deveriam e, sobretudo, que gostaríamos que estivessem também conosco, mas não foi possível. De igual forma, há inúmeros outros belos e importantes filmes sobre a temática da mulher, que poderiam estar no repertório aqui trazido, mas nossos limites de espaço não o permitiriam. Ficamos, portanto, com 15 películas/artigos, um número nem tão pequeno e nem tão grande quanto nossas alternativas de escolha.

Dito isso, reiteramos a nossa alegria por trazer ao público este segundo volume da Coleção *"Educação, Cultura e Cinema"*, um projeto

---

[7] Para lembrar apenas alguns desses festivais, citaríamos o *Festival de Femme de Creteil* (França), já em sua 28ª edição; o *Festival de Cine de Donas*, de Barcelona (Espanha), em sua 13ª edição. No Brasil, esses festivais também estão iniciando, como se pode ver com a realização do *I Festival de Cinema de Mulheres* realizado no Rio de Janeiro, em novembro de 2004.

que faltava no mercado editorial da educação brasileira e de outros países, que deverá crescer através de outras coletâneas, já em elaboração. No caso deste segundo volume, estamos particularmente satisfeitos porque a temática da mulher extrapola a educação e a escola, podendo interessar a outros e a outras leitoras fora do campo da educação.

Ao término, com a permissão de nossos colaboradores e colaboradoras, dedicamos esta coletânea a algumas mulheres. No âmbito dos coletivos femininos, às *Mães da Praça de Maio*, pelo que significam, evocam e dignificam da vida e da história, neles e para além dos povos e territórios latino-americanos, em sua história pretérita, presente e futura. No prisma das vidas individuais, dedicamos à nossa amiga e companheira Maria de Fátima Ansaloni, que nos deixou quando este projeto era apenas uma idéia, que a fascinaria, por certo. Uma bela, luminosa e encantadora mulher, uma professora de quem guardamos ternas e felizes lembranças, de convivência no dia-a-dia do trabalho, da escola, da vida, quando fomos privilegiados com sua fugaz companhia. Uma mulher que, a exemplo das mães da Praça de Maio, com sua história individual e ação política, soube zelar pela condição humana, pelo mundo, pelo tempo; a partir da criança, da adolescente, da jovem e da adulta mulher que guardava consigo, que nela habitavam como corpo e história.

E aqui ficamos, caros leitor e leitora. Antes, porém, um convite: venha, entre nas telas. Falta você nessas teias. Vamos: tome a linha, trance os fios, escolha as cores, o relevo. Imagine o desenho já tecido. No tecido. É a sua vez. Com sua engenhosidade e arte, e de quem mais você queira, de quem mais o queira, arrebente as margens, force os limites, invente outras imagens. Estranhe, surpreenda! Instaure o inédito! Desfaça o enredo, lembre outras histórias. Veja as vidas que faltam. Recrie as cenas, a película. Mude as palavras, altere as páginas. Invente outras telas e outros textos. Nestes faltam personagens, enredos, idéias, pensamentos. Faltam cores, luzes, movimentos. Falta a sua parte. Chame um amigo, uma amiga, traga quem queira, como desejar. É bom que a gente teça junto, pode ficar tudo mais bonito.

E não se esqueça de que há telas que não podemos desfazer, porque já são belas. Mas há outras que não nos servem. Há texturas e trançados que precisamos desfazer. É preciso reinventar o desenho, modificar o tecido, alterar o bordado, as figuras, compor novas cenas. E quem sabe, desfiando os fios, trazendo outras cores, desfazendo trançados, redesenhando os contornos, os relevos, teceremos uma outra vida, um outro mundo. Urdiduras de um tempo e história outros: mais formosos, para mulheres e homens, ou como queiram. Enredos mais felizes, mais dignos, mais humanos. Direto e avesso de novas texturas. Outras telas.

PRIMEIRA PARTE

O feminino em estado de rebelião e primavera

Rosa Luxemburgo: o filme
Entre o corvo e o búfalo

Vera Casa Nova
Andréa Casa Nova Maia

Filme: *Rosa Luxemburgo*
Ficha técnica, sinopse e mais informações na página 249.

"A história é a coisa mais interessante que existe." (Rosa Luxemburgo)

Foi em 1968, num tempo em que a juventude estava alerta politicamente e querendo mudar o mundo, que a diretora alemã Margarethe Von Trotta penetrou no mundo de Rosa Luxemburgo através de seus escritos (*A crise da social democracia* e *Reforma ou revolução?*). Na época, Von Trotta pensou que algum dia poderia fazer um filme sobre a vida daquela mulher revolucionária. Pensava na mulher por trás dos livros. Naquela mulher que, a despeito do envolvimento político, da luta revolucionária, nunca perdera o senso do que significava ser *mulher*. A diretora continuou lendo os textos esparsos de Rosa, suas cartas (ela escrevera cerca de 2.500 cartas, além de inúmeros artigos), que acabaram se tornando a principal fonte para a filmagem do longa-metragem de 122 minutos que foi às telas em 1986, estrelado por Bárbara Sukowa, Daniel Olbrychski e Otto Sander.

O filme *Rosa Luxemburgo* nos convida a pensar alguns temas muito caros e discutidos no *breve* século 20 – enquanto o século de duas grandes guerras e infinitas pequenas guerras, onde também se incluem temas como a barbárie, a globalização, o imperialismo, movimentos de classe, exclusão, intolerância, divisão de partidos políticos, entre outros –, ao mesmo tempo em que subverte uma leitura comum que se tem feito da figura da revolucionária Rosa Luxemburgo.

Nesse sentido, pensamos a personagem fílmica com relação ao que se diz de Rosa nos livros de História. Quem hoje, nas salas de aula do ensino médio e mesmo em alguns cursos do ensino superior, conhece Rosa Luxemburgo? No ensino médio, poucas referências são feitas, a não ser quando se procura introduzir a história da Alemanha antes do nazismo. Em breves notas, os livros geralmente trazem considerações do tipo:

> Em janeiro de 1919, um grupo político de esquerda, liderado por Rosa Luxemburgo e Karl Liebknecht, organizou um levante armado contra o governo social-democrata. O levante foi prontamente sufocado pelo exército e seus líderes foram assassinados.

Ou ainda:

> Rosa Luxemburgo e Karl Liebknecht eram socialistas, seguidores das doutrinas de Karl Marx e Friedrich Engels. Em 1916, fundaram uma organização revolucionária – Liga dos Espartaquistas – que se transformou no Partido Comunista Alemão, em 1919. A Liga era contrária ao envolvimento dos trabalhadores alemães na Primeira Guerra Mundial. (Arruda, 1999, p. 166)

E ponto final.

No geral, os livros didáticos não aprofundam e valorizam pouco a figura da mulher revolucionária e seu papel de destaque na história alemã e mundial. Afinal, o destino dos revolucionários alemães deixou marcas profundas na esquerda do século XX, principalmente nos desdobramentos do "marxismo ocidental", e não pode aparecer simplesmente em notas esparsas.

No ensino superior, de maneira geral, mesmo nos cursos de História, o estudante deve buscar conhecer Rosa Luxemburgo por conta própria, pois praticamente não há tradução de seus textos e seus livros são de difícil acesso. O que temos é uma leitura feita a partir de seus comentadores ou de dicionários e manuais de História Geral. Existem inúmeras biografias sobre Rosa Luxemburgo, mas, com exceção de uma ou duas (a de Ettinger, 1989, por exemplo), trata-se de biografias políticas, em que a vida pessoal aparece em segundo plano[1].

Todavia, todos os comentaristas se curvam diante da dificuldade de discutir as idéias sem levar em conta o entrelaçamento de suas posturas políticas e filosóficas com sua vida pessoal e a conjuntura histórica daqueles tempos, o que o filme parece fazer muito bem.

Devemos reconhecer, é certo,

> a distância constitutiva entre a realidade e a sua representação em linguagem ou imagem. Devemos estar abertos para as muitas possibilidades diferentes de representação do real e de suas memórias. Isto não quer dizer que vale tudo. A qualidade permanece como uma questão a ser decidida caso a caso. Mas a distância semiótica não pode ser encurtada por uma e única representação correta. (Huyssen, 1997)

Por isso, é preciso dar créditos à iniciativa de Margarethe Von Trotta, contudo ressaltando que se trata de uma leitura possível em meio às inúmeras existentes sobre a vida de Rosa Luxemburgo. Além disso, também é preciso que seja dito que um filme como esse pode e deve ser trabalhado em sala de aula, seja no ensino médio, seja na universidade, pois a imagem em movimento é um recurso rico no processo de aprendizagem. Trata-se de um recurso didático valioso para o desenvolvimento do raciocínio e da criatividade e pode ocorrer em vários momentos do ensino-aprendizagem, motivando os interesses para a introdução de um tema. No caso do filme *Rosa Luxemburgo*, introduzindo a questão da Alemanha antes de Hitler ou a questão das ideologias do mundo proletário e seus movimentos sociais em geral. Ou mesmo pode servir para o aprofundamento de uma questão, como a própria história contemporânea do marxismo ocidental. Também pode servir de síntese de outras atividades ou ponto de partida para uma pesquisa mais ampla, por exemplo, das origens da Primeira Guerra Mundial ou da situação da Europa no pós-guerra.

O mais importante é que o professor deve buscar, junto com seus alunos, um diálogo ativo e crítico com o filme. O filme não traz nada por si próprio, a não ser que seja indagado, através de questões que introduzam um problema a ser analisado e discutido em todas as suas possibilidades. Por outro lado, os filmes fazem os investigadores – professores e alunos –

---

[1] As principais biografias são: SCHALK (1937); FRÖLICH (1965); BADIA (1975ª); ETTINGER (1989); GALLO (1992).

repensarem as suas questões com vistas a reconstituí-las ou até construí-las de maneira inovadora. Figura tecida por discursos que se emaranham entre real e imaginário, o filme vem acrescentar o elemento simbólico às narrativas que se têm feito de Rosa Luxemburgo e questiona vários dos discursos.

Ligada ao imaginário político do mundo socialista, Rosa Luxemburgo, aliás, Rosa Luksenburg[2], é vista pela diretora Margarethe Von Trotta como uma das mulheres revolucionárias do socialismo que mais provocaram e denunciaram as contradições dos partidos de esquerda naquela época conturbada entre guerras, em termos da luta social na Alemanha. É um filme amoroso, cordial e ao mesmo tempo viril, pois trata da vida e dos contextos histórico e social de Rosa Luxemburgo.

Rozalia (Róza) nasceu em Zamosc, em 5 de março de 1870, filha caçula dos cinco filhos do casal. A família morava numa casa espaçosa de tijolos e dois andares, bastante cőnfortável, na praça principal da cidade. A língua falada em casa era o polonês, mas Elias Liksenburg, o pai, usava o iídiche nas transações comerciais, freqüentemente feitas em casa. Lina Lukserburg, a mãe, observava fielmente os dias santos judaicos – as festas que reuniam a família –, mesmo depois de seus filhos crescerem e deixarem o lar. Rosa e sua família ficaram em sua cidade natal até mudarem-se para Varsórvia em 1873, devido ao isolamento, ao anti-semitismo e aos problemas econômicos enfrentados. A vida de menina só aparece em *flashes* de memória no filme, a fim de demonstrar a preocupação da família com a educação dos filhos. Em uma cena, a menina Rosa, acamada pela doença que a deixaria aleijada, passa para a mãe cartinhas que deveriam ser entregues aos irmãos e às irmãs, numa referência explícita ao interesse pela escrita despertado desde a infância e estimulado pela mãe, que se interessava pela literatura alemã e polonesa (Ettinger, 1989, p. 21).

A juventude também não é tratada no filme, mas vale a pena ressaltar que Rosa cresceu e foi educada em Varsóvia, onde, embora bem-sucedida nos estudos, por seu espírito independente, logo se rebelou contra o regime repressivo então dominante nos colégios da Polônia russa, envolvendo-se na atividade política socialista desde jovem. Militante ativa, teve de deixar a Polônia em 1889 para evitar ser presa e foi

[2] Em 18 de fevereiro de 1889, Rosa Lukserburgs registrou-se no município de Oberstrass sob o nome de Luxemburg[o], grafia mais cosmopolita.

para Zurique. Ali, matriculou-se na universidade, onde estudou, de início, Matemática e Ciências Naturais, depois Economia Política. Concluiu seus estudos com uma tese de doutoramento sobre o desenvolvimento industrial da Polônia.

Muito atuante na vida política dos emigrados revolucionários do Império Russo, e opondo-se, ao mesmo tempo, ao nacionalismo do Partido Socialista Polonês, assumiu, em 1894, juntamente com Leo Jogiches, companheiro igualmente engajado, a liderança da criação da Social-Democracia do Reino da Polônia[3]: ele, como o principal organizador do movimento; e ela, como sua expressão e intelecto mais capaz.

As disputas políticas entre o recém-criado partido e o Partido Socialista Polonês (PPS) e os bastidores na criação do partido são tratados no filme como pano de fundo para o relacionamento dela e de Leo Jogiches. Em agosto de 1893, aos 23 anos, Rosa Luxemburgo fez sua primeira aparição em público. Num discurso apaixonado em Zurique, no Congresso da Segunda Internacional[4], pleiteou o reconhecimento do SDKP. Mas o partido somente foi reconhecido no congresso subseqüente em Londres, no ano de 1896. Rosa Luxemburgo e Leo Jogiches formaram o que se tornaria uma relação longa e intensa, tendo o estreito laço político entre eles sobrevivido a um posterior esfriamento da relação pessoal. Em 1898, em busca de um cenário político mais amplo para suas energias, Rosa Luxemburgo mudou-se para a Alemanha, o país que servirá de cenário principal para o filme sobre sua vida, agora montado pelas lentes precisas da câmera feminina de Margarethe Von Trotta.

Diante da tela, somos leitoras de signos. E cada fotograma, com seus significantes, nos envia significações variadas, que aqui, por opção, escolheremos algumas. Mesmo afastado no tempo e no espaço daquela vida traduzida em imagens, o discurso fílmico mostra-nos a intensidade de luta e paixão contida de Rosa pelo povo. As imagens nos apontam para isso durante toda a narrativa. Na Alemanha, Rosa torna-se figura de destaque nos debates travados dentro do socialismo europeu. Primeiro, a

---

[3] A Social-Democracia do Reino da Polônia fundiu-se, em 1900, com os socialdemocratas lituanos, convertendo-se na Social-Democracia do Reino da Polônia e Lituânia (SDKPiL).

[4] Primeira Internacional, 1864-1876; Segunda Internacional (Socialista), 1889-1914; Terceira Internacional (Comunista – Comitern), 1919-1943. Os congressos da Internacional aparecem em várias cenas do filme antes e no pós-guerra.

controvérsia revisionista – reforma ou revolução? Depois, o internacionalismo X o nacionalismo; o antiarmamentismo X a guerra eminente; a luta contra o imperialismo, a luta pela paz. São várias as polêmicas tratadas pela obra da revolucionária que vão aparecendo durante o longa-metragem.

Rosa Luxemburgo, Rosa vermelha, Rosa sangrenta, epítetos que nos fazem lembrar da *Rosa do povo* do poeta Carlos Drummond de Andrade, por seu tom trágico na representação de um *tempo de homens partidos.* Memória dos índices e de significantes. Versos que tratam de um tempo entre guerras e das desilusões filosóficas e morais.

Varsóvia, Berlim, Moscou. A figura de Rosa nos remete à história, mas também à poética, pois ela mesma nos é mostrada como escritora de cartas e discursos políticos. A Rosa das cartas é ainda romântica, e seus ideais ainda são os pequeno-burgueses. Casamento com filhos, amar e trabalhar. Romantismo que se estende à sua visão do povo, mais próxima da democracia social característica do fim do século. Compaixão, misericórdia, sofrimento, dor. Signos que a narrativa fílmica vai apontando na construção da personagem. Heroína, mártir? O clima da narrativa parece ser esse. Os fotogramas repousam sobre esses signos que sustentam a personagem e preparam sua significação.

Rosa vira uma mulher exemplar, transforma-se em um mito contemporâneo e aproxima-se de nós. Ela quer transformação, mudança social, justiça e direitos. Quer o trabalho, mas também o amor, a felicidade, filhos, um lar. Seu maior desejo sempre foi unir política e felicidade individual. Por isso mesmo brigava com Leo Jogiches, seu grande companheiro durante 15 anos e mentor político da juventude, que só tinha olhos para a "causa" e desprezo por tudo que fosse "burguês": conforto, paz de espírito, tranqüilidade, prazer, felicidade, desejo de ter filhos – desejos de sua mulher.

De acordo com sua biógrafa Elzbieta Ettinger, a noção de uma vida que "valesse a pena", como ela mesma dizia, determinou o destino de Rosa. Estava com 47 anos, devastada pela doença e pelo aprisionamento, quando escreveu a um amigo:

> Também para mim, o amor sempre foi (ou é?...) mais significativo e mais sagrado do que o objeto que o desperta. Porque o amor transforma o mundo a nosso redor num reluzente conto de fadas, e o amor

> em diamantes o que é mais trivial e mesquinho, e nos permite viver em êxtase e arrebatamento. (LUXEMBURGO *apud* ETTINGER, 1989, p. 13)

Esses pensamentos são traduzidos, filtrados pela roteirista e diretora, que traz para a tela escritos de Rosa, cartas que nos falam da mulher e de seu olhar peculiar – feminino – para o mundo.

Os primeiros fotogramas mostram Rosa presa na Rússia. Um corvo a acompanha pelo pátio do presídio. Essa imagem emblemática nos apresenta informações sobre a situação de prisioneiros políticos. O corvo acompanha Rosa. Pouco importante à primeira vista, mas ali se destaca como figura simbólica. Relacionada ao temor da desgraça, essa ave negra plana sobre os campos de batalha, a fim de cevar a carne dos cadáveres. Na Europa, é uma ave considerada mensageira da morte, com função profética. É também símbolo da solidão, do isolamento e atributo da esperança. Na maior parte das crenças a seu respeito, o corvo aparece como herói solitário, guia das almas na sua última viagem.

Outro fotograma a seguir mostra mulheres prisioneiras que gritam desesperadas ao assistirem cenas de execução. Em vários momentos da narrativa, a direção recorre ao *flashback* para mostrar a formação de Rosa, como a menina delicada e sensível, leitora de livros da literatura consagrada e dotada de um espírito de professora. Há uma cena em que ela aparece oferecendo *Ana Karenina* para uma prisioneira e mostrando o valor da literatura para a vida, como sua mãe tão bem ensinara.

Um outro fotograma que recortamos é aquele em que aparece Rosa vendo um búfalo sendo espancado, ao demorar a entrar no celeiro. Mais uma vez, a direção nos coloca no domínio simbólico. O búfalo passa a ser, dentro da narrativa fílmica, uma figura simbólica. Observemos que ele aparece em *big close,* sangrando, muito ferido. Na história contada pelo roteiro e pela direção, a representação diegética é reforçada por essa figura simbólica. O búfalo, como o boi, é símbolo de bondade, força pacífica, com muita capacidade para o trabalho e sacrifício. Entre os gregos na Antiguidade, por exemplo, era considerado sagrado e, às vezes, imolado em sacrifício, como vítima ou sacrificador. Além disso, marca a força e a potência, o poder de cavar sulcos intelectuais para receber as fecundas chuvas do céu.

O filme fala do poder, da coragem e da ousadia – atributos do búfalo – com que Rosa enfrentou preconceitos fortemente arraigados na socialdemocracia alemã, onde às mulheres eram reservados os assuntos de ordem doméstica. Seu objetivo de fazer uma política partidária em pé de igualdade com os maiores teóricos do partido é bem-representado na película.

Há uma cena no filme, também comentada por um de seus biógrafos, que lança luz ao que significava ser mulher, mesmo num ambiente de esquerda, naquele tempo, e como Rosa lutava contra isso até de maneira irônica. Kautsky, um dos membros do SDKP, havia convidado alguns companheiros de partido para almoçar num domingo. Rosa e sua amiga Clara Zetkin tinham saído para passear e chegaram atrasadas. Quando Bebel (presidente do partido) caçoou delas, dizendo temer que se tivessem perdido, Rosa voltou-se para ele sorrindo e disse: "Sim, vocês poderiam ter escrito nosso epitáfio: aqui repousam os dois últimos homens da socialdemocracia alemã".

Já naquele momento, fica claro que a postura do partido começa a divergir de seus ideais, pois ela dá-se conta rapidamente de que a socialdemocracia alemã, a organização que escolhera para fazer carreira política (o maior partido operário do ocidente e modelo da esquerda na época), na realidade, não passava de uma grande organização burocrática, adepta de um marxismo de fachada, e que os respeitados líderes socialdemocratas começavam a deixar de lado os ideais revolucionários, convertendo-os, aos poucos, numa utopia abstrata e substituindo-os por práticas políticas cautelosas, puramente eleitoreiras, o que inclusive a fez romper com o próprio Kautsky em 1910.

Afinal, Rosa Luxemburgo aprendera com a Revolução de 1905 na Rússia. Nas ações de massa realizadas pelos trabalhadores russos em 1905, ela julgou ter descoberto uma idéia estratégica de relevância internacional, que começou a defender dentro da socialdemocracia alemã, falando, em relação a esta e a outras questões, em nome da ala esquerda da organização. Tratava-se de sua aposta na greve de massas como a forma por excelência da revolução proletária. Luxemburgo deu uma contribuição original ao marxismo ao tematizar a relação entre espontaneidade e consciência, classe e partido, o que, por sua vez, lhe permitiu elaborar uma concepção democrática de socialismo, cujo núcleo é a greve de massas. A idéia de que os homens, ou melhor, as massas populares podem fazer conscientemente a história é o que se encontra na base de sua teoria da ação revolucionária.

Além da precisão com que o filme traz as questões políticas e filosóficas, vemos a riqueza da imagem em movimento. Um olhar semiótico para as imagens revela a força do simbólico dentro da narrativa fílmica, força que a história sublinha com a significação dada pela direção na montagem fílmica. Há um esforço da direção em construir um filme que possa ser, ao mesmo tempo, uma reflexão e uma expressão de uma vida singular, do concreto de sua vida, que se lê nos livros sobre Rosa e da sua participação dentro de uma luta revolucionária. Dar visibilidade a uma vida heróica é torná-la fulgurante. O fim trágico de Rosa, cena final do filme, é como um coroamento de seu pensamento, cujo fio condutor sempre foi a unidade entre teoria e prática. Esse *pathos* heróico, seu exemplo moral, talvez explique por que Luxemburgo permanece até hoje como ponto de referência para a esquerda.

Relembremos novamente a voz do poeta sobre um tempo, que também se aproxima dos tempos sombrios de Rosa e, por que não, de nossos tempos:

> para cada hora e dor,
> há fortes bálsamos
> dores de classe, de sangrenta fúria e plácido rosto
> e há mínimos bálsamos, recalcadas dores ignóbeis, lesões que nenhum governo autoriza, não obstante doem
> melancolias insubordináveis,
> ira, reprovação, desgosto (...) (Drumond, 1992, p. 160)

Citações que são como trapos/ruínas da memória, tal como acontece nas alusões aos discursos e cartas de Rosa no filme. Excertos que vão dando significação aos fotogramas e reforçam os sentidos da dor e da compaixão que a personagem representa. Rosa e também, por conseguinte, Von Trotta descrevem a sociedade capitalista em sua forma pura, tal como ela se apresentava na Primeira Guerra Mundial, como barbárie que destruía a si mesma e a toda a humanidade.

Esses sentidos são os que Roland Barthes chamaria de óbvios, mas que, num filme de Indústria Cultural, remeteriam a uma reflexão não apenas subjetiva mas também social. *Rosa Luxemburgo* é um filme que se caracteriza como realista. Os *closes* e *big closes* de determinadas cenas mostram uma "mensagem" de dor física e moral, não só da personagem principal como também de todos os personagens que a cercam.

Trata-se de uma representação clássica da dor. Em muitas cenas desse filme, os significantes nos remetem a certos fotogramas de Sergei Eisenstein no *Encouraçado Potenkim.* Os traços dramáticos assinalam a dor ou a compaixão como aqueles fotogramas do funeral da personagem Vakoulintchouk. Por outro lado, se pudermos falar em sentido obtuso, ainda na acepção do semiólogo Roland Barthes, diríamos que, na contramão da história, Rosa levanta questões como a de um discurso feminino, na orientação da luta de classes. Sentido que não está claro e que pode inaugurar outro corte, diferente daqueles dos planos e seqüências e sintagmas narrativos do filme e do discurso oficial dentro do partido sobre ela. Ainda subjacente a esse sentido, o da exclusão, por ser mulher, judia, manca e polonesa na Alemanha. Uma cena clara que exemplifica esse sentido é a da prisão de Rosa na Alemanha pré-Hitler, quando é chamada de "grande prostituta". Essa obtusidade que a direção insinua pode ser uma outra leitura a ser feita. Mas, para isso, outro texto deve ser escrito.

Resta o que o filme nos coloca: seu poder de inquietação, que nos é trazido pela imagem em seu aspecto comovedor. Aí, estabelece-se o que Roland Barthes nos diz: "O sentido obtuso contém uma certa emoção; parte do disfarce, esta emoção nunca é viscosa; é uma emoção que simplesmente designa o que se ama, o que se quer defender; é uma emoção-valor, uma avaliação"(Barthes, 1986, p. 52).

Esse poder de inquietação aproxima o filme e a história de Rosa dos nossos tempos, também sombrios. Às perguntas do presente, Rosa nos responde com a esperança de que um outro mundo é possível, basta acreditar na criatividade de nós mesmos. A história do tempo presente, da busca pelo lucro a qualquer preço, da transformação cada vez mais patente do homem em mercadoria, da banalização da vida com violências de todos os tipos nos rondando por todos os lados, nos coloca perante um mundo em que a humanidade se apresenta

> coberta de ignomínia, chafurdando em sangue, pingando imundice – assim se apresenta a sociedade burguesa, assim ela é. Não quando impecável e honesta arremeda a cultura, a filosofia e a ética, a ordem, a paz e o Estado de Direito – mas como besta selvagem, sabá da anarquia, sopro pestilento sobre a civilização e a humanidade que ela mostra sua figura nua e verdadeira. (Luxemburgo *apud* Loureiro, 2004, p. 22)

Quadro pintado por Rosa que se parece muito com o presente resultante de uma globalização desenfreada, de um neoliberalismo cuja primazia do econômico mata tantos de fome e prioriza o armamentismo na luta contra um terror inventado pelo novo imperialismo, agora norte-americano. Sabemos que a globalização é uma das faces da continuidade do colonialismo, contra o qual Rosa lutou com unhas e dentes. Suas idéias são precisas para os sujeitos do presente. Para Rosa, assim como para nossos movimentos sociais atuais, representados no Fórum Social Mundial, é da participação dos de baixo que vem a esperança de mudar o mundo.

Rosa segue de perto os ensinamentos de Marx, segundo o qual era por meio da *práxis* revolucionária que os homens transformavam, ao mesmo tempo, o mundo e a si mesmos. Luxemburgo defendeu, ao longo de sua vida, a organização e a ação autônoma e direta das massas. É preciso voltar mais uma vez às suas teorias e à sua história para aprendermos com ela as possibilidades futuras. Para Rosa, não há uma única forma de organização, determinada de uma vez por todas. A luta de classes, no seu desenvolvimento incessante, inventa, a cada passo, novas formas de os de baixo se organizarem. No Brasil, o MST é a prova cabal de como ela tinha razão. Agora que a esquerda estremunhada começa a reaglutinar-se contra o catecismo neoliberal, as idéias e o exemplo de Rosa Luxemburgo dão-nos elementos para começarmos a pensar como se instituiria e como seria uma sociedade socialista democrática.

A luta de Rosa nos ensina que nossa reivindicação por um mundo melhor será longa, difícil, extraordinariamente dura, mas também bela e humana, demasiadamente humana. A liberdade deve ser construída dia após dia, na solidariedade que aponta para além do capitalismo, e deve ser também desejada por nós. Rosa, no início da revolução, fez seus os versos de Richard Dehmel: "Não nos falta nada, minha mulher, meu filho, para sermos livres como os pássaros, a não ser tempo" (Dehmel *apud* Loureiro, 2004, p. 274).

Cronologia[5]

1871: No dia 5 de março, nasce, em Zamość (Polônia, então ocupada pela Rússia), Rosa Luxemburgo.

[5] Essa cronologia foi adaptada pelas autoras a partir da que aparece no *site* do Rosa Luxemburg Stiftung, de autoria de Isabel Maria Loureiro (Doutorada pela USP com tese sobre Rosa Luxemburgo).

1873: A família muda-se para Varsóvia.

1875: Os médicos engessam a perna de Rosa e decidem colocá-la na cama por um ano, com o objetivo de tratar de uma doença dos ossos do quadril, cujo resultado foi deixar-lhe com uma perna mais curta que a outra, tornando-a manca durante a vida inteira.

1880-1887: Estuda em um ginásio para moças e, logo depois de formada, passa a fazer parte de um grupo socialista ilegal.

1888: Vai para Zurique (Suíça), buscando fugir da polícia da Rússia czarista. Entra para a universidade.

1890: Encontra-se com Leo Jogiches, jovem revolucionário da Lituânia, seu grande amor e mestre político na juventude. Fica com ele durante 15 anos.

1894-95: Conhece Paris.

1898: Defende sua tese de doutorado intitulada *O desenvolvimento industrial da Polônia*. Casa com Gustav Lübeck, para conseguir a cidadania alemã. Vai para Berlim, para trabalhar na socialdemocracia alemã. Lá conhece Clara Zetkin e os principais dirigentes da socialdemocracia alemã.

1899: Fica amiga da família Kautsky, particularmente de Luise. Publica *Reforma social ou revolução?*, polemizando com o revisionismo de Bernstein. Com essa polêmica, Rosa torna-se conhecida e respeitada no interior do Partido Social-Democrata Alemão (SPD).

1900: Freqüenta o Congresso da Segunda Internacional em Paris.

1904: É presa em Zwickau (Saxônia), de 26 de agosto a 24 de outubro, acusada de insultar o imperador Guilherme II num discurso público. Participa do Congresso da Internacional Socialista em Amsterdã. Publica *Questões de organização da social-democracia russa*, divergindo do centralismo de Lênin.

1905: Vai para Varsóvia (que faz parte da Rússia czarista) no dia 30 de dezembro, para acompanhar a Revolução Russa.

1906: É presa em março e ameaçada de execução. Libertada sob caução, no final de junho, sai de Varsóvia em 31 de julho. Permanece em Kuokkala, na Finlândia, pequena cidade perto de São Petersburgo, onde encontra os principais revolucionários russos (mencheviques e bolcheviques, entre eles, Lênin). Publica *Greve de massas, partido e sindicatos*, um balanço da revolução russa de 1905, texto que marca o início de sua ruptura com a direção da socialdemocracia alemã. Participa do Congresso Social-Democrata de Mannheim (23 a 29 de setembro), onde suas idéias sobre a greve de massas são rejeitadas.

1907: Torna-se amante de Konstantin (Costia) Zetkin, relacionamento que dura até 1912, depois de um breve rompimento em 1909. No começo de maio, participa, com Jogiches, do V Congresso do Partido dos Trabalhadores Social-Democratas Russos, em Londres, como delegada da Social-Democracia do Reino da Polônia e Lituânia (SDKPiL) e do SPD. Retornando a Berlim, permanece dois meses na prisão, acusada de "instigar ao uso da violência", num discurso feito no Congresso do SPD em Jena, em 1905. Desde outubro, foi professora de Economia Política e História Econômica na escola do Partido Social-Democrata Alemão, cargo que exerce, com algumas interrupções, até 1914. A partir dessas aulas, Rosa escreve duas das suas obras mais importantes: *Introdução à economia política* (publicada em 1925) e *A acumulação do capital* (1913).

1910: O SPD lança campanha pelo voto universal na Prússia, que era censitário, favorecendo as classes abastadas. Rosa defendia a greve geral, com o objetivo de levar o governo a ceder, proposta que não foi seguida. E foi novamente derrotada quando sugeriu uma campanha a favor da substituição da monarquia pela república. Rompe com Kautsky por esse motivo.

1913: Lança o livro *A acumulação do capital*, sua grande obra teórica, em que defende a idéia da impossibilidade de uma acumulação ilimitada do capital. Este precisa expandir-se para a periferia até que o mundo, totalmente colonizado, seja atingido por crises que o farão perecer.

1914: Em fevereiro, Rosa é julgada e condenada a um ano de prisão pelo Segundo Tribunal Criminal de Frankfurt por incitamento à desobediência civil, num discurso feito em setembro de 1913. A defesa feita na ocasião, uma brilhante condenação da guerra e do imperialismo, foi publicada com o título "Militarismo, guerra e classe trabalhadora". Paul Levi, companheiro político, é seu advogado, e Rosa tem com ele um breve relacionamento amoroso (mas a amizade dura até o fim da vida). A 4 de agosto, a bancada socialdemocrata no Parlamento aprova os créditos de guerra, o que a deixa profundamente abalada. Em dezembro, Karl Liebknecht, deputado no Reichstag, vota sozinho contra nova concessão de créditos de guerra. Há a formação do pequeno grupo de esquerda, dirigido por Liebknecht e Luxemburg, conhecido mais tarde como Liga Spartakus.

1915: Rosa passa um ano na prisão (fevereiro de 1915 a fevereiro de 1916) por agitação antimilitarista. Em dezembro, 19 deputados votam contra os créditos de guerra.

1916: Publica, em janeiro, *A crise da social-democracia*, um impiedoso ajuste de contas com o socialismo alemão e internacional, acusado de ter aderido ao nacionalismo e de ter rompido com uma política classista. Rosa é novamente presa em 10 de julho, permanecendo na prisão durante toda a guerra, até ser libertada pela revolução alemã.

1917: Em janeiro, os deputados socialdemocratas que se opõem à guerra fazem uma conferência e são excluídos do SPD. Em abril, formam o Partido Social-Democrata Independente (USPD). Os spartakistas, conservando sua autonomia, aderiram ao USPD. Rosa acompanha com grande impaciência e interesse a Revolução Russa.

1918: Escreve o pequeno *A revolução russa*, em que mostra sua enorme admiração pela ousadia dos bolcheviques e, ao mesmo tempo, os critica por fazerem da necessidade virtude, elegendo sua via para o socialismo como modelo para todos os partidos de esquerda. Rosa é libertada em 8 de novembro e vai para Berlim, para participar da revolução que acabava de começar. Fundação do Partido Comunista Alemão, no dia 31 de dezembro, para o qual Rosa escreve o programa, que tem por título *O que quer a Liga Spartakus?*

1919: prisão e assassinato de Rosa Luxemburgo e Karl Libknecht no dia 15 de janeiro. O corpo de Rosa é jogado no canal Landwehr, só sendo encontrado em fins de junho. Em março, Leo Jogiches também é brutalmente assassinado.

REFERÊNCIAS

ANDRADE, Carlos Drummond de. Obras Completas.

ARRUDA, José Jobson. Época moderna e contemporânea. *História Total*. São Paulo: Ática, 1999, v. 4.

BARTHES, Roland. *O óbvio e o obtuso*. São Paulo: Nova Fronteira, 1990.

BOTTOMORE, Tom. *Dicionário do pensamento marxista*. Rio de Janeiro: Zahar, 1988.

CHÂTELET, François *et al*. *História das idéias políticas*. Rio de Janeiro: Zahar, 1985.

ETTINGER, E. *Rosa Luxemburgo*. Rio de Janeiro: Zahar, 1989.

HOBSBAWM, Eric. *Era dos extremos. O breve século XX (1914-1991)*. São Paulo: Companhia das Letras, 1995.

HOBSBAWM, Eric. *Revolucionários*. Rio de Janeiro: Paz e Terra, 1982.

HUYSSEN, Andreas. *Memórias do Modernismo*. Rio de Janeiro: Ed.UFRJ, 1997.

LOUREIRO, Isabel Maria. *Rosa Luxemburg. Os dilemas da ação revolucionária*. São Paulo: Unesp, Fundação Perseu Abramo, 2004.

POKROVSKI, V. S. *História das ideologias. As ideologias contemporâneas*. Lisboa: Editorial Estampa, 1977.

Frida Kahlo: um corpo que fala[1]

Virgínia Maria Trindade Valadares
Ana Paula Rocha
Keylla Kerche

Filme: *Frida*
Ficha técnica, sinopse e mais informações na página 251.

A realização deste texto surgiu como um trabalho de parceria entre a professora Virgínia Valadares e suas alunas do curso de graduação em História, da Pontifícia Universidade Católica de Minas Gerais, Ana Paula Rocha e Keylla Kerche. O convite feito pela professora às suas alunas, para esta empreitada, se deu a partir do conhecimento de que estas possuíam grande interesse por cinema e que os projetos de final de curso de ambas teriam o objeto fílmico como tema para estudo. Iniciou-se assim a tentativa de se realizar um diálogo que abarcasse as percepções que cada uma das três autoras obtivera sobre o filme *Frida*.

Mas, como era de se esperar, escrever um texto a seis mãos, buscando relacionar três pontos de vista sobre um mesmo filme, foi uma tarefa difícil e que implicou uma série de reescritas. No entanto, o trabalho de confrontar idéias acerca de uma obra cinematográfica tão criativa como *Frida* foi, sobretudo, estimulante e intrigante. Buscamos, então, transformar idéias, que, a princípio, se apresentavam como opostas, em questões complementares que valorizassem o rico universo de Frida Khalo, que foram expostas de maneira tão bela e exuberante na película em questão.

A professora Virgínia Valadares valorizou, em sua análise, os aspectos referentes à psiquê feminina e masculina que estão presentes no

---

[1] Artigo resultante de pesquisa em andamento sobre a Mulher no Cinema. O fato de a pesquisa ainda não estar concluída faz com que os seus conceitos não estejam fechados.

filme. Ana Paula buscou conciliar a relação entre cinema e historia, assim como sua contribuição para o trabalho do historiador, enquanto Keylla priorizou a questão da sensibilidade ao se remeter à dor como fonte de inspiração presente na obra de Frida.

Assim este texto busca apresentar um diálogo entre professora e alunas acerca de um filme que trata de uma mulher singular, transgressora e apaixonada. E, de maneira alguma, se propõe a realizar uma discussão conclusiva sobre os elementos apresentados no filme, mas, sim, levantar algumas das possíveis questões que o mesmo suscita.

Na análise do filme *Frida*, uma adaptação cinematográfica de uma obra biográfica escrita por Hayden Herrera em 1992, dirigido por Julie Taymor em 2002, tornou-se necessário fazermos algumas considerações referentes à relação entre Cinema e História. Para tanto, perguntamo-nos: de que forma o filme *Frida* pode contribuir tanto para o trabalho do pesquisador quanto para a construção de significados para as questões impostas pelo espectador no decorrer da trama?

Considerar que o cinema adquiriu posição de destaque na sociedade contemporânea e constituiu-se numa excelente ferramenta para o trabalho do historiador-pesquisador, por ser ele próprio, o filme, reflexo de seu tempo, é algo que já sabemos. Mas, para analisarmos um filme sob a ótica historiográfica, devemos compreender inicialmente a diferença existente entre cinema e história, ficção e realidade. Um dos elementos primordiais para se compreender essa diferença é a função que o filme adquire para o historiador: sua condição de documento.

Analisar um filme, numa vertente científica, acarreta certa cautela, pois não se pode esperar que um filme retrate a realidade de forma direta, sem usar do imaginário e da fantasia, mesmo porque a beleza da arte reside nos momentos subjetivos da sua criação.

Um outro elemento também importante para o trabalho do historiador é saber identificar e analisar os significados dos elementos reais, ocultos ou aparentemente menos significativos, numa obra de ficção. O historiador deve privar-se de especulações que podem comprometer negativamente sua análise documental, seu olhar e sua leitura do filme.

No que diz respeito ao filme *Frida*, esses fatores se tornam evidentes, já que o enredo da história baseia-se em fatos reais, ocorridos no México, entre os anos de 1925 a 1954. Essa delimitação temporal se justifica, tendo em vista que os acontecimentos, que mudaram a vida da pintora até sua morte, ocorrem nesse período. Do ponto de vista historiográfico, a vida de Frida nega, notadamente, a sua visão de mundo da época em que ela viveu, no que se refere ao casamento, à sexualidade e à família. Frida mostrou-se irreverente, portanto inovadora, e até mesmo corajosa. Como demonstração de amor pela cultura do seu país, Frida abusava das cores em suas vestimentas e acessórios. As tradicionais indumentárias indígenas combinando cores fortes com colares e pulseiras extravagantes, saias rodadas e flores no cabelo representavam a personalidade marcante e impetuosa dessa artista de vanguarda. Ela ultrapassou os costumes tradicionais vividos pela mulher na sociedade latino-americana da década de 20. Nesse sentido, é esclarecedor a passagem do filme em que ela pousa para o retrato de família, vestida de terno, roupa tipicamente masculina.

É inquestionável o impacto que esse filme exerce em relação ao espectador. A vida conturbada e atípica de Frida Kahlo envolve-o em uma atmosfera que vai além de romances. Sofrimentos, arte, costumes e política remetem o espectador a questionamentos sobre ele mesmo, sua vida e seus desejos.

Frida representa mais que uma biografia que narra a vida dessa artista mexicana. O filme, entre outras questões, apresenta como ela viveu de maneira trágica, porém criativa e intensa. Magdalena Carmem Frieda Khalo Calderón nasceu em 6 de julho de 1907, na cidade de Coyocacán, México. Mas, insistia em dizer que havia nascido em 1910 por se declarar como "filha da revolução". Ela foi a terceira de quatro filhas do casamento de Matilde Calderón e Guillermo Kahlo. Seus pais eram judeus húngaros que viveram na Alemanha, antes de se mudarem para o México.

Essa importante pintora, logo aos sete anos de idade, sofreu poliomielite, o que lhe afetou permanentemente a perna direita. No entanto, ela se deparou com um tormento ainda maior quando, aos 18 anos, um trágico acidente de ônibus agravou mais duramente o problema de sua perna, lesou sua coluna e sua bacia e causou várias fraturas. Os médicos que lhe atenderam prescreveram o uso de um colete de gesso por nove meses e repouso total por, pelo menos, dois meses após sua internação no hospital. Iniciou-se, assim, seu árduo convívio com a dor, que lhe acompanharia por toda a sua existência. Frida viveu sendo constantemente submetida a tratamentos que pudessem amenizar suas dores. Entre todas as seqüelas deixadas como conseqüências das várias cirurgias a que foi submetida, talvez a pior delas foi a impossibilidade de gerar filhos. Ela sofreu três abortos. E o final de sua vida, Frida passou em uma cadeira de rodas, pois, em 1953, teve sua perna direita amputada abaixo do joelho, em decorrência de uma gangrena. E em 13 de julho de 1954, após sofrer de broncopneumonia, Frida falece com 47 anos de idade.

Mas toda a tragédia sofrida por Frida não impediu que ela tivesse uma vida marcada por intensos relacionamentos amorosos. Em 1929, ela se casa com o também pintor Diego Rivera, seu grande amor. Quando se casaram, ela tinha 22 anos de idade, e ele, 43 anos. A conturbada relação que mantiveram foi marcada por constantes separações e reconciliações, chegando inclusive a se divorciarem em 1939 e a se casarem novamente no ano seguinte. Além disso, a pintora teve diversas relações extraconjugais.

Frida teve ainda forte atuação política em seu país. Junto com Rivera, ela foi militante do Partido Comunista Mexicano. Essa tendência ao engajamento político teve suas primeiras demonstrações enquanto era estudante. Suas idéias social-nacionalistas eram compartilhadas por seus colegas de escola, que formavam um grupo chamado "os bonés" devido aos seus membros serem identificados pelo boné que usavam. Esse grupo, além de discutir política, também se interessava por literatura.

O contexto histórico em que Frida viveu foi marcado por intensas transformações políticas, econômicas e culturais. De uma forma geral, os governos na América Latina, no começo do século XX, tinham em comum as políticas econômicas voltadas para o incentivo da industrialização e o desenvolvimento de ideologias nacionalistas pregando a união das diferentes classes sociais submetidas ao Estado, representado na figura do líder estatal. Essa forma de governo se estruturou nas bases do populismo como tentativa dos meios de comunicação de popularizar líderes políticos buscando estabelecer entre eles e o restante da sociedade uma relação mais direta e pessoal.

O México passava por um período de reestruturação política e profundas crises econômicas, sobretudo depois do *crack* da Bolsa de Nova Iorque em 1929. Cinco anos depois, teve início o populismo mexicano com o presidente Lázaro Cárdenas (1934-1940), que chegou ao poder através de eleições.

Cárdenas retomava os ideais da Revolução Mexicana, que visava à união dos modelos socialista e capitalista para o desenvolvimento do país, pretendendo também tornar-se o porta-voz entre os interesses das massas mexicanas, dando a elas o direito de participarem do plano político e do aparelho administrativo. Para Cárdenas, o país só poderia tornar-se forte com a reestruturação econômica; no entanto, para que isso fosse alcançado, o povo mexicano deveria se unir em uma só luta: o bem de toda a população.

O período do populismo no México foi vivido e experienciado intensamente por Frida. Sua posição política atingiu certa importância nos meios de comunicação em função de ela usar suas pinturas como forma de retratar sua maneira de pensar e ver o mundo.

Frida pintou vários quadros ao longo de sua vida, e estes foram, por diversas vezes, expostos em diferentes países, incluindo EUA e França. Essas exibições fora de seu país permitiram que ela tivesse seu talento artístico reconhecido e admirado por importantes artistas, como Trotski, Breton, Duchamp, Kandinski e Picasso.

Segundo Maria de Fátima Oliveira, todo sofrimento provocado por sua dor física se tornou "um importante caminho sublimatório que a levou à produção de uma importante obra artística" (Oliveira, 1997, p. 22), na medida em que Frida não se rendeu à própria dor. Ela, ao contrário, transformou tal sofrimento em fonte de inspiração para sua obra, que pode ser considerada como sendo fortemente autobiográfica. "Eu pinto a mim mesma porque estou muitas vezes sozinha e porque sou o assunto que conheço melhor" (Kahlo, 1995).

De acordo com Oliveira, é possível avaliarmos a dor que Frida sofreu segundo três aspectos: as dores física, mental e existencial. No entanto, ela concilia as suas dores e corporifica-as como fonte de inspiração para sua arte, como já foi dito anteriormente. Ela pinta o próprio corpo adoecido até onde lhe era permitido enxergá-lo e senti-lo. Sua mãe, acreditando que nunca mais andaria e sabendo da sua paixão pela pintura, colocara um espelho no teto do seu quarto, em cima da sua cama, para que, pelo menos, fosse possível pintar a si mesma. Desse modo, seu sofrimento se transformou em criação, em um processo em que ela se "descasca" e se desnuda através de sua obra, evidenciando seus sentimentos de dor, amor, desejo e angústia.

Além de seu gosto pela pintura, ela também se interessava pela fotografia, arte que aprendeu com o pai, pelas ciências naturais, pela biologia e pela anatomia, pois, entre outros desejos, ela ainda queria tornar-se médica. Tais interesses podem ter proporcionado-lhe certa percepção que muito contribuiu para a perfeição de suas pinturas.

Tal produção fílmica, ao fim e ao cabo, nos leva a algumas reflexões. Uma delas diz respeito à diferença entre o psiquê masculino e o feminino, nomeadamente no que se refere à questão da fidelidade e da lealdade. Em 21 de agosto de 1929, como já apontado anteriormente neste texto, Frida se casa com Diogo Rivera, outro importante pintor e revolucionário comunista que participou da Revolução Mexicana. Com ele, viveu até a sua morte um conturbado relacionamento amoroso. No momento em que se conheceram, estabeleceu-se entre eles a dicotomia do significado entre ser fiel e ser leal.

Rivera era um homem de idade mais madura que Frida e costumava ter relação sexual, sem se preocupar com os afetos, com todas as suas modelos. Quando os dois (Frida e Rivera) resolvem conviver, o pintor comunista esclarece a Frida que fisiologicamente era impedido de manter relações monogâmicas. Tal diagnóstico, segundo ele, fora já confirmado pelos médicos, e daí ser claro e notório que ele precisava ter relação sexual com mais de uma mulher.

Nesse momento do diálogo entre os dois, Diego pergunta a Frida o que lhe era mais importante: se a fidelidade ou a lealdade? Ela, meio que assustada, responde que é a lealdade.

Discutindo os conceitos de lealdade e fidelidade da forma como são retratados no filme, diríamos que ser infiel, trair o parceiro com outra pessoa, sob o ponto de vista do universo masculino, não tem relação com o que culturalmente a sociedade judaico-cristã construiu como referência no universo feminino. Para a mulher, ser fiel significa ser também leal, ou seja, é pecado imperdoável o parceiro relacionar e fazer sexo com uma mulher que não seja a sua parceira. Na concepção do masculino, amor e sexo são áreas diferentes, mas que podem se encontrar. Na visão do feminino, diferentemente, amor e sexo sempre se encontram, podendo, às vezes, se desencontrarem. Nesse sentido, há entre Frida e Rivera um pacto mais ditado pelas normas do masculino do que pelas do feminino, isto é, ela exigirá dele lealdade e não fidelidade[2].

---

[2] Lealdade, neste texto, tal como é tratada no filme, tem a semântica não igual à fidelidade, na medida em que ser leal significa ir além de ser fiel. Lealdade faz parte do universo feminino, e fidelidade, do mundo masculino.

Assim sendo, Frida viu Rivera fazendo sexo com várias mulheres, mas, apesar de se sentir mal interiormente e até mesmo traída, não se refilava. Contudo, seguindo apassadamente os ditames do pacto, ela também manteve relação sexual tanto com outros homens quanto com mulheres.

Salientamos aqui o momento no filme em que Frida assiste a Rivera fazendo sexo com a irmã dela. Imediatamente ela sai de casa separando-se dele com profundo sentimento de dor na alma. Com esse ato, houve rompimento do pacto. Rivera tornou-se desleal, apesar de ele insistir que teria havido também com sua cunhada apenas sexo. Para Frida, entretanto, o seu parceiro avançara além do sexo, em função do sentimento de amor que ela nutria pela irmã. Se, para ele, era mais uma mulher, para ela era uma mulher especial que nascera da mesma saga de amor e do mesmo útero que ela. Esse foi um momento de muito sofrimento para Frida, partilhado inclusive com a ex-mulher de Rivera, com quem ele mantinha boa convivência sem sexo. Mais tarde, passada a dor inicial, Frida retorna novamente à sua conturbada relação e convivência com Rivera.

Frida, que também se destacara pela sua participação na militância política do México, sendo inclusive engajada no Partido Comunista Mexicano, como já dito, acolheu, juntamente com Rivera, Leon Trotsky, líder comunista russo expulso do seu país, no final da década de 20, por divergências políticas com o seu congênere, Joseph Stalin, que começava a monopolizar o poder político da URSS.

Chegando ao México com sua mulher em 1937, Trotsky é recebido com amizade por Rivera e Frida. No desenrolar do enredo, o filme retrata muito bem o relacionamento íntimo que se estabeleceu entre Trotsky e Frida. A mulher do comunista russo percebe o envolvimento entre os dois, e o casal muda-se da casa dos Rivera. Rivera, porém, sente, pela primeira vez, que Frida também fora desleal, por ela ter tido aconchego com seu amigo e parceiro comunista Leon Trotsky. Também Frida, que não tinha com Rivera compromisso de fidelidade e que tivera vários casos extraconjugais e homossexuais, rompera com o pacto de lealdade ao relacionar-se com o amigo de seu parceiro. Nesse momento, para conviver com Rivera, ela assume o universo e a lógica do masculino, sem, entretanto, perder a sua condição de mulher e a sua feminilidade.

Dentro da mesma lógica, retratada no filme, vale também discutir o sentido da monogamia em relação à fidelidade e à lealdade. A sociedade ocidental foi construída para que, culturalmente, todos acreditássemos neste tripé do amor: monogamia, lealdade e fidelidade. Mas, nem todos acreditam, porém vivem como se acreditassem.

> Todos têm consciência de estar mentindo ou querendo dizer a verdade quando estão em jogo a lealdade ou a fidelidade. Todos se consideram a si mesmos traidores ou traídos. Todos sentem ciúmes ou se sentem culpados, e sofrem a angústia de suas preferências. (Phillips, 1997, p. 1)

Enfim, a infidelidade torna-se problema, porque provavelmente assumimos a monogamia como algo indiscutivelmente verdadeiro. Daí, talvez, ser impossível pensar a infidelidade como algo que não precisa se justificar, mas que pode ser natural no ser humano, sem mortificações culposas e sem caráter de ausência de lealdade. Portanto, a diferença entre monogamia e infidelidade está entre fazer uma promessa e ser promissor. Nesse sentido, Frida cumpriu um pacto de infidelidade e de amor com Rivera, portanto pacto de lealdade, até o final de sua vida.

A infidelidade não existe, ela apenas é fruto de uma construção social e religiosa. Se, entretanto, a infidelidade não existe, a fidelidade também não, isto é, ela é apenas uma conduta artificial e aparente aprovada pela sociedade. Enfim, o ser humano, mesmo amando seu parceiro, é todo o tempo fiel e infiel.

Outro aspecto importante sobre a vida de Frida é sua não-submissão às pressões do mundo, na medida em que não se resignou como pessoa e como mulher em função da sua dor física. Ela era adepta de uma vida boêmia, bebia e fumava sem se incomodar com excessos, caracterizando sua ousadia ao quebrar papéis preestabelecidos pelos e para os homens.

No que diz respeito a sua militância política, o filme destaca seu engajamento no Partido Comunista Mexicano e demonstra com muita justeza que ela foi uma mulher transgressora, que rompeu o espaço privado e invadiu e assegurou o seu lugar na esfera pública. A representação da sua posição política não para por aí. Seu repúdio ao capitalismo americano também é apresentado. No filme, o ano é 1933. Frida morava com Rivera em Nova York. O pintor fora contratado pelo empresário Nelson Rockefeller para pintar um mural no Rockefeller Center. Nesse mural, Rivera pintou, como um dos principais personagens, Stálin. Tal fato lhe ocasionou o cancelamento do contrato e a destruição da obra. Apesar de comunista, Rivera se simpatizava com o progresso americano, retratado por ele mesmo em sua pintura; Frida, ao contrário, desejava retornar ao México e abandonar o progresso norte-americano e acabou por convencer Rivera a voltar para o México.

Outro elemento bastante peculiar em sua biografia e muito bem retratado neste filme é a sua dubiedade sexual. Essa ambigüidade foi por ela própria demonstrada em sua arte através da realização de auto-retratos com características femininas e masculinas. Seguindo o caminho nos dado por Icleia Borsa Cattani (1997), essa androgenia pode ser interpretada como uma manifestação bissexual, mas, também, como aspiração à completude, sagrada ou narcísica[3]. Frida não mediocrizou-se ao sacralizar o espaço do corpo que foi marcado pelo sofrimento e degradação.

Ressaltamos, ainda, um outro elemento, também bastante significativo no filme, que é quando, nos Estados Unidos, ela sofre um aborto. Logo após, pinta uma tela em que reflete não apenas o incidente, mas essencialmente a sua incapacidade de ser mãe e a sua impotência diante da dor da perda. Sua obra talvez tivesse o valor de expurgar seus fantasmas e restituir-lhe o que a vida lhe usurpou.

Essa inspiração de Frida em pintar a si própria é muito bem-representada na película, quando, em algumas cenas, com a ajuda de efeitos especiais e maquiagem, seus auto-retratos se transformam nela mesma. Sem dúvida, a diretora Julie Taymor soube captar a essência do trabalho de Frida Kahlo. Quando pintava seus auto-retratos, esses eram frios e refletiam certa solidão, decorrência do modo como ela mesma via sua própria vida.

Deixemo-la falar em sua autobiografia:

> Pintar completou minha vida. Perdi três filhos e uma série de outras coisas, que teriam preenchido minha vida pavorosa. Minha pintura tomou lugar de tudo isso. Creio que trabalhar é o melhor. (ZAMORA, 2001, p. 151)

Mesmo não podendo cumprir o papel de mãe que sempre sonhou, Frida encontrou em sua arte um lugar para a sua redenção, e até, talvez, um meio para reconstruir seu próprio corpo e sua identidade feminina. Destacamos, outrossim, que, se Frida não cumpriu o arquétipo feminino da mãe, ela não se dobrou. É possível considerar que Frida buscou alcançar

---

[3] O termo narcísica aqui representado está no sentido da valorização da condição de mulher dada por Frida no filme. Assim, o homossexualismo explica-se pelo encontro de si mesma em outra mulher. A mulher que se respeita e respeita o seu corpo se inteira em uma outra mulher.

em sua arte a completude da qual se viu destituída, ou, pelo menos, encontrou nela cumplicidade, refúgio e redenção. Muitos a denominavam surrealista por verem em seus quadros ora momentos de profunda angústia, ora de uma felicidade serena ao lado de Rivera, mas ela sempre negou tal denominação, pois não era uma artista que retratava sonhos ou fantasias e sim sua própria realidade. Outra questão concernente à sua arte é sua evidente volta para si mesma. Frida é a temática principal de sua obra enquanto mulher, ou, melhor, enquanto um corpo feminino macerado pela dor. É o universo feminino que transcende a si mesmo na medida em que, partindo de suas questões particulares, universaliza sua obra tornando-a atemporal, isto é, tematiza sua dor num corpo vivo de mulher.

REFERÊNCIAS

CATTANI, Icleia Borsa. O corpo repetido: espaço de sacralizaçãot/dessacralização nas obras de Frida Kahlo, Ismael Nery e Fernando Botero. *Estudos Ibero-Americanos*. v. 23, n. 2, p. 127-138, dez. 1997.

FERRO, Marc. *Cinema e história*. Rio de Janeiro: Paz e Terra, 1992.

FREUD, Sigmund. *A psicogênese de um caso de homossexualismo numa mulher: psicanálise e telepatia e outros trabalhos*. Tradução de Christiano Monteiro Oiticica. Rio de Janeiro: Imago, 1976.

KAHLO, Frida; ZAMORA, Martha. *Cartas apaixonadas de Frida Kahlo*. Rio de Janeiro: J. Olympio, 2001.

KAHLO, Frida. *O diário de Frida Kahlo: um retrato íntimo*. Rio de Janeiro: José Olympio, 1995.

KAPLAN, E. Ann. *A mulher e o cinema: os dois lados da câmera*. Tradução de Helen Márcia Potter Pessoa. Rio de Janeiro: Rocco, 1995.

OLIVEIRA, M. de Fátima Vidotto. Frida Khalo e Winnictt: algumas observações sobre a dor: comparações, contrastes e complementaridades. *Insight psicoterapia*. São Paulo, v. 7, n. 75, p. 20-26, jul. 1997.

PHILLIPS, Adam. *Monogamia*. São Paulo: Companhia das Letras, 1997.

ROWBOTHAM, Sheila. *A conscientização da mulher no mundo do homem*. Porto Alegre: Globo,1983.

SÁ, Irene Tavares de. *A condição da mulher: bloqueios e vertentes da personalidade feminina*. Rio de Janeiro: Livraria Agir, 1966.

SAMORA, Machel *et tal*. *A libertação da mulher*. Tradução de Olinto Beckerman. São Paulo: Global, 1979.

Eternamente Pagu

Inês Assunção de Castro Teixeira
Maria Isabel Antunes Rocha

Filme: *Eternamente Pagu*
Ficha técnica, sinopse e mais informações na página 253.

Por que vocês não lêem Tarzan, heim?
Pelo menos saberiam que há uma coisa chamada aventura, audácia, descoberta.
(Patrícia Galvão/Pagu)

Pagu foi muitas, no espaço e no tempo. Em sua vida, estão vários enredos de uma história de várias mulheres em uma, arriscando pelos caminhos, em seu inconformismo: "sacudindo o sono do mundo".[1] A literatura, a televisão, a música, as pesquisas, os grupos de mulheres, o cinema tentam capturá-la, atualizar o sentido de sua trajetória, torná-la pioneira e referência prévia de formas de pensar e de estar no mundo. De novas formas de ser mulher, do feminino.

Norma Bengell capturou-a com sua câmera em um longa-metragem que dirigiu em 1988.[2] O que Norma iluminou com seus refletores naquela história? Em que planos enquadrou essa mulher que Augusto de

[1] Essa expressão, usada por Augusto de Campos em seu livro *Pagu – Patrícia Galvão: vida-obra* (1987), está em um texto, na quarta capa, desse seu livro em que o autor registra seus propósitos, assim se referindo a Pagu: *"uma intelectual desassombrada e lúcida, uma 'escritora da aventura', persistindo até o fim, com saudável inconformismo, a arriscar-se pelos caminhos da vanguarda, para 'sacudir o sono do mundo'".*

[2] O outro longa-metragem dirigido por Norma Bengell, de 1996, é *O Guarani*, baseado na novela de José de Alencar.

Campos designa como totem e tabu e sobre quem pergunta "Solange Sohl existe? é uma só? ou é um grupo de vidros combinados?"[3] E nós, outras duas mulheres, como interpretamos e reconstituímos a Pagu trazida por Norma? Do lado de cá da tela, com nossos cortes, recortes, tomadas, percorremos a película e parte da literatura impressa e virtual à procura de Pagu, tentando encontrar o que nela possa ser o totem e o tabu de que nos fala Augusto de Campos, e entendendo que Norma focou o totem e fechou a câmera no tabu. Nela também procuramos, o que possa ter anunciado de uma (re)invenção da mulher brasileira.

A narrativa de Norma recorta um período da vida de Pagu. Utilizando-se de escritos de sua própria personagem, tem uma tessitura cinematográfica simples. Sem maiores elaborações técnicas, sem o uso de metáforas ou simbolismos mais elaborados, apresenta o enredo em um encadeamento linear e cronológico de seqüências. Tem uma linguagem direta, em tom que se aproxima do biográfico-documental. A diretora trabalha, basicamente, com imagens e cenas em que os personagens dialogam, ao lado de imagens sem diálogos, contendo, *in off,* escritos de Pagu, entre eles alguns de seus poemas, ditos por Carla Camurati, que a interpreta. Em alguns momentos, somente a música completa a imagem, sem qualquer palavra. E em outros, todo o som é eliminado. Aparecem na tela somente imagens em primeiro e segundo planos, em câmera lenta, como na cena do assassinato de um estivador de Santos, durante manifestação grevista de que Pagu participava.

Já na apresentação dos créditos, em sua abertura, o filme revela sua marca brasileira. Sob sons de uma Bandinha de Pífaros, aparecem desenhos de cordel com imagens do Cavaleiro de São Jorge, forte personagem na imaginação de Pagu quando jovem. Na seqüência, o violão de Turíbio dos Santos interpreta o "Prelúdio Número 3" de Villa Lobos, enquanto aparecem na tela alguns dos desenhos de Patrícia Galvão, contidos em seu *Álbum de Pagu: nascimento, vida, paixão e morte.*

---

[3] Esse trecho está no poema de Augusto de Campos "Pagu: tabu e totem". A estrofe completa é: "um acaso (um acaso?) / me ligou intelectualmente / a essa mulher incrível q não conheci / geraldo ferraz / revelou o mistério / de *o sol por natural* / poema q fiz motivado pelo belo texto / *natureza morta* de solange sohl / q eu não sabia ser / um pseudônimo de patrícia / o poema foi publicado em *noigrandes 1* / (1052) / quando iniciávamos a aventura / de uma poesia nova / e eu me perguntava: / – solange sohl existe? é uma só / ou é um grupo de vidros combinados?"

Compondo ainda a abertura da película, mas em uma tomada mais geral que inicia o enredo, está a primeira imagem de Pagu, despertando, levantando-se. A imagem da jovem colegial Patrícia Galvão, pela forma como está vestida, evoca, também, a Pagu prisioneira, em uma cela, e o seu nascimento, fatos a que se remete o poema de Pagu na voz de Carla Camurati, *in off*.

Na seqüência, vemos Patrícia Galvão, vestida de colegial, caminhando lentamente, olhando a cidade à sua volta, sob luzes, como se tentasse ver sua história à frente, que a película irá apresentar. Essa cena é retomada no final do filme, como se fosse se completar. Em uma montagem semelhante à inicial, aparece Pagu, agora vestida como uma mulher adulta, em outro momento de sua vida, caminhando lentamente, como no início, observando o porto. Assim, como se pensasse a sua vida, já vivida até ali, e em aberto pela frente, em um curto horizonte de tempo.

Em algum lugar entre Maria Bonita e Tarsila do Amaral[4]

A partir dessa cena inicial, retomada e reelaborada no final da película, a obra se desenvolve. Estrutura-se em três grandes blocos e suas respectivas cenas, planos e imagens, em seqüências nas quais são apresentados os momentos-acontecimentos da vida de Pagu privilegiados por Norma Bengell, começando pela Patrícia Galvão, ainda jovem. Lá está ela, na escola e em casa, com suas inquietações e rebeldia, como se vê nas cenas em que conversa com sua professora, em que se esconde, fugindo com sua irmã, Sidéria, no corredor da escola, e em casa, quando é repreendida por seu pai. Em casa, com o pai:

> – Assim não é possível! Fugir da escola!
> – Papai, o senhor não sabe como é maçante ficar naquele pátio sem fazer nada!

---

[4] Essa formulação de António Risério (1987, p.19) está em seu artigo intitulado "Pagu: vida-obra, obravida, vida", no qual, depois de lembrar que Tarsila do Amaral e os cangaceiros do Nordeste eram duas das admirações de Pagu, ele a coloca "em algum lugar entre Tarsila e Maria Bonita". Em suas palavras, embora "em termos estéticos Pagu não tenha deixado contribuição comparável à de Tarsila", a ela se une em uma mesma "disposição contestadora no campo da criação artística" E como Maria Bonita, participando das escaramuças na caatinga, ao lado de Corisco e Lampião, Pagu também "experimentou o engajamento decidido em ações práticas", como "revolucionária urbana e culta".

– Maçante? Você ouviu? (o pai fala com a esposa, calada, ao fundo) – Maçante! E fique sabendo que a vida é assim mesmo. E aqui nessa casa ninguém tem o direito de dizer que a vida seja maçante!
– Mas isto é um despropósito, papai!
– Despropósito é isto aqui, Dona Patrícia! Essa prova é idêntica à da sua colega de sala!
– Nós estudamos juntas, papai!
– Mas são as mesmas palavras! Diga a verdade, Patrícia! Alguém te soprou!
– Só se for o Cavaleiro da Esperança.
– Cavaleiro da Esperança? Essas duas querem me matar do coração!

À frente, em um de seus encontros com Oswald, Pagu lhe conta o que se passou em sua formatura. Na tela, vê-se somente o rosto da jovem Patrícia Galvão em primeiro plano, vestida com beca e capelo:

> Senhores e senhoras, queridos pais e digníssima diretora. Eu quero dizer, com muito orgulho, que estou aliviada por me ver livre deste lugar. A vida não tem nada a ver com esta história que vocês contaram pra gente aqui dentro.

Essas cenas do primeiro bloco de seqüências da película já seriam suficientes para mostrar que Patrícia Galvão foi mais que uma adolescente que descobre seu corpo de mulher, como se vê na cena em que se olha no espelho – em que admira seu corpo, nele tocando, em gestos sensuais, antes que o pai venha lhe dar o primeiro cigarro. Para além disso, Patrícia já se mostrava rebelde e contestadora, como vimos acima.

Contudo, embora a película inicie com essa remissão à adolescência e à juventude de Pagu, não se trata de um filme sobre toda a sua história, numa cronologia do começo ao fim, pois privilegia algumas de suas fases e percursos. Essas cenas iniciais parecem ser apenas uma pequena volta no tempo, para lembrar suas inquietações e inclinações rebeldes na família e na escola, como também os seus sonhos com o Cavaleiro de São Jorge. E o sonho de ser atriz, que Patrícia revela em sua conversa com Sidéria e com Olimpio, que irá apresentá-la a Oswald de Andrade e Tarsila do Amaral, dias depois, em uma festa.

Concluído esse primeiro bloco de seqüências, com uma duração bem menor do que os demais, vem o segundo, cobrindo o período de inserção de Pagu no Movimento Modernista e a convivência com Tarsila do Amaral e Oswald de Andrade, até seu rompimento amoroso com Oswald, ao retornar de sua viagem a Paris. Esse segundo bloco e o seguinte ocupam o maior tempo da película, e naquele se destaca: o relacionamento amoroso entre Pagu e Oswald (concomitante ao casamento de Oswald com Tarsila e posterior à separação do casal, quando assumem publicamente sua relação e têm o filho Rudá); alguns episódios da participação de Pagu no Movimento Modernista e sua militância política junto aos estivadores e no Partido Comunista, incluindo seu rompimento com este e sua primeira prisão. Há também cenas que remetem aos conflitos com seus pais e à amizade com sua irmã Sidéria. Esse bloco se encerra com sua viagem a Paris, onde participa de manifestação política, é presa, é "devolvida" ao Brasil, e onde se encontra com Elza e vive um romance pontual.

Algumas cenas merecem ser relembradas nesse bloco, pela sua força e pelo que revelam de Pagu. A primeira delas é a sua apresentação teatral, quando declama alguns poemas, depois de ter concordado com Tarsila que lhe diz: "Nós vamos escandalizar a burguesia paulista!" No palco, com sensibilidade, sensualidade e beleza, Pagu declama, entre outros, um poema que o cronista Raul Bopp lhe fizera:

Pagu tem os olhos moles
Uns olhos de fazer doer
Bate-coco quando passa
Coração pega a bater

Passa e me puxa com os olhos
Provocantissimamente
Mexe-mexe bamboleia
Pra mexer com toda a gente

Quero porque te quero
Como não hei de querer?
Querzinho de ficar junto

Que é bom de fazer doer.
Eh Pagu eh!
Dói que é bom de fazer doer.

Outra cena que merece registro, neste segundo bloco, é sua discussão com seus camaradas do Partido Comunista, por haver participado da manifestação grevista dos estivadores de Santos. Em uma cena cinzenta, dois membros da direção do Partido lhe repreendem e advertem:

– A camarada tem que reconhecer o erro e eximir o Partido de qualquer responsabilidade na sua prisão.
– Reconhecer o erro, eu não estou entendendo.
– A camarada desobedeceu as ordens e comprometeu o Partido nos tumultos de Santos.
– Contrariando as ordens do Partido? Não, obedecendo às ordens da minha consciência! E o senhor está redondamente enganado. Era uma greve, não era um tumulto. Eu vi quando aquele homem morreu. Eu não sou de gelo. Eu tinha que ficar do lado daquela gente.
– Assim não se faz revolução.
– Ah, é? E o que vocês querem que eu faça, heim?
– Uma autocrítica, camarada. Uma autocrítica; caso contrário, teremos que expulsá-la oficialmente do partido.

Também, nesse bloco, é expressiva a entrevista de Pagu a um repórter, em que ele pergunta e ela responde:

– Quais as suas admirações?
– Tarsila, Padre Cícero, Lampião e Oswald. Com Tarsila fico romântica. Dou por ela a última gota do meu sangue. Como artista só admiro a superioridade dela.
– Que livros têm a publicar?
– Tenho, a não publicar, os "60 poemas censurados" que eu dediquei ao dr. Fenolino Amado, diretor da censura cinematográfica. E o "Álbum de Pagu – vida, paixão e morte" – em mãos de Tarsila, que é quem toma conta dele. As ilustrações dos poemas são também feitas por mim.

Chama ainda a atenção, nesse segundo bloco, a seqüência em que Pagu se despede de Oswald, do filho e de Sidéria, quando embarca para Paris. Com ramo de flores na mão, oferecido por Rudá e Oswald, já de dentro do navio que partia, acenando, para Pagu grita Oswald:

– Toma conta direitinho dele, Sambinha! (apelido com que se referia a Oswald)
– E não demora muito – Sidéria grita.
– Não, eu vou num pé e volto no outro!

No retorno ao Brasil, a película abre o terceiro bloco de seqüências que inauguram uma outra fase da vida de Pagu. Nele se destacam alguns momentos-acontecimentos: a chegada de Paris, no aeroporto, recebida por seus pais e irmã, ocasião em que se explicita o rompimento amoroso com Oswald; o período em que mora em um quarto junto com Sidéria e Rudá, local invadido pela polícia; o início do trabalho e do relacionamento amoroso com Geraldo Ferraz, ocasião em que é presa pela segunda vez; seus anos em presídios, e neles uma enfermidade. Finalmente vemos a saída da prisão e sua vida conjugal e de trabalho com Geraldo Ferraz, com quem teve um filho, e, nessa época, a tentativa de suicídio.

Nesse terceiro bloco, pode-se dizer que estão os acontecimentos de maior sofrimento, envolvendo a prisão. E já em liberdade, angústia, tristeza e melancolia, que geram, inclusive, a tentativa de suicídio. Prisioneira e enferma, Pagu fala com Geraldo da sua grande vontade de poder ver seu filho Rudá, de sair daquele lugar, o que resulta na armação de sua fuga e em nova prisão. Nos episódios quando prisioneira, a película destaca, também, a sua permanente rebeldia e irreverência, como na visita do interventor federal Ademar de Barros ao presídio. Na tela, os policiais, o interventor e as prisioneiras. A voz em alto falante avisa, e a ação prossegue:

> Atenção, atenção! O interventor federal Exmo. Sr. Ademar de Barros está chegando ao presídio. Todas as presas devem cumprimentar o excelentíssimo senhor representante do presidente Getúlio Vargas.!
>
> Em seguida, o policial faz a chamada de três prisioneiras, pelos seus nomes e sobrenomes, antes de chamar por Pagu. Cada uma delas se aproxima e cumprimenta o interventor.
>
> Na seqüência, o policial chama: Patrícia Rehder Galvão! Pagu permanece como está e não estende a mão.
> – Patrícia Galvão, siga o exemplo das suas companheiras, faça como elas e aperte a mão do senhor interventor.
>
> Patrícia continua na mesma posição e fala:
> – "Dr. Onório, o senhor me desculpe, mas eu não aperto a mão de carrasco e nem de interventor".
>
> Na seqüência, o interventor fala algo no ouvido de Onório, que não se ouve na película. Logo após esse cochicho, o policial comunica à Patrícia:
> – "A senhora cumprirá mais seis meses de prisão".
>
> Em seguida, somente o expressivo rosto de Pagu, calada, é fixado em primeiro plano na tela. E como se ela estivesse pensando e dizendo a si mesma, a eles e ao mundo, ouve-se a voz de Carla Camurati*, in off,* falando*:* "Esse crime, o crime sagrado de divergir e ser conseqüente, nós o cometeremos sempre".

Como imagem luminosa de uma nova mulher brasileira

Com essa estrutura e seqüência, o filme capta um determinado espaço/tempo dos percursos de Pagu. Deixando ao largo as cenas familiares e escolares, faz um recorte temporal e biográfico dos anos 30 e 40. Vai até o momento em que, após ser libertada da prisão pela segunda vez, Pagu, agora Patrícia, muda-se para Santos, casa-se com Geraldo Ferraz, tem o segundo filho e dedica-se ao jornalismo e ao teatro. Norma Bengell prioriza a Pagu do Movimento Modernista, a Pagu militante e a Pagu transgressora dos padrões femininos da época. Nessas escolhas, a película está valorizando um determinado momento da vida da personagem como expressivo. Embora possa dar a impressão de que a história de Pagu acaba no último período ao qual a película se reporta, sabemos que prossegue até 1962. Pode-se dizer que algo em torno de duas décadas de sua vida adulta não foi considerado na película. Nesse sentido, não é um filme biográfico em termos cronológicos, enquanto todo um transcurso de uma existência, mas em termos simbólicos, em seus significados.

Em todas essas fases, Norma Bengell parece querer destacar algumas características de Pagu. A película dá destaque à Pagu artista, talentosa. Embora não tenha sido ela um expoente dos modernistas ou da literatura brasileira, vê-se que Norma a considera uma figura importante nesses domínios. Uma outra face dela privilegiada na película tanto quanto em sua vida é a da Pagu militante, atuando politicamente em movimentos de trabalhadores, na literatura a seu respeito, na imprensa crítica e no Partido Comunista. A este respeito, Pagu se alia aos militantes de esquerda de ontem e de hoje, que se opõem ao stalinismo e às estruturas autoritárias das agremiações partidárias. Até aqui, vimos o que já ficara marcado desde sua juventude, em casa e na escola, ou seja, uma sensibilidade e um pensamento rebelde, contestador, libertário. Inconformada, seja quanto estruturas sociopolíticas conservadoras da sociedade brasileira, seja quanto ao conservadorismo nas artes, ela se encontra com o Movimento Modernista e com o Partido Comunista. Por esse seu envolvimento partidário e sua atuação política, Pagu foi uma das primeiras presas políticas no Brasil e demonstra seu caráter contestador e irreverente até dentro da prisão.

Há ainda, na película, uma Pagu que é filha e irmã, em seus conflitos e tensões com seus pais (no casal, o pai é a figura proeminente, estando a mãe, em geral ao fundo, em segundo plano na tela e em silêncio), mas ela os amava também, tal como se vê quando fala de sua saudade dos pais em um de seus encontros com sua irmã Sidéria, com quem mantém fortes vínculos de afeição, amizade e cumplicidade em toda a sua vida.

Nesses enredos, Norma nos revela, sobretudo, uma Pagu mulher. Bonita, sensual, amante e amorosa. Uma mulher que se emancipa dos pais, que desobedece às regras morais do casamento, que vive seus romances de uma maneira e outra. Mais ou menos duradouros, mais ou menos intensos, em seus sabores e dissabores. Como mulher, experimentou também a maternidade. E, como todas as mães, sente saudades e quer ver o filho, como nas cenas com Geraldo Ferraz, no hospital do presídio. Recomenda que o pai zele por ele em sua ausência, como na despedida no navio, quando viaja a Paris. Imagina o filho chegando com Oswald, quando está com Geraldo na praia, em gestos e sentimentos de uma cândida mãe. Mas, ao mesmo tempo, como em outros aspectos de sua vida, também rompe com o papel de mãe exemplar, nos moldes da época. Nesse sentido, transgride e reinventa os lugares e papéis de mãe.

Completando sua condição humana, Norma nos mostra, também, uma Pagu angustiada e melancólica, que interroga a vida a ponto de tentar um suicídio. Nesse sentido, podemos dizer que, até certo momento, o filme mostra uma Pagu vigorosa, coerente, alinhavando suas idéias e práticas em todos os espaços/tempos por onde transita. Do cotidiano familiar na juventude, passando pela experiência literária e política, emerge uma mulher combativa, que não se curva, não se amedronta. Pagu totem.

De modo geral, em sua obra, Norma joga luzes no totem e fecha a câmera no tabu, no sentido de uma vida também de dificuldades e contradições. Recorta o período das experiências no Movimento Modernista, no partido político e no envolvimento amoroso com Oswald de Andrade como espaços/tempos da revolucionária. Nesse sentido, joga luzes no totem, ressalta-a como símbolo de uma coletividade. Mas como um símbolo que também é portador de tabus. Ao encerrar o filme – no período em que Pagu afasta-se do Movimento Modernista e de uma participação mais intensa em movimentos políticos –, utilizando-se da imagem do porto, com trechos de poemas que ressaltam a despedida, Norma invoca o fim e a melancolia. Mas aí, fecha a câmera, encerrando a película. O tabu como interdição, como indicativo de uma existência doravante melancólica e triste. Afastada dos holofotes públicos, do homem que amava, do filho, doente e triste. Um olhar e uma interpretação, como se houvesse um preço a pagar por tantas transgressões, e que estão presentes em parte do imaginário e do que se fala sobre a personagem. Algo como "transgrediu tanto" que acabou sozinha e anônima.

Pagu se fez tabu também em outros sentidos, não só naqueles em que Norma Bengell aponta e, ao mesmo tempo, fecha a câmera. Pagu fez algo de que não se pode dizer, em duas outras direções, mesmo que aparentemente opostas: entre as elites brasileiras e, por oposto, entre a esquerda, por suas críticas tanto a uma *direita reacionária* quanto a uma *esquerda totalitária*, nas palavras com que as qualifica em seu panfleto de campanha eleitoral *"Verdade e Liberdade"*. Sua crítica insidia, ainda, em relação a um feminismo que considerava ingênuo e importado, por desconhecerem as estruturas sociais que o engendram, como também criticava o desvirtuamento do Movimento Modernista em sua segunda fase, porque perdera seu espírito renovador e radical de 1922. Esta crítica, se vê, por exemplo, em seu trabalho para o Congresso de Poesia, realizado em São Paulo, em 1948 (Campos, 1987). Pagu tornou-se algo de que não se pode dizer, na história contada nos bancos e livros escolares, em alguns círculos literários, em certas versões da história dos comunistas e das classes populares brasileiras, em enciclopédias provincianas, na expressão de Augusto de Campos (1987), embora tenha sido resgatada mais recentemente.[5]

Seja como totem, seja como tabu, no sentido da câmera que fecha nas mãos de Norma ou nas outras direções que apontamos acima, talvez possamos dizer que Pagu foi mais do que isso e aquilo. Foi mais do que o canal, metáfora de sua auto-imagem em seu poema, em que diz: "Nada mais sou do que um canal". Pagu foi estrada, foi rambla, foi avenida, esplanada. E foi, também, beco e ruela. "Foi bandeira de navio em noite de lua nova iluminando o canal," como no verso de seu poema. Patrícia Galvão abriu caminhos, muito além de um canal, inventando e reinventando a vida e o mundo à sua volta, como existência única e como protagonista de propostas e histórias coletivas. Foi permanente criação: na vida, na arte. Artesã da escrita, dos poemas aos panfletos, passando pelos jornais, pelas traduções, pela dramaturgia (o teatro era uma de suas grandes paixões), viveu a vida como fruição, como possibilidades e como limite.

[5] Estamos nos referindo a grupos de mulheres que compartilham os ideais de Pagu, a exemplo do Grupo da Revista PAGU, da Unicamp.

Pagu é múltipla, pelos enredos de uma bela, memorável e singular história, que é sua, particular, e de uma época da vida brasileira. Artífice da proposta do Movimento Modernista e parte da irreverência e rupturas da antropofagia, foi presença feminina no movimento socialista no Brasil, em uma vertente crítica, como também foi companheira, presença corajosa e rebelde em presídios de mulheres, inclusive como presa política junto de presas comuns. Pagu foi filha, irmã e mãe terna e zelosa, à sua maneira, fugindo aos padrões usuais. Pagu foi mulher.

Leonnie, em sua falsa identificação na França; Mara Lobo, Solange Sohl, Ariel, pseudônimos de alguns de seus trabalhos; Patrícia Galvão, no registro oficial de seu nome; Pathy, para sua irmã Sidéria; Pagu é página marcada na história das mulheres no Brasil. Na história das mulheres e dos homens que lutaram pela justiça, pela vida, pela alegria e emancipação humana.

Lembrando António Risério (1982), em uma livre apropriação de suas formulações, Pagu estaria "em algum lugar entre Maria Bonita e Tarsila do Amaral," com suas diferenças, porém unidas em um mesmo inconformismo. Por "sua vida-obra, obravida, vida – trajetória de uma idéia-sentimento, Pagu é imagem luminosa de uma nova mulher brasileira: sensível, politizada, desreprimida".

Por tudo isso e muito mais, ela estará em nossas melhores lembranças. Será *Eternamente Pagu*. E Pagu, eternamente, porque com ela aprendemos muito. Com ela aprendemos que a mudança na condição da mulher, o Outro a que Simone de Beauvoir (1949) se refere, mediante o paradigma do patriarcado e do masculino, se associa a outras mudanças e ações que teremos que desenvolver, seja no plano das estruturas sócio-históricas mais amplas, seja no plano do desejo e da ética, da estética e da política implicadas no cuidado de si e do outro no cotidiano de nossas vidas.

Com ela aprendemos a liberdade, quando proclamou: "Esse crime, o crime sagrado de divergir e ser conseqüente, nós o cometeremos para sempre". Com Pagu aprendemos a ternura, quando escreveu: "Vivo e é doce, doce e leve".

Síntese biográfica

Patrícia Rehder Galvão nasceu em 9 de junho de 1910, em São João da Boa Vista. Era a terceira filha de Adécia e Thier Galvão França, de quem trouxe nas veias o sangue dos imigrantes alemães e dos quatrocentões de São Paulo. Aos 15 anos, começou a escrever, no periódico *Brás Jornal*, de São Paulo, com o pseudônimo de "Pathy". Mais tarde, pensando que seu nome fosse Patrícia Goulart, ganha o apelido de Pagu, dado por seu amigo e poeta Raul Bopp, nome que a marcou para sempre. Nessa mesma ocasião, já conhecida no meio artístico, Pagu é apresentada ao grupo de modernistas comandado por Oswald Andrade, de que faziam parte Mário de Andrade, Anita Malfatti, Benjamim Peret, Tarsila do Amaral, entre outros. Ainda nessa época, Oswald e Pagu iniciam um romance. Oswald declara que Pagu é o "mais autêntico símbolo feminino da ousadia e inconformismo artístico e cultural de seu tempo". No início de 1930, já separado de Tarsila, eles se casam, numa cerimônia simbólica, realizada no cemitério da Consolação, em São Paulo. Só mais tarde, casaram-se na igreja. Nasce Rudá Andrade, filho do casal.

Já em companhia de Oswald, Pagu começa a escrever para a *Revista Antropofágica* e produz obras como *Álbum de Pagu,*[6] dedicada à Tarsila, e o *Diário a quatro mãos*, com Oswald de Andrade. Em 1931, o casal se alista na militância do Partido Comunista e edita o jornal esquerdista *O homem do povo.* No periódico, Pagu assina a coluna feminista "A mulher do povo", com ilustrações, cartuns e histórias em quadrinhos, mostrando a mulher no espaço do trabalho e do mundo. Nesse mesmo período, lança o romance *Parque industrial*, obra que reflete sua solidariedade com o proletariado e comprometimento com o comunismo.

Ainda em 1931, Pagu participa do comício dos estivadores em Santos e acaba sendo presa. Quando liberada, o Partido Comunista exige, uma declaração, dizendo-se "uma agitadora individual, sensacionalista e inexperiente". Também após a saída da prisão, assume a função de correspondente internacional dos jornais *Correio da Manhã, Diário de Notícias* e *A Noite.* Um pouco mais tarde, em sua "volta ao mundo", foi ao Japão, Estados Unidos, Polônia, China, França e Rússia, tendo sido a primeira repórter latino-americana a presenciar a coroação do Imperador de Manchúria (China). Nesse evento, estabeleceu os contatos através

[6] Trata-se de um trabalho de Patrícia Galvão, intitulado "Álbum de Pagu, ou Pagu: Nascimento Vida Paixão e Morte", datado 1929, que contém um conjunto de seus poemas e desenhos, obra descoberta por José Luís Garaldi.

dos quais conseguiria as sementes de soja, que enviou ao Brasil para serem aqui plantadas pela primeira vez.

Em 1934, após sua ida à Rússia, publica *Gente pobre nas ruas e luxo para os burocratas*. Logo em seguida, vai a Paris, estuda na Sorbonne, onde é presa, como comunista, sendo obrigada a voltar para o Brasil. Em seu regresso, rompe-se o casamento com Oswald de Andrade, e é novamente presa, sofrendo torturas. Ao todo, foram quatro anos e meio nos presídios políticos do Paraíso e Maria Zélia, em São Paulo, na Casa de Detenção, no Rio de Janeiro (presídio político), e na Cadeia Pública de São Paulo (cárcere comum).

Em liberdade, desliga-se do Partido Comunista, casa-se com o jornalista Geraldo Ferraz e muda-se para Santos (SP), dedicando-se ao jornalismo. Em 194, nasce seu segundo filho, Geraldo Galvão Ferraz. Nos anos 50, concorre a uma vaga para a Assembléia Legislativa do Estado de São Paulo pelo Partido Socialista Brasileira, mas não se elege. No mesmo período, colabora com várias revistas desse Estado e do Rio de Janeiro, e em 1955 torna-se crítica de teatro, literatura e televisão no jornal *A Tribuna* de Santos, função que assume até sua morte em 1962. Fundou a Associação dos Jornalistas Profissionais de Santos e presidiu a União de Teatro Amador de Santos. Traduziu para o teatro a peça de Tonesco, "A cantora careca". Traduziu e dirigiu a peça de Arrabal, "Fango e Lis", que esteve mais de dez anos em cartaz.

Nos últimos anos de sua vida, cancerosa, e depois de uma tentativa de suicídio, passou a consumir bebidas alcoólicas com maior intensidade. Viajou para Paris em busca de tratamento, mas não obteve sucesso. Faleceu em 12 de dezembro de 1962, em Santos.

REFERÊNCIAS

AUMONT, Jacques; MARIE, Michel. *Dicionário teórico e crítico de cinema*. Trad. São Paulo: Papirus, 2003.

BEAUVOUIR, Simone. *O segundo sexo*. São Paulo: DIFEL, 1949.

CAMPOS, Augusto de. Pagu – *Patrícia Galvão: vida e obra*. 3. ed. São Paulo: Brasiliense, 1987.

GALVÃO, Patrícia. *Álbum de Pagu – Nascimento, Vida, Paixão e Morte*. São Paulo: Duas Cidades, 1978.

MARTÍ, Concha Irazabal. *La outra América: directoras de cine de América Latina y el Caribe*. Madrid: Horas y HORAS la Editorial, 2002. (Cuadernos Inacabados, 36).

RISÉRIO, Antonio. Pagu: vida-obra, obravida, vida. In: CAMPOS, Augusto de. *Pagu: vida-obra*. 3. ed. São Paulo: Brasiliense, 1982.

http://www.internetwws.et.br/materias/mt980407.shtm

http://www.unicamp.br/pagu/pagu

http://www.livrariapagu.com.br

A história oficial: as mulheres e seus excessos

Cynthia Greive Veiga

Filme: *A história oficial*
Ficha técnica, sinopse e mais informações na página 255.

O filme *A história oficial,* de Luiz Puenzo, é ambientado em Buenos Aires, Argentina, 1983, no momento do ocaso da ditadura militar (1976-1983), sob o comando de Jorge Videla. Alicia, a protagonista, é uma professora de História ao molde tradicional, crente de verdades e razões: *"... Siempre creí lo que me dijeron..."*[1]. Dessa maneira, não se dá conta do passado da filha adotiva, Gaby, provavelmente filha de uma "desaparecida", bem como dos acontecimentos políticos de seu país e dos vínculos de seu marido, o autoritário Roberto, como agente do governo militar comprometido com a repressão e a tortura.

O modo de proceder da personagem Alicia possui raízes no imaginário do feminino produzido historicamente. Não se trata de uma simples atitude de ingenuidade, mas de conformismo, de ser conforme: corresponder, ajustar-se, adequar-se, amoldar-se, conciliar, harmonizar[2]. Tal representação do feminino pode ser encontrada de forma abundante em escritos de teólogos, filósofos, médicos, educadores, cujo teor esteve na definição das mulheres a partir da sua função e lugar na sociedade em conformidade ao mundo masculino e suas necessidades. Nas palavras de Rousseau (1712-1778):

---

[1] Agradeço ao professor Laerte J. Silva pela transcrição de algumas falas em espanhol.

[2] Novo Dicionário Aurélio da Língua Portuguesa, 1986.

Um deve ser ativo e forte, o outro passivo e fraco: é necessário que um queira e possa, basta que o outro resista pouco. Estabelecido este princípio, segue-se que a mulher é feita especialmente para agradar ao homem. (Rousseau, 1992, p. 424)

Acreditar no que os outros dizem é, no contexto do filme, proceder a uma memória seletiva que conduza a uma verdade que corresponda à expectativa do outro, seja da historiografia oficial da nação Argentina, seja do marido Roberto. Nesse sentido, se concordarmos que a reflexão sobre o conformismo pode estar associada a uma produção histórica de gêneros, perguntar-nos-íamos sobre a possibilidade da existência de uma especificidade nas formas como historicamente se operou nas mulheres o trato com o seu passado. Quero sugerir com isso que, na produção do imaginário do feminino, não somente o silêncio mas também o esquecimento seletivo possam ter tido algumas especificidades em relação à produção do imaginário do masculino e se constituído como uma virtude de mulheres. Ou seja, homens e mulheres também se fazem diferentes na motivação daquilo que selecionam para esquecer. Na perspectiva do pensamento de Nietzsche a respeito do esquecimento como possibilidade de ação, temos que, no caso das mulheres, o poder esquecer é também o dever esquecer para ser "feliz", pois uma desmedida de lembrança ou de busca de outras verdades através do passado pode fazer o presente desmoronar e com ele, as soluções de conciliação e conformismo como tarefa e função de mulheres.

O filme *A história oficial* expressa desmedidas nas lembranças das mulheres...

Num primeiro plano, Alicia se apresenta como uma mulher de porte conservador, ou como ela mesma se auto-identifica: *"No soy moderna..."*, cabelos presos, professora austera e mãe dedicada, representante de um modelo de mulher adequado ao conformismo público (ser professora) e privado (ser mãe), não se excede.

Alicia: ¡Silêncio senõres, por favor! ¡Silêncio, por favor!

Mi nombre es Alicia Marnet de Ibáñez, algunos ya me conocen...

La materia que vamos a ver juntos es Historia argentina. Según consta en el programa, vamos a tratar sobre las Instituciones políticas y sociales desde 1810.

Vamos a tener tres horas semanales, lo cual no es mucho... Y quiero advertirles tres cosas: no me gusta perder el tiempo, creo en la disciplina... y no regalo las notas. Algunos ya lo recuerdan, ¿Verdad?

> Comprender la historia es prepararse para comprender el mundo. Ningún pueblo podría sobrevivir sin memoria... Y la Historia es la memoria de los pueblos. Éste es el sentido que vamos a darle a la materia.[3]

Qual memória? Qual história?

O título dado ao filme por Luiz Puenzo localiza-o no debate historiográfico inaugurado por Walter Benjamim (1892-1940), em seu conhecido texto "Teses sobre a filosofia da História", de 1940, publicado pela primeira vez em 1946. Essa escrita de Benjamim se fez no contexto de crítica ao otimismo histórico da social democracia alemã frente aos acontecimentos da Segunda Guerra Mundial. Tem como questão central a idéia de que "a tradição dos oprimidos nos ensina que o estado de exceção em que vivemos é a regra. Precisamos chegar a um conceito de história que corresponda a isso" (BENJAMIM,1991, p. 157). Nessa perspectiva, desenvolve a dicotomização, história dos vencidos e história dos vencedores (história oficial), como forma de dar visibilidade à necessidade de uma outra história. Sua crítica está diretamente relacionada ao historicismo como expressão do entendimento linear do passado, feita de nexos causais numa seqüência de eventos, ou seja, a história oficial apresentada como uma sucessão seletiva de acontecimentos de forma triunfalista, estabelecidos numa cadeia linear. Em contraposição, enfatiza as contribuições do materialismo histórico para a escrita da história dos vencidos, ou, melhor, afirma a necessidade de uma escrita da história a contrapelo. Sabemos que essa concepção bipolarizada tem sido superada pelo movimento da história cultural; entretanto, em que pese a necessidade de localizar as idéias de Benjamim no seu tempo e contexto, sua contribuição foi fundamental para a historiografia. A principal delas refere-se à discussão sobre os silenciamentos e esquecimentos e à necessidade de problematizar sobre o passado dos silenciados e esquecidos da escrita da história. Isso porque, na sua perspectiva, o presente é constituído também pelas interpretações do passado, bem como o passado é um tempo "repleno de atualidade"[4]. Dessa maneira é que denuncia o silenciamento como um dispositivo de ocultação dos vencidos e como estratégia de manipulação da memória. Enfim, Benjamim se pergunta sobre um tempo

---

[3] http://www.ac-nantes.fr

[4] BENJAMIM, 1991, p. 161.

presente cuja visibilidade expressa a ação dos vencedores, permanecendo os vencidos na marginalidade da história, mas também sobre um tempo passado que se revela apenas sob a ótica dos dominantes. Essa perspectiva histórica possibilitou o alargamento da compreensão dos sujeitos da história, daqueles silenciados pela cultura da elite masculina e branca. Enfim, foi possível produzir instrumentos para ouvir as diferentes vozes, entre elas, as vozes das mulheres. Duby e Perrot (1993) assim afirmam:

> Escrever a história das mulheres? Durante muito tempo foi uma questão incongruente ou ausente. Votadas ao silêncio da reprodução materna e doméstica, na sombra da domesticidade que não merece ser quantificada nem narrada, terão mesmo as mulheres uma história?[5]

Enquanto metáfora, a história individual de Alicia é também uma história oficial, da mulher submissa, recatada, dedicada ao marido e à filha e não por acaso uma professora, da história oficial. Não é uma ameaça, pois como professora transmite a história historicista, factual, onde a verdade está dada nos livros e nos documentos oficiais. Sua experiência reflete o tranqüilo mundo da socialização burguesa, de conversas frívolas repletas de preconceitos, jantares de casais e encontro com amigas. Nas cenas iniciais do filme, Puenzo apresenta Alicia em conformidade com a cultura burguesa que normalizou a aparição das mulheres em público. Como observa, Jean Lebrun,[6] foi no século XIX que se firmaram as formas de socialização das mulheres burguesas em distinção a outras mulheres. Consolidou-se neste contexto a idéia da vocação da mulher como sendo da ordem do privado, ao mesmo tempo em que foram reguladas as práticas educativas de sua aparição em público. Deveria ser excluída da palavra pública, ou na fala de uma personagem do filme durante um jantar de casais, *mujer no habla ni de negócios ni de política*. Também a aparência de Alicia em público é de recato, refletida no olhar austero e nos cabelos, inicialmente sempre presos em coque. Lebrun afirma que historicamente os cabelos das mulheres sempre foram problema, por que instrumento de sedução, "Mais vale escondê-los do que mostrá-los", como indicam os acessórios, como véus, chapéus, penteados em tranças e coques.

[5] DUBY e PERROT, 1993, p. 07.

[6] Entrevistado por Perrot (1998).

Entretanto as palavras das mulheres burguesas circularam soltas nos salões de chá como forma de compartilhar o mundo doméstico através das práticas de conversação. Dessa maneira, é a partir de um encontro de amigas de colégio, aparentemente inocente, que o mundo de Alicia viraria de ponta-cabeça.

Ao reencontrar a amiga Ana, após sete anos de exílio na Europa, as duas, já na casa de Alicia, conversam sobre o passado. Alicia, na sua conformidade, pergunta por que a amiga não havia lhe avisado que iria embora.

> Ana: ¿Vos no conociste mi departamento de Laprida?
>
> Alicia: No, Laprida, no.
>
> Ana: En la puerta tenía un póster de Gardel... Me lo hicieron mierda... Entraron a patadas, me pusieron un pulóver en la cabeza, y rompieron todo. Me llevaron en un auto com los pies de ellos encima. Me pegaron un culatazo. Cuando me desperté estaba desnuda arriba de una mesa donde empezaban a picanearme. En algún momento vino alguien, me puso un estetoscopio, y les dijo que pararan...No estoy segura si fue ese mismo día... Perdí un poco la noción del tiempo... y ... Es como si se me hubiera roto algo adentro, que ya no sé si tiene arreglo... Todavia me despierto ahogada a la mañana. Estoy allí colgada, y me meten la cabeza en un tacho de agua... Después de siete aõs todavia me ahogo...
>
> Cuando salí de allí, me dijeron que había estado treinta y seis días. Había adelgazado doce kilos, y me habían hecho todo el tratamiento... Al principio, me libré de las violaciones. Sabes por qué? Porque el que vino a casa, el único al que le miré la cara, me sonrió y me dijo: "A vos te voy a guardar para mí..." Y guárdame... Tengo terror de oír su voz en la calle, en le subte...
>
> Alicia: Pero, ¿ por qué ? ¿Por qué te hicieron eso? ¿ Por qué te hicieron eso, Anita? ¿ Por qué?
>
> Ana: No sé... Al principio, preguntaban por Pedro...Yo les decía la verdad: hacía dos años que no lo veía. Y me volvían a preguntar, y yo les volvía a decir, y golpes, y picana, y submarino, y...
>
> Alicia: ¿ Qué había hecho Pedro?
>
> Ana: Pedro ya estaba jugado. Y a lo mejor ya estaba muerto cuando me preguntaban por él...
>
> Alicia: ¿ Hiciste la denuncia?
>
> Ana: ¡Qué buena idea No se me había ocurrido... Y vos, ¿ a quién le hubieras hecho la denuncia?
>
> Alicia: Bueno... Y si vos no habías hecho nada...

> Ana: ¿Cómo y a quién? Ese lugar estaba lleno...A veces era difícil saber si era yo la que gritaba, o los otros. Había mujeres embarazadas que perdían allí sus hijos... Y otras que se las llevaban pero que volvían solas porque al chico se lo daban a esas familias que los compran sin preguntar de dónde vienen...
>
> Alicia: ¿Por qué me dices eso a mí?
>
> Ana: Nunca lo había contado. Lo escribí una sola vez, para la Comisión... !Increíble! ¡Me siento culpable![7]

Em seu relato, Ana fala sobre o contexto da repressão, dos desaparecimentos de pessoas e seqüestros de bebês, diante de uma escuta totalmente atônita de Alicia. A opção de Puenzo é a do tratamento dado à política em conexão com problemas pessoais e psicológicos. De acordo com Ismail Xavier (2003),

> O destaque é, então, a incidência do processo histórico no plano de intimidade, tomando como referência o contexto geral dos desaparecidos, as manifestações das mães da Plaza de Mayo, as conversas sobre a guerra das Malvinas, a dívida externa deixada pelo governo militar, o colapso da ditadura e a instalação de um novo quadro institucional dentro do qual os oportunistas de ontem procuram apagar os sinais dos desmandos descobertos pela repressão e revelam sua ansiedade diante das verdades que podem vir e estão vindo à tona... A cena pública da crise nacional reflete-se na crise doméstica que, no fundo, a representa num jogo de espelhamento nação-família que permeia toda a narrativa.[8]

É o que ocorre quando Alicia desafia o esquecimento e a conformidade e pergunta a Roberto sobre a origem de Gaby.

> Alicia: Parece mentira que hayan ya pasado cinco años... Aquel día me pasé dando vueltas por la casa y llegaste tardísimo. ¿Te acuerdas? Como hoy, tardísimo. No sabías ni agarrarla... La traías como a un perrito... Cuando hablamos, entonces, me parecía que tenías razón, que yo no tenía que ir al hospital. Ahora pienso que tendría que haber ido... tendría que haber ido. ¿Quién era aquella mujer que venía con vos en el auto? ¿Quién era?
>
> Roberto: Una enfermera.

---

[7] http://www.ac-nantes.fr

[8] XAVIER, 2003, p. 136-7.

> Alicia: ¿Jaifel, se llamaba el médico? ¿Jeifel?
>
> Roberto: No me acuerdo, Alicia. ¿Cómo quieres que me acuerde?
>
> Alicia: ¿Cómo no te vas a acordar del médico que te dio a Gaby?
>
> Roberto: Dijimos que nunca íbamos a hablar de eso.
>
> Alicia: ¿Le pagaste?
>
> Roberto: ¡Alicia!
>
> Alicia: ¿Al médico o a la madre?
>
> Roberto: Pero, ¿a qué viene todo eso ahora?
>
> Alicia: Porque vos me dijiste que ella estaba de acuerdo, pero ¿cómo lo sabes que estaba de acuerdo? ¿Hum? ¿La viste en el hospital? Contéstame, Roberto. ¡No te enojes! A lo mejor ella ni siquiera sabía que le estaban... quitando la hija.
>
> Roberto: ¿Qué me estás preguntando? ¿Qué carajo me estás preguntando?
>
> Alicia: ¡Qué sé yo qué te estoy preguntando! ¡No sé qué te estoy preguntando! Siempre me pongo mal cuando llega este día... ¿Nunca le vamos a decir la verdad? ¿Te das cuenta que le festejamos una fecha que es nuestra, no de ella? Le festejamos el día que la trajiste...
>
> Roberto: Se le festejamos el día que la anotamos. ¡Hum! Ése es su cumpleaños.[9]

Para além dessas tensões, é possível ainda denotar uma problemática pessoal anterior numa Alicia que, durante a infância, vivenciou conflitos com a verdade. Por um longo tempo na vida, acreditou ter sido abandonada pelos pais que haviam sido mortos em um acidente, mas a avó não lhe contara a verdade. Na sua busca sobre a verdade da filha, revela-se também um encontro com seus temores do passado, como se pode observar no diálogo com o padre que lhe nega qualquer informação sobre Gaby.

> Alicia: Yo era como Gaby. Estaba sentada en la mecedora de la abuela... y no entendía por qué tardaban tanto. Se habían muerto los dos juntos en un accidente. La abuela, pobre, me hablaba de un viaje... inventaba cartas... Durante años los esperé ahí, sentada en esa mecedora. Creía que papá y mamá me habían abandonado. Recién cuando fui grande y vi la tumba, empecé a perdonarlos... Siempre creí lo que me dijeron, pero ahora no puedo... ¡Si no sé quién es Gaby! Es

---

[9] http://www.ac-nantes.fr

como si nada fuera cierto... Ni siquiera pensábamos decirle que es adoptada. Ella a veces pregunta por los abuelos, y los abuelos de los abuelos, así hasta Dios... Dice que Dios es biónico, porque nos puede ver, aunque no lo veamos...

Padre: Y es cierto...

Alicia: Yo siempre pensé que la mamá no la quería, pero ahora... Antes, no le quitaba nada a nadie...

Padre: Dios te ha encomendado esa criatura, Alicia... Él lo ha querido así. ¿Por qué dudar de su infinita sabiduría? No ofendas al Señor. Lo que te ha sido dado, no lo rechaces...

Alicia: ¡Yo no lo rechazo! ¿Por qué me dice eso?

Padre: Has tenido piedad y misericordia. La has protegido de los males y peligros a los que podía estar condenada...

Alicia: ¿Qué peligros? Usted sabe la verdad, Padre... ¿Por qué no me la dice?

Padre: No has pecado, pero se ha quebrantado tu alianza con el Señor.

Alicia: Usted puede ayudarme, Padre...

Padre: Él nos dijo: "No destruiré las ciudades en atención a diez justos"... Dijo el Señor: "Acaso puedo ocultar..."

Alicia: Padre, usted sabe cómo fue todo eso, ¿verdad?

Padre: Dios Padre misericordioso, que reconcilió consigo al mundo...

Alicia: Dígame la verdad, Padre. Usted lo sabe... lo sabe... ¡Dígame la verdad!

Padre: ... te conceda por el Ministerio de la Iglesia el perdón y la paz...

Alicia: Usted estaba con Roberto ese día. ¿No es cierto, Padre?

Padre: Yo te absuelvo de tus pecados...

Alicia: Yo no necesito que me absuelva ahora. ¡Necesito que me diga la verdad!

Padre: En el nombre del Padre, del Hijo, y del Espíritu Santo. Amén. Da gracias al Señor, porque es bueno.

Alicia: Porque es eterna su misericordia...

Padre: El Señor ha perdonado tus pecados... Vete en paz.[10]

Alicia começa a perceber que a verdade que ela quer buscar não será apresentada pelos vencedores. A partir do seu encontro com a amiga Ana, Puenzo constrói várias cenas cujo teor é a percepção benjaminiana

[10] http://www.ac-nantes.fr

de um tempo passado revelado sob a ótica dos vencidos. Entre eles estão os oprimidos do regime militar, com ênfase nas mulheres e seus excessos, sendo também permitido a Alicia se exceder a partir do encontro com o outro, ou melhor, a outra história.

La historia es escrita por los asesinos!

Alicia, já ligeiramente mobilizada para a possibilidade de uma nova verdade, é provocada pelos seus alunos, embora reafirme que a aula de História não é um debate, pelo professor de Literatura que a interpela em diferentes momentos, pelo desdém do marido em não lhe dar informações precisas sobre a origem de Gaby: *"Nunca le vamos a decir la verdad?"* Novamente é no âmbito do doméstico, "no espelhamento nação-família", que se desnudam as tensões necessárias para o enfrentamento da verdade. É o caso da cena do almoço em família na casa dos pais de Roberto; nela se discute os dramas de uma nação, onde todos foram para baixo e apenas Roberto e seu grupo cresceram. O pai e o irmão, representantes da dignidade argentina, fazem um julgamento moral de Roberto. Se Roberto afirma que não é um perdedor, seu irmão retruca que os perdedores é que pagam; enfim, será a geração sobrevivente da ditadura, incluindo os próprios filhos, que pagará pela venda do país ao estrangeiro e pela cultura da repressão e do autoritarismo.

Puenzo utiliza, como estratégia de narrativa, deslocamentos entre as tensões domésticas e as tensões públicas. A indignação da família de Roberto como cena privada se interpõe entre a indignação e os protestos públicos do movimento das mães da Plaza de Mayo e dos alunos de Alicia. Ao chegar à sala de aula e ver vários cartazes e recortes de jornais afixados pelos alunos e também ao ser alertada pelo professor de Literatura sobre os perigos de punir alunos, dado o contexto político, Alicia inicia um novo percurso, sem retorno, onde a conformidade não é mais possível.

Se a história é escrita pelos assassinos, pode ser também desconstruída pelos oprimidos; isso serve tanto para a história de Alicia como para a história das mulheres argentinas, mães e avós cujos filhos e netos foram seqüestrados pelo regime militar. Para o desvendamento da verdade, temos que os excessos das mulheres da Plaza de Mayo e a sua desordem pública também incidem sobre Alicia.

Michelle Perrot (1998) observa que, historicamente no espaço público, homens e mulheres se opõem:

> O homem público, sujeito eminente da cidade, deve encarnar a honra e a virtude. A mulher pública constitui a vergonha, a fonte escondida, dissimulada, noturna, um vil objeto, território de passagem, apropriado, sem individualidade própria.[11]

Dessa maneira, continua Perrot, a ocupação do lugar no espaço público pelas mulheres sempre foi problemática, deslocada, se invadem a cena pública, é como desordem. Com o desenvolvimento das ciências médicas em fins do século XVIII, conceituou-se a sua condição, são histéricas, loucas. Perrot (1998), citando os psicólogos das multidões, afirma que esses atribuíam a elas os excessos da Revolução: "Autoras dos massacres de setembro de 1792, incendiárias da Comuna, capazes de qualquer excesso, são as megeras e as fúrias de todas as insurreições"[12].

No público, as mulheres são um perigo para a estabilidade das sociedades; no privado, criadas para serem estabilizadoras da família como mães e donas de casa, são altamente benéficas. De acordo com Jules Michelet[13], as desordens da história estão ligadas ao desequilíbrio dos sexos.

As mães da Plaza de Mayo, também chamadas loucas da Plaza de Mayo, entretanto romperam o silêncio e se apresentaram no público na dimensão extraordinária da maternidade solidária, excedendo ao conformismo, ao silêncio a ao esquecimento seletivo.

As mulheres e seus excessos

Alicia, ao se ver provocada por diversos sujeitos – os alunos, o professor de Literatura e a amiga Ana –, inicia então a investigação sobre a origem da filha Gaby. Busca marcas nas roupas de bebê, checa dados com o pediatra, vai ao hospital em que trabalhava o médico que "arranjou" a criança. Encontra com outras mulheres, mães e avós, que procuravam por suas famílias, filhos e netos. Investiga fichas de crianças desaparecidas. Não

---

[11] PERROT, 1998, p. 7.

[12] PERROT, 1998, p. 9.

[13] Citado por PERROT, 1998, p. 9.

demorará muito a acontecer o encontro inevitável entre Alicia e uma avó, Sara, que procura por sua neta, cujos traços se assemelham aos de Gaby.

Há muito Alicia se excedera, parece já ter dúvida quanto ao que está escrito nos livros. O marido a chama de louca. Num encontro com o professor de Literatura, os cabelos estão soltos, permite-se sedução, e ela enfrenta a verdade: *"Parece que desmoronou tudo..."* Isto fica claro quando Alicia conversa com Sara e esta lhe mostra fotos da neta desaparecida.

> *Estas cuatro fotos sollamente de ella. Y nuestra memoria. Y no digo que sea, no. Pero, pero las fechas coinciden, mas oi menos, ¿no? Y por esa foto puede dar cuenta que esta niña que usted tiene bien podría ser, nieta.*
>
> *Tome ese lienzo. No llore. Llorar no sirve. Yo sé porque se lo digo yo. Llorar no sirve.*[14]

Sim, não foi chorando pelos cantos das casas que as mulheres argentinas lutaram pela verdade de suas famílias, mas na praça pública.

O desaparecimento de pessoas na Argentina iniciou-se em 1974-1975 e com a consolidação da ditadura militar, os casos avolumaram-se cada vez mais. As mães dos desaparecidos começaram a se mobilizar isoladamente na busca de respostas junto aos órgãos públicos, aos políticos e à igreja. Nesses lugares, foram se conhecendo e se organizando. Tendo a igreja lhes fechado as portas, passaram a se encontrar na Plaza de Mayo. Por que a praça? Hebe de Bonafini, então presidente da Asociación Madres de Plaza de Mayo, nos conta:

> *Y en la Plaza éramos todas iguales. ¿Ese qué te paso? ¿Cómo fue? Eramos una igual a la otra, a todas nos habían llevado hijos, a todas nos pasaba lo mismo, habíamos ido a los mismos lugares. Y era como que no había ningún tipo de distanciamento. Por eso es que la Plaza agrupó. Por eso es que la Plaza consolidó.*[15]

Aos poucos, as reuniões foram se fixando nas quintas-feiras, às 15:30 horas; umas avisavam as outras e assim foram construindo um coletivo. Depreciadas pela sociedade, suas famílias passaram a ser famílias de terroristas, mas, entre elas, se sentiam iguais. A primeira ação partiu de

---

[14] http://www.ac-nantes.fr

[15] Asociación Madres de Plaza de Mayo, 1996, p. 7.

Azucena Villaflor de Vicenti (assassinada em 1977), que, em reunião na praça, sugeriu a escrita de uma carta exigindo uma audiência para esclarecer o que havia acontecido com os filhos. Nesse encontro, cujo número de mães era em torno de 60 ou 70 e estando o país em estado de sítio, a polícia interveio. A partir daí, as mães não mais podiam assentar nos bancos, mas precisavam estar sempre circulando; dessa maneira, caminhavam de braços dados, às vezes cantando e depois gritando, cada vez mais alto, palavras de ordem que pediam pelos filhos desaparecidos. Foram conquistando a cidade, tomando outras praças, e estabeleceram um meio de se identificarem em concentrações maiores, utilizaram as fraldas dos filhos como lenço de cabeça; já eram 300 mães.

> *Un pañuelo..., ¿y de qué color?, Porque tiene que ser del mismo color. Y bueno, blanco. Y, che, y si nos ponemos un pañal de nuestros hijos (que todas teníamos esa cosa de recuerdo, que una guarda).*[16]

Aos poucos, foram tendo projeção não somente nacional como também internacional, mas também sofreram muita repressão a que respondiam rezando. Entre uma Ave Maria e um Pai-Nosso, gritavam "assassinos". Mas também combinavam encontros: *"Padre Nuestro que estás em los cielos, vamos tal día a tal lugar, Ave María..."*.

Das praças da cidade de Buenos Aires, foram a outras cidades no exterior denunciar a repressão e os assassinatos de seu país, enquanto internamente eram cada vez mais reprimidas, ocorrendo a prisão de muitas mulheres. Em 22 de agosto de 1979, no auge das perseguições fundaram a Associação e em 1980, o primeiro boletim. Nesse momento, já contavam com o apoio de organismos internacionais.

Em 1983, ano em que se passa o filme, as mães resolveram trazer para a praça os retratos de seus filhos, além de cartazes contendo palavras de ordem, e assim incorporando em suas reivindicações também a luta dos filhos por justiça, liberdade e dignidade. A partir, daí o movimento se politizou na luta pelos direitos humanos.[17]

---

[16] Idem, p. 11.

[17] As mães, hoje avós da Plaza de Mayo, continuam se reunindo na praça todas as quintas feiras às 15h30, circulando e portando cartazes com palavras de ordem. Não aceitaram como resposta do governo a indenização de U$ 250 mil; querem saber dos assassinos de seus filhos e do local onde se encontram os corpos.

Nota-se que o movimento dessas mulheres não possuiu semelhança com os movimentos feministas de libertação dos anos 60-70, situados na esquerda e que lutaram pela consumação da igualdade civil e libertação sexual. Nas palavras de Bonafini:

> *Mujeres grandes, que nunca habiamos salido de la cocina, habiamos aprendido lo que hecho tantos jovens antes.*[18]

Numa entrevista recente, Hebe de Bonafini assim sintetiza a sua participação no movimento:

> Entrei porque tenho filhos desaparecidos. Ainda me faltam três filhos. Estou na associação desse o primeiro momento. Bem, a minha história é a história de muitas mães argentinas. Somos mães que socializaram a maternidade, mães de um único solo, mães de 30 mil desaparecidos.[19]

A experiência da maternidade solidária havia retirado Alicia do conformismo fazendo-a exceder ao limite na medida em que se apresentou a possibilidade da perda. No último diálogo com Sara, sua fala expressa o significado do desvelamento da verdade para a sua vida pessoal e o drama de uma nação inteira: não querer perder o que ama e, ao mesmo tempo, não poder ficar com quem ama, pois nada permaneceria como antes.

> Si Gaby es su nieta, ¿que hacemos?
> *Es raro, muy raro, porque siempre pensé que yo era capaz de cualquier cosa para no perder nada do que tenia e iba ser capaz de cualquier cosa con tanto que todo quedaba como estaba. Que raro! Y no perder lo que amo y no pudo.*[20]

No cruzamento de cenas domésticas e públicas, entre os dramas e sofrimentos pessoais e os problemas políticos, Puenzo põe em circulação a politização da maternidade. Ou, ainda, ao trazer para a cena fílmica o movimento das mães da Plaza de Mayo incidindo sobre a história de Alicia, possibilita a reflexão sobre outras formas de mobilização política que escapam ao partidarismo. Em especial no que se relaciona à história das mulheres, *A história oficial* debate a maternidade como

---

[18] Asociación Madres de Plaza de Mayo, 1996, p. 16.

[19] Entrevista concedida a Vitor Casimiro em maio de 2001 (http://www.educacional.com.br).

[20] Transcrição de Laerte J. Silva.

forma de identidade de luta feminina, indicando para as possibilidades de a função materna ultrapassar as paredes do lar.

No encerramento do filme, é retomada a cena doméstica. Gaby está na casa dos pais de Roberto. Apesar de ter sido o mote de toda a trama, essa personagem é caracterizada pela inocência infantil às voltas com o seu próprio mundo. Até o final contrasta com as tensões ao seu redor, como é o caso da violenta briga do casal e da ruptura, não sem um profundo sofrimento de Alicia.

Como cena final, Puenzo constrói uma alegoria. Gaby, na casa dos avós, sentada na cadeira de balanço (da mesma maneira como Alicia havia relatado ao padre sobre a incerteza quanto ao destino de seus pais). Essa cena deixa em suspense o destino da criança e o destino da nação argentina. Gaby canta a mesma música que marca o seu aparecimento no início do filme:

> En el país de No-me acuerdo
> doy tres pasitos y me pierdo:
> un pasito por allí
> no recuerdo si lo dí;
> un pasito para allá
> ¡ay! qué miedo me da...[21]

REFERÊNCIAS

ASOCIACIÓN MADRES DE PLAZA DE MAYO, *Historia de las Madres de Plaza de Mayo.* Argentina: Ediciones Asociación Madres de Plaza de Mayo, 1996.

BENJAMIN, Walter. *Sociologia.* São Paulo: Ática, 1991.

DUBY, Georges; PERROT, Michelle. Escrever a história das mulheres.In: PANTEL, Pauline (Org.) *História das mulheres.* Porto: Afrontamento,1993.

NIETZSCHE, Friedrich. *Obras completas.* São Paulo: Abril Cultural, 1974.

NOVO DICIONÁRIO AURÉLIO DA LÍNGUA PORTUGUESA. Rio de Janeiro: Nova Fronteira, 1986.

PERROT, Michele. *Mulheres públicas.* São Paulo: Unesp, 1998.

ROSSEAU, Jean J. *Emílio ou da educação.* Rio de Janeiro: Bertrand Brasil, 1992.

XAVIER, Ismail. *O olhar e a cena.* São Paulo: Cosac & Naify, 2003.

http://www.ac-nantes.fr/peda/disc/lv/espagnol/cine/historia.htm

http://www.educacional.com.br/entrevistas/entrevista0061.asp

[21] http://www.ac-nantes.fr

Políticas femininas e arquivos da memória

Maria Antonieta Pereira

Filme: *Uma cidade sem passado*
Ficha técnica, sinopse e mais informações na página 256.

> Este filme é baseado na experiência da estudante Anja Rosmus e sua família. A História do meu filme é ao mesmo tempo fictícia e verdadeira e se aplica a todas as cidades da Alemanha. Todos os personagens e eventos são fictícios.
>
> *Michael Verhoeven*

O depoimento citado na epígrafe acima, de autoria do diretor Michael Verhoeven, coloca-se além da mera advertência, pois serve como ponto de partida para uma leitura do filme *Uma cidade sem passado* e para uma reflexão sobre o papel do feminino na elaboração de novos discursos artísticos, num espaço político de resistência. Nesse sentido, a menção a Anja Rosmus é logo seguida do jogo entre realidade e ficção, pois, embora criando uma obra documental, o diretor reafirma o caráter ficcional de fatos e personagens. Por outro lado, ao se aplicar a todas as cidades da Alemanha, a história do filme volta a recuperar os traços de documento e de conexão forte com a realidade extradiegética.

Nesse caso, um importante recurso narrativo adotado por Verhoeven é atribuir uma função metonímica à cidade de Pfilzing, fazendo com que a história nela sediada corresponda à experiência da Alemanha nos anos 70/80, momento em que o país ainda se encontrava dividido pelo Muro de Berlim. Símbolo de uma época fortemente dualista, o Muro significava não apenas a partição da Alemanha derrotada e as decorrências internacionais dessa derrota – como a tensão da Guerra Fria e a divisão da humanidade entre os irreconciliáveis mundos do capitalismo e do socialismo – mas também as disputas ideológicas no interior do próprio país. Acusada de crimes contra a humanidade, a Alemanha – representada pela modesta Pfilzing – tenta encobrir seu passado nazista. Mas um olhar feminino, inquiridor e desconfortante, atravessa a tela da memória e ilumina as obscuras cenas desse arquivo[1].

Desde suas primeiras cenas, o filme já indica os muros internos da nação alemã, justamente no momento em que o Muro de Berlim estava sendo derrubado[2]: dois homens ocupam-se com a limpeza de uma pichação, cuja dupla pergunta – "Onde vocês estiveram entre 1939 e 1945? Onde vocês estão agora?"[3] – remete a um tempo que, embora esteja vivo por força de estratégias mnemônicas, também se encontra recalcado por uma parte da memória nacional que deseja ardentemente soterrá-lo. Essa problematização do tempo remete às indefinições espaciais que se evidenciam não só pelo uso da palavra *onde* – marcador genérico que remete a qualquer lugar – mas também pelo caráter interrogativo das frases que reduplicam a imprecisão do *onde*. No contexto desse discurso, as indefinições permitem leituras divergentes: tanto podem lembrar a cada cidadão sua pusilanimidade frente ao nazismo e suas decorrências quanto podem funcionar como uma intervenção pró-nazista, cobrando dos moradores de Pfilzing um cego nacionalismo. O fato de a mensagem estar pichada num muro mostra o caráter clandestino e ilegal desse discurso. Para a Alemanha, a guerra ainda não tinha acabado[4].

Filha de um refugiado político e de uma professora, a narradora-personagem do filme, Sonia Wegmus, conforma seus valores a partir de uma genealogia que reúne, ao mesmo tempo, as experiências de rebelião ideológica e de produção de conhecimento. Como figura-síntese de

---

[1] DERRIDA, 2001.

[2] A derrubada oficial do Muro de Berlim começou em 9 de novembro de 1989, mesmo ano em que foi realizado o filme de Verhoeven.

[3] Em alemão: "Wo wart ihr zwischen '39-45? Wo seid ihr jetzt?". Trad. de Georg Otte, professor da Faculdade de Letras da Universidade Federal de Minas Gerais.

[4] Depois da reunificação da Alemanha, a crise econômica do país (fechamento de empresas, desemprego etc.) criou um clima de instabilidade que favoreceu o surgimento de movimentos neonazistas.

questões genético-políticas, a menina dá seqüência à história familiar, produzindo um saber sobre as memórias européia, alemã e local, mas sob uma perspectiva insurrecional que lhe custa o exílio dentro de sua própria cidade. Enquanto personagem, ela pontua a narração com fases de sua própria vida – da infância à maturidade – as quais podem ser atribuídas também à cidade-personagem e muito especialmente à Alemanha. O percurso da adolescente até a idade adulta funciona como uma representação da mesma trajetória desenvolvida por sua cidade natal, que sai de um estágio juvenil e eufórico para uma situação de maioridade, mesmo quando não consegue tirar todas as conseqüências da autocrítica coletiva.

De família católica, sobrinha do padre Franz e estudante num colégio de freiras, a garota é formada dentro de um cristianismo contraditório, cujos representantes tomam partido a favor e contra o nazismo e os judeus. Considerada uma excelente aluna, ela vence o concurso de monografias "Liberdade na Europa", promovido pelo próprio presidente da República Federal Alemã. A vitória dá-lhe o prêmio de uma viagem a Paris e a prepara para os embates do futuro, pois, entre outras questões, permite-lhe mirar-se no espelho de uma estátua de mulher, cuja nudez lhe inspira as ações de desnudamento da cidade. Numa das cenas de abertura do filme, uma réplica dourada dessa estátua gira sobre si mesma, enquanto a voz da narradora anuncia a epicidade de seu relato por meio dos seguintes versos:

> Histórias antigas nos falam...
> De coisas admiráveis
> De heróis e sua bravura
> De grandes feitos
> De alegrias e comemorações
> De choro e lamentações
> De bravos guerreiros em luta
> Que agora passareis a conhecer.

O caráter épico dos versos é, contudo, parodiado ao longo da narrativa cinematográfica, preocupada em mostrar o avesso dos grandes feitos, dos guerreiros admiráveis e dos relatos que os construíram no imaginário alemão. Em nova edição do concurso nacional, Sonia opta por pesquisar o tema "Minha cidade natal durante o III Reich". Resgatando a memória de Pfilzing sob o nazismo, a personagem também relata as condições de produção dessa pesquisa e sua própria história pessoal. Assim, mulher e cidade vão se compondo mutuamente, numa dinâmica que envolve recriação do passado, resgate da memória censurada e ressignificação da existência.

As fontes de pesquisa buscadas por Sonia – Arquivos do Bispado, da prefeitura e especialmente os documentos secretos de Zumtobel e do ex-padre Juckenack guardados no acervo do jornal – são insuficientes ou censuradas. Por isso, a pesquisadora também recorre à memória viva dos idosos internados no asilo São Ansgar e às recordações de sua própria avó. Nesse caso, vai se delineando um ponto de vista feminino na abordagem da memória social, pois as mulheres se apóiam mutuamente no resgate de eventos que estão sendo conscientemente soterrados por um discurso bélico-masculino oficial. Quando a avó aconselha reiteradamente os demais personagens a seguirem o exemplo de Sonia, está destacando o espírito investigador da neta, sua capacidade de perseverar rumo a seus objetivos e, sobretudo, seu código de ética que é responsável por impulsioná-la na busca de uma versão plausível dos fatos.

Diante dessa determinação feminina, o diretor de *Uma cidade sem passado* transforma o discurso masculino numa espécie de prática defensiva, na medida em que coloca alguns personagens (como o professor Juckenack, o marido de Sonia ou seu advogado) de frente para a câmera, apresentando diretamente a nós, espectadores, algumas justificativas para seus atos e temores. Usando recursos típicos da estética televisiva, Verhoeven produz um forte efeito de realidade e, ao mesmo tempo, aproxima a heroína de seus antagonistas, já que, em muitas cenas, também ela aparece contando sua história num claro estilo jornalístico. No começo do filme, por exemplo, Sonia aparece gravando e regravando depoimentos de sua odisséia num estúdio de televisão, tendo ao fundo um enorme *close* do rosto do presidente da República. Logo a seguir, ela se posiciona no alto da catedral de Pfilzing, numa clara alusão aos recursos estereotipados das reportagens televisivas. A linguagem inicial da película atiça no espectador um olhar desconfiado e irônico relativamente aos fatos narrados, sejam eles da ordem da realidade ou da ficção.

No decorrer do filme, Sonia opta pelo confronto aberto com a memória da cidade, pois insiste em trazer à luz um passado mantido sob cautelosa obscuridade. Suas ações provocam a dinamização de vários tipos de arquivo: desde os arquivos "públicos" da igreja e da prefeitura

– tratados pelas instituições como arquivos secretos – até os arquivos privados de Zumtobel e da imprensa, passando pelos arquivos particularíssimos da memória dos velhos cidadãos e antigos insurrectos. A personagem funciona, portanto, como um espaço de conexão das lembranças; sua ação desobstrui as veias do passado por onde passam a fluir dados, notícias e eventos que adulteram irremediavelmente a auto-imagem de Pfilzing.

Sendo construído em torno do conflito Sonia/cidade, o filme indica o caráter ambíguo – ficcional e documental – dos grandes relatos históricos, na medida em que expõe a memória que os constrói como um objeto de constante litígio. De um lado, a personagem feminina deseja abrir os arquivos, dando a eles o dinamismo de recordações capazes de produzir/alterar sentidos e de recuperar as vozes dos vencidos pelo nazismo. De outro lado, a cidade pretende manter a pseudo-imobilidade do material arquivado, impedindo que o discurso dos vencidos daquele tempo continue derrotando os vencidos de hoje. Trata-se, portanto, da mesma disputa desenvolvida ao longo da Segunda Guerra, mas agora situada num cenário de vencidos – dos que foram subjugados pelo nazismo em 39/45 e dos que sofreram a extensa derrota alemã no pós-45. No território da nação, delineia-se uma memória que, temendo seus próprios medos, se volta sobre si mesma lacrando acervos e imobilizando leituras. As manifestações fobofóbicas dessa auto-imagem impedem que a população de Pfilzing elabore o opróbrio do anti-semitismo, e, justamente porque é impossível ressignificar, as lembranças precisam ser violentamente reprimidas. Ameaças anônimas, explosão de bombas e surras são instrumentos usados por cidadãos que não suportam a reapresentação estridente do fracasso e da auto-repressão.

O conflito irrompe de forma extremamente aguda quando Sonia abre um processo judicial contra a cidade. Além do fato jurídico inusitado – a acusação de uma cidade inteira por parte de uma concidadã –, o próprio motivo do processo é singular, pois Sonia pleiteia, mais do que o término das ameaças contra suas filhas, a garantia de poder continuar as pesquisas sobre as relações Pfilzing/nazismo. Sarah e Rebecca, cujos nomes homenageiam a cultura judaica execrada pelo nazismo, contribuem para compor a figura quadrangular da rebelião familiar e feminina, juntando-se à protagonista e sua avó no ato de chamar a si os fantasmas do crime e da culpa, para exorcizá-los.

A persistência do discurso feminino vai desconstruindo a narrativa oficial, seja quando a personagem revela a identidade dos padres colaboradores do nazismo e perseguidores de judeus, seja quando ela não aceita que um busto em sua homenagem seja exposto na Prefeitura de Pfilzing. Na medida em que Sonia resiste a todos os empecilhos que barram a pesquisa, a cidade vai modificando as estratégias que desautorizam sua verdade. Indiferenças, ameaças, atentados e reverências surgem, então, como ferramentas para degradar e neutralizar a força divergente do discurso feminino que, inicialmente frágil, vai ganhando robustez e arrastando a comunidade atrás de si. Num processo lento e doloroso de irreversível maturação, a personagem e sua cidade atravessam a zona obscura das lembranças reprimidas.

Ao final e ao cabo, poderíamos dizer que o drama mais significativo dessa narrativa é o que diz respeito ao saber. As perguntas relativas ao *que* se sabe se desdobram em interrogações sobre *quem* sabe e *como* esse sujeito chegou a saber. O confronto entre Sonia/cidade configura-se, portanto, como um conflito de saberes que, embora estejam arquivados (há registros dos mesmos), são capazes, contudo, de produzir sistemas de *anarquivos* (certos cidadãos preferem ignorar sua existência). Esse saber secreto funciona como uma instituição que produz leis, guardiões e ritos próprios e que reage ao ataque externo como um corpo vivo, ora despertado e desafiado a se defender. Dirigidos a um interlocutor bem definido, os arquivos transformam-se rapidamente em *anarquivos,* quando correm o risco de serem acessados por outros leitores. Silente e codificado, esse saber pertence a uma minoria nazista que, embora derrotada na guerra literal, não depôs as armas do combate simbólico. Travestidos em concidadãos, os mesmos inimigos voltam a se enfrentar com as armas da simulação e da revelação, do boicote e da interação, do silêncio e do grito na praça pública. O saber arquivado transforma-se no campo de batalha de uma Alemanha contemporânea, em divergência aberta consigo mesma. Produzir discursos públicos sobre um saber secreto transforma o sujeito cognoscente (narradora ou nação) em um ser ameaçador e ameaçado, pois se trata de reconstruir auto-imagens que, além de impregnadas de derrota, também se deterioram sob a culpa.

As perguntas "quem sabe?", "o que sabe?" e "como o sabe?" compõem a estrutura secreta do filme cujo principal conflito narrativo pode ser sintetizado numa quarta interrogação: "quem pode *interpretar* o saber?"

Noutras palavras, a quem deve ser atribuída a *função de arconte*? Destruindo o caráter privado dos arquivos públicos, Sonia propõe outra lei de arquivamento: o simples gesto de exacerbar o caráter público e político (= da *polis*) desse tipo de memória já constitui uma nova hermenêutica relativamente à sua função social. Se, para a cidade, o arquivo funciona não só como lugar de resistência à desaparição da história mas também como local de impedimento de sua releitura, para a personagem feminina, o arquivo preserva uma memória político-social cuja vida depende de novas abordagens. A mudança da função política do arquivo provoca sucessivas transformações de poder e de discurso. Entre elas, destaca-se o ritual de reconhecimento do arconte: quem legitima o *interpretante* do arquivo? Quem legitima o saber *daquele que interpreta* o saber arquivado? Sonia constrói essas perguntas e a elas responde. Em disputa com a cidade, ela conquista o lugar de arconte e o direito de interpretar as memórias individual e coletiva.

O filme termina com a imagem da *árvore da verdade* frente à qual Sonia costumava rezar na juventude. Antigo lugar de enforcamento e atual *poço dos desejos*, a árvore funciona como ícone de uma Alemanha carregada de memória. No corpo dessa nação, a própria natureza foi sendo impregnada por relatos e práticas que a transformaram em uma superposição de objetos culturais. Reinterpretada sem cessar por imagens e textos fixados em sua casca, a própria árvore configura um modelo do processo arquivístico, já que por ela transitam as verdades, as mortes e os desejos de séculos de memória. Resistente e verde, maleável e histórica, a árvore acolhe entre seus galhos Sonia e sua filha, depois que ela rompe mais uma vez com a cidade e responde à agressão física das mulheres de sua família. Seguidora de uma genealogia nacional e familiar, mas também inaugurando sua própria linhagem, Sonia é a imagem do feminino em estado de rebelião e primavera. Seu rosto assustado entre as folhas da árvore resume a expectativa de que, no futuro, cidades e cidadãs se encorajem a reler histórias e tecer nações. A guerra público-privada da personagem mostra que a legitimidade de arquivos e arcontes está diretamente relacionada à sua contribuição para a emancipação da humanidade.

REFERÊNCIAS

DERRIDA, Jacques. *Mal de arquivo – uma impressão freudiana*. Trad. C. M. Rego. Rio de Janeiro: Relume Dumará, 2001.

LYOTARD, Jean-François. A função narrativa e a legitimação do saber. In: *A condição pós-moderna*. Rio de Janeiro: José Olympio, 1998.

UMA CIDADE SEM PASSADO. Alemanha Ocidental. Escrito, produzido e dirigido por Michael Verhoeven, color, p&b, 1989, 93 min. Idioma: Alemão.

Lanternas vermelhas – antinomias[1] da luz: prestígio, dominação e relações de gênero

Cláudia Vianna
Maria da Graça Setton

Filme: *Lanternas vermelhas*
Ficha técnica, sinopse e mais informações na página 258.

China, 1920: um senhor, quatro esposas... um destino, diz a sinopse do filme.

Estão dadas as referências norteadoras de uma película que nos leva a refletir sobre as relações de poder entre homens e mulheres: o respeito absoluto aos preceitos coletivos ou a loucura e a morte.

O peso da tradição e as tentativas, ainda que tênues, de ruptura com esse único destino nos são apresentados a partir de um relato de ficção. O filme, nessa perspectiva, adquire a função de um pré-texto, de um artifício para a reflexão sobre uma das muitas possibilidades de representação da condição das mulheres e das relações de gênero no cinema. Um esforço de articular os pressupostos da sociologia da educação com uma produção da indústria cinematográfica.

Remetendo-nos a uma China do início do século XX e baseando-se no romance intitulado *Esposas e concubinas*, de Su Thong[2], Zhang Yimou

[1] Segundo o verbete do *Dicionário Houaiss da Língua Portuguesa*, antinomia significa contradição entre quaisquer princípios, doutrinas e/ou prescrições; posição ou disposição totalmente contrária; oposição; contradição real ou aparente entre leis, ou entre disposições de uma mesma lei, o que dificulta sua interpretação (2001, p. 236).

[2] Consta nos créditos inicias da película que esta se baseia na obra supracitada. Entretanto, em busca nas melhores livrarias da cidade, não se conseguiu localizar a mesma nos catálogos das editoras nacionais ou de língua portuguesa.

nos fala sobre a condição feminina a partir da história de Songlian, uma jovem estudante universitária de 19 anos, obrigada a abandonar seus estudos após a morte de seu pai. Sem condições de se manter juntamente com sua madrasta, acaba aceitando ser a quarta esposa de um patriarca da dinastia Cheng, homem de muitas posses. O título do filme deriva de um antigo costume familiar de acender as lanternas vermelhas da ala e dos aposentos da esposa escolhida para passar a noite com seu senhor. Símbolo de prestígio, as lanternas vermelhas *iluminam* e conferem poder a sua detentora.

A história de Songlian e a difícil convivência entre as esposas são um pré-texto reflexivo porque nos possibilitam pensar sobre uma narrativa que tem como ponto de partida uma organização social tradicional e sobre como mulheres – de gerações, personalidades e formação diferenciadas – interagem com essa narrativa. Concordando com Teresa de Lauretis (1996) lembramos que o cinema também funciona como mecanismo de representação social e de produção de significados, entre eles os que remetem às relações de gênero e às diferenças entre os sexos. Trata-se, pois, de um exercício de interpretação das relações de gênero e do processo de socialização feminina, na China dos anos 20, enquanto significantes que nos auxiliam a refletir sobre a interiorização de comportamentos sociais capazes de perpetuar relações de dominação em nossa sociedade.

Contudo, cabe um alerta. Tomar o filme como pré-texto é uma oportunidade de refletir sobre um modelo generalizante da condição da mulher e buscar as contradições, as heterogeneidades e rupturas. É "demonstrar a não-coincidência da mulher com as mulheres" (Lauretis, 1996, p. 121). Ou seja, é recusar as generalizações absolutas entre todas as mulheres do mundo, é deixar claro que não existe uma continuidade abstrata da condição da mulher em qualquer sociedade, lugar ou cultura, o que nos distancia concretamente da realidade mostrada por *Lanternas vermelhas* e do risco de atribuir à diferença entre os sexos uma força explicativa universal (Chartier, 1995; Scott, 1995).[3] Também não existe uma única forma de ser mulher e de se relacionar com a violência

[3] Cabe aqui uma pequena ressalva. Embora iremos trabalhar com o referencial teórico de Pierre Bourdieu no que se refere à teoria do *habitus* e da violência simbólica, afastamo-nos dele em relação à sua tentativa de generalizar a condição feminina enquanto um produto da cultura ocidental. A esse respeito, consultar *A dominação masculina* (Bourdieu,1995) e *O sexo da dominação* (Corrêa, 1999).

simbólica e física imposta às quatro esposas, mesmo no interior da narrativa proposta por Zhang Yimou. Ao contrário. A dominação expressa pelo filme é rica em contradições e ambivalências. Uma perfeita antinomia, pois, na sua vivência, enreda dominados e dominadores em uma trama, uma rede de significados que constroem poderosas identidades sociais. Pequenas rupturas ou desvios logo serão recapitulados.

Portanto, nosso desafio é duplo. Por um lado, captar as contradições e rupturas internas ao filme, mostradas pelo próprio diretor a partir da construção das personagens femininas e de como cada uma delas reelabora, subverte e assimila as formações ideológicas da cultura tradicional chinesa da época. Por outro lado, é também urgente nos distanciarmos dessa *realidade* fílmica para analisar um processo mais geral e contemporâneo que também nos diz respeito: a construção de identidades femininas pela via da dominação simbólica, uma dominação que "só triunfa se aquele(a) que a sofre contribui para sua eficácia" (Bourdieu, 1989, p. 10). Uma dominação conivente e mais poderosa quanto maior for seu ocultamento e reconhecimento.

Nesse sentido, este artigo apresenta uma reflexão que se insere nas recentes iniciativas de analisar sociologicamente as produções cinematográficas no campo da educação (Kellner, 2001; Teixeira; Lopes, 2003; Vianna; Setton, 2002). Inserida ainda na busca de compreender e melhor utilizar didaticamente esse rico acervo cultural (Napolitano, 2000; Setton, 2000), nossa discussão tem por intenção oferecer um material de análise que auxilie a nós educadoras a introduzir a questão de gênero no debate educacional contemporâneo a partir da história que Zhang Yimou nos conta.

Assim nos propomos a refletir sobre um tema clássico na área da sociologia da educação. Ou seja, o processo de socialização, mais propriamente, o processo de construção de um *habitus* social, em particular aquele relativo à dimensão das relações de gênero. O filme *Lanternas vermelhas* nos parece ideal para a tarefa a ser contemplada.

Construindo uma interpretação – os condicionantes do tempo e da cultura local

Historicamente marcado pelo poderio de várias dinastias, entre elas, a mais conhecida, Manchu, o povo chinês viu-se submetido a uma forte dominação econômica e política. Por séculos a fio, a estrutura social do campo permaneceu estática. Grandes proprietários detendo o controle de 50% das terras aráveis, cabendo aos camponeses prósperos outros 35% delas, enquanto mais de 400 milhões de camponeses sobreviviam a duras penas com 15% das terras restantes.

Geralmente analfabeta, a maior parte da população legitimou, até o início do século XX, as autoridades senhoriais e religiosas derivadas do regime dinástico. Mesmo com as tentativas de ocidentalização econômica e administrativa, após 1920, a sociedade chinesa mantém uma rígida defesa dos costumes tradicionais.

Nesta configuração sócio-histórica, não só os pobres, os analfabetos e os camponeses sofreram os abusos de uma ordem hierárquica e profundamente desigual.[4] As mulheres e seus destinos também seriam marcados pelos desígnios e vontades senhoriais. Se as mulheres provenientes dos estratos mais privilegiados tinham seus futuros selados pelos progenitores, as de origem popular, além de terem de obedecer à sorte de seus pais, muitas vezes, tiveram que se submeter à escravidão.

Não é o caso da protagonista do filme *Lanternas vermelhas*. Órfã de pai e sem condição de se manter na universidade, Songlian acaba aceitando ser a quarta esposa de um grande senhor patriarcal.[5] Uma jovem que tinha a assunção de seu destino é levada, por circunstâncias histórica e culturalmente determinadas, a buscar a proteção de um marido. Exposta ao condicionamento de um *habitus* híbrido ou talvez desajustado à situação feminina da época, nossa protagonista sofre a necessidade de se adaptar ao destino que lhe é imposto, mesmo que ao preço de sua submissão e loucura, modelo perfeito de violência simbólica.

Não obstante, o trabalho de Zhang Yimou foge dos estereótipos de gênero. Ou seja, toma o cuidado de não se curvar à mera oposição entre

---

[4] Desde meados do século XIX, a China vê-se imersa em constantes disputas de poder entre as dinastias que relembravam as batalhas feudais. Em busca da reconquista do domínio do comércio de seus produtos no mercado internacional, a China e o povo chinês se enfraquecem e têm como principal adversário o governo inglês. É nesse contexto que o Partido Nacional do Povo ganha espaço para uma expansão nos anos iniciais do século XX, mais propriamente entre 1920 e 1927, quando o PNP acolhe o modelo soviético (Hobsbawm, 1995).

[5] É importante ressaltar que cursava a universidade, vestia-se à maneira ocidental e, rompendo já com uma das tradições, apresentou-se sozinha em seu destino, sem a mediação e o ritual da liteira nupcial.

submeter-se ou emancipar-se. Não nos esquecendo de salientar a produção visual fantástica e impecável do filme, o que mais interessa para nosso argumento é a dominação simbólica exercida pelo marido sobre suas quatro esposas e o jogo de poder entre aquelas mulheres, um poder que expressa um condicionamento social profundamente incorporado, quase que uma segunda natureza (Bourdieu, 1989a, 1989b). Condicionamento que revela uma estreita correspondência entre realidade exterior e realidade interior que interdita muitas das possibilidades de desvio. Adaptadas à "naturalidade" da oposição e da divisão de tarefas clássicas entre homens e mulheres, as esposas desse clã lutam entre si para manterem e resguardarem a identidade que lhes foi imposta. Não visualizando o foco da dominação – o controle masculino –, trabalham no sentido de reforçar os valores identitários femininos – vida doméstica, reprodução do clã, beleza e sedução, doçura e servidão – a fim de serem reconhecidas enquanto mulheres de alguns direitos naquele clã. Ou seja, numa lógica aparentemente paradoxal, para se construírem enquanto sujeitos, são forçadas a aceitar e a representar o papel que lhes foi reservado[6].

Dessa forma, o filme *Lanternas vermelhas* é uma narrativa sobre a condição feminina de um poderoso segmento social da China, no início do século XX, e dá ênfase ao universo discursivo e argumentativo das mulheres sobre elas mesmas, isto é, a função social que lhes foi garantida e a relação que mantêm com o esposo e/ou com o universo masculino ali simbolizado. Assim, não nos passa despercebido o esforço do diretor em não focar, em tomadas específicas de câmara, a figura da autoridade masculina. Esta sempre está envolta na distância, não tem rosto nem expressão; não se sabe se o sr. Cheng é velho ou moço (a dominação é atemporal?). E nem seria preciso. A autoridade, o poder que representa não está personalizado em um indivíduo. A autoridade masculina está em todas as cenas. Esse poder é explicitamente apresentado como sendo responsável pela construção de uma condição feminina de inferioridade. Mas, será que a palavra inferioridade seria a mais correta para expressar essa condição? Cremos que não.

[6] O sentido da palavra forçado problematiza o fato de que não possuem consciência desse papel. Sofrem a imposição dele desde os primeiros momentos da socialização. Para se entenderem e aceitarem enquanto sujeitos pertencentes a uma realidade social, ou seja, indivíduos socializados, precisam se adaptar às condições existentes, ou, ainda, aceitar a representação dominante das diferenças entre os sexos estabelecida naquela família.

A relação entre os sexos retratada no filme é tão assimétrica que a condição feminina não é simplesmente inferior. É uma relação que determina um outro lugar para as mulheres que não é apenas de inferioridade. É uma relação que as coloca em uma outra dimensão, e, nessa condição, os universos femininos ali desenhados são remetidos a uma outra natureza. Ou seja, a natureza de complemento, adorno, uso, contemplação, com o acréscimo da reprodução. Como nos lembra um dos diálogos do filme: "As pessoas são fantasmas, e os fantasmas são pessoas. Possuem valor comparável a gatos, cães ou ratos e certamente não a seres humanos".

Sendo assim, a existência e o cotidiano dessas coadjuvantes não poderiam se realizar da mesma forma. Vida, todos sabemos, pressupõe ar, respiração, pulsação, movimento, circulação. No entanto, isso lhes é proibido, inexiste. A vida entre as mulheres do filme parece transcorrer como o ritmo das estações, sempre repetitivo e estável. Na maior parte do tempo, obedecendo à lógica do imutável e da natureza. Dia após dia, estação após estação, ciclos menstruais após outros, filhos e gerações que se repõem. A ordem natural das coisas parece não mudar e conspirar na surdina, parece se empenhar na obediência cega de manter as coisas e a ordem tal como "devem estar".

As mulheres são meras coadjuvantes de uma existência masculina cuja dominação simbólica se instaura e se mantém quando interiorizam valores, práticas e discursos que lhes impõem um lugar de subordinação e subserviência. Uma condição de adesão e de obediência a rituais que embasam essa dominação e são convencionalmente sublinhados e legitimados por Chen Baishun, o mordomo – guardião dos costumes seculares. De acordo com a tradição, as mulheres devem respeitar seus antepassados, reverenciar a ordem e conservá-la para sua reprodução. Como coadjuvantes de um espetáculo ritual, de um teatro em que não são protagonistas, devem submeter-se ao papel de esposas – servir bem ao senhor, esperar por suas instruções do lado de fora de seus aposentos –; em situação de prestígio, ter os pés lavados, receber massagens, arrumar-se conforme o figurino tradicional; em caso de infortúnio, curvar-se ao castigo de ter suas lanternas cobertas de negro ao desobedecerem às regras; ou mais, conforme a infração, curvar-se à morte.

Sim, aquelas mulheres estão reduzidas a uma função de satisfação sexual do senhor e de reprodução biológica – prerrogativa *natural* e obrigatória – que garante as lanternas acesas por nove meses a fio, e com elas o prestígio, as regalias que a futura mãe passa a ter.

Mesmo considerando o abismo que separa nossa cultura e a apresentada por *Lanternas vermelhas*, a análise de Teresa de Lauretis sobre o modo dominante de redução das mulheres à natureza (1996, p.105) nos é bastante elucidadora das cenas do filme: "O desejo é uma propriedade dos homens, propriedade nos dois sentidos da palavra: algo que é próprio dos homens, como uma qualidade, e algo que eles possuem como coisa sua" (LAURETIS, 1996, p. 105). Aquelas mulheres são apenas possuídas, vistas como objetos do desejo de outro que lhes impõe seu destino, e assim o consentem.

Temos nas imagens dessa China retratada por Zhang Yimou um bom exemplar de dominação simbólica, aquela que supõe a adesão dos próprios dominados às categorias e recortes que fundamentam sua sujeição (CHARTIER, 1995; BOURDIEU, 1989a, 2002). Podemos denominar esse processo de dominação simbólica, pois se trata de como aquelas mulheres são reduzidas a objetos, restritas à natureza biológica, mas, de maneira conivente, alimentam e se identificam com aquela condição. Um diálogo coerente entre suas estruturas mentais adquiridas em trajetórias específicas de socialização, que paradoxalmente as realizam enquanto identidades femininas e estruturas sociais – crenças, valores, rituais – que reforçam e são reforçadas pelas subjetividades singulares de suas portadoras.

Mas será que tudo permanecerá sempre igual? Enquanto ficção, a narrativa proposta aborda a realidade de maneira complexa. Ainda que diante de um processo lapidar de dominação e violência simbólica, essas mulheres parecem capazes de resistir e subverter a ordem, utilizando-se das próprias brechas e de alguns signos da dominação. Esse é o caso da terceira esposa com seus caprichos, malcriações e perspicácia de manter uma relação extraconjugal com o médico da família.

Mas a entrada da quarta esposa na corte da família Cheng parece levar às últimas conseqüências as tentativas de ruptura com a ordem. Jovem, bela, instruída, conhecedora de uma outra condição e submetida a um outro condicionamento de *habitus*, nossa protagonista tenta introduzir uma nova dimensão da condição feminina naquele universo. Apesar do alerta constante para que permaneça sob a égide do padrão tradicional dominante de comportamento e respeito aos costumes, Songlian espera ser reconhecida enquanto pessoa singular, com identidade própria, e não como propriedade, sem vontade ou poder de expressão. Songlian não quer ser só adorno, reprodutora ou concubina. Não quer ter o destino de uma simples esposa; e na iminência de ver seu destino lhe escapar das mãos, faz uso de um trunfo. Simular sua própria gravidez visando obter proveito de uma representação que lhe é imposta numa situação de inferioridade e dominação – a de reprodutora.

Mas a sorte não estava a seu lado. Pega em mentira e traindo a confiança de seu senhor, Songlian assume a nova condição de rebelde e, para tanto, deve pagar. As lanternas vermelhas de sua ala são cobertas em símbolo de luto. A história de seu tempo lhe reservou uma amarga experiência.

Não obstante, seria a educação ou seus estudos universitários responsáveis pelo desvio? Talvez... Uma educação mais qualificada poderia ser fonte de autonomia, consciência e maior capacidade de resistência de Songlian diante da dominação à qual foi exposta. Todos parecem saber disso ao afirmarem constantemente a diferença distintiva de sua instrução.

Contudo, podemos ir mais além. Não só a educação mas também a arte poderiam ser vistas como alegoria da mudança também. Não nos é indiferente o fato de que duas das esposas do patriarcado dos Cheng tiveram experiências atípicas para a condição que representavam. É como se, com suas experiências de socialização, elas rompessem a coerência, a correspondência entre as estruturas sociais e as estruturas mentais construídas ao longo daquela formação social. A primeira delas, Songlian, passou pela universidade. Sua "irmã", Meishuan, a terceira esposa, fora cantora de ópera. Duas vivências que permitiram o contato com idéias e valores que despertaram um certo desajustamento de *habitus,* uma possibilidade de distanciamento e questionamento à ordem. Duas trajetórias que nos ajudam a pensar, enquanto alegoria, um movimento em direção à ruptura sendo expresso pela dimensão da educação e das artes. Idealismo do diretor? É possível.

Não obstante, a ficção nos contraria e apresenta a realidade em toda sua ambigüidade e contradição. Na dimensão individual vivida por Songlian ou Meishuan, o acesso ao conhecimento e às artes apenas despertou a reflexão, desencadeou um descontentamento, explicitou um desajustamento do *habitus*. É possível observar, no desenrolar da narrativa, a situação de desajustamento em direção a um comportamento desviante, desse comportamento a um sentimento de revolta, terminando em alheamento diante da realidade ou morte.

Desajustamentos de valores e crenças que acabam em tragédia. Songlian não se permite aceitar a realidade como esta se apresenta, mas, contudo, não consegue mudá-la. Traumatizada pela evolução dos acontecimentos que desencadeou, em uma fuga desesperada, recolhe-se, volta-se para seu interior. O estigma da loucura lhe é imposto na medida em que se recusa a aceitar o destino que lhe foi reservado[7]. Sim, parece que o esclarecimento vivido e experimentado na universidade não chegou a completar sua promessa. Entre pensamentos e atos, a sorte de Songlian foi selada pela dor e pela loucura. Sim, a educação e o conhecimento apreendido individualmente não foram suficientes para minar com a dimensão e a força dos valores coletivos. A reflexão não foi suficiente para desequilibrar o poder das autoridades constituídas, a força dos costumes de longa data. A ordem foi, é e será mantida pelo ritmo das vidas, dos rituais, das tradições; tudo parece contribuir para sufocar a mudança.

Mas como explicitar sociologicamente o fracasso de Songlian e Meishuan, como compreender o consentimento geral das outras mulheres, como interpretar o conformismo, a aceitação, a legitimidade dessa condição incorporada por todos, ou quase todos? Cremos que as contribuições da teoria da socialização promovidas pelo conceito de *habitus* nos fornecem boas pistas. Em outras palavras, o entendimento da história dos condicionamentos social e cultural dessa formação pode nos ajudar a analisar esse processo. China dos anos 1920, poder senhorial responsável pela dominação espiritual e pela exploração material de camponeses. De um lado, no plano social, um poder que soube se manter a partir de uma dominação não apenas física mas também econômica e política. Por outro, no plano cultural, um sistema de valores, de símbolos e de rituais hierárquicos em consonância com a dominação material e política e para além dela.[8] Perfeita correspondência entre ordem objetiva e subjetiva, perfeita homologia entre estruturas objetivas e estruturas mentais. Condições sociais perfeitas para se desenvolver sistemas simbólicos coerentes e harmônicos com as estruturas sociais (Durkheim, 1983).

---

[7] Como já lembrou Bourdieu, uma das funções e prerrogativas das autoridades é ter o poder de anunciar, de oficializar uma situação. No caso, sr. Cheng anuncia a loucura de Songlian.

[8] Mesmo quando se introduz, anos mais tarde, alguma mudança econômica e política com o advento do comunismo em 1945, o peso da tradição permanece com seus costumes, disputas e inimigos tradicionais, ainda que em um novo cenário político (Hobsbawm, 1995).

Habitus e dominação simbólica: bases do poder em uma sociedade tradicional

Desde os anos 60, os escritos de Pierre Bourdieu tornaram-se uma referência obrigatória para os estudiosos da sociologia da educação. Responsável por uma releitura crítica da função da escola, sua função socializante e muitas vezes ideológica, esse autor, com o tempo, sofisticou seu pensamento e nos deixou um importante legado sobre a teoria da socialização. Entendendo esse processo profundamente marcado pela dimensão da dominação, as reflexões de Pierre Bourdieu (2002, 1989b) sobre a teoria do *habitus* e também as de Roger Chartier sobre a dominação simbólica podem nos auxiliar na interpretação do filme *Lanternas vermelhas.* Mais especificamente, consideramos que as formulações sobre a dominação simbólica e a teoria do *habitus* são relevantes para mostrar uma das condições de funcionamento de um processo de aprendizado enquanto fundamento e estabilidade de uma ordem social e cultural concernente às relações de gênero.

Se, desde a década de 60, se faz sociologia a favor ou contra as proposições de Bourdieu, nos vários campos em que ele se debruçou, é possível também afirmar que suas formulações sobre o conceito de *habitus* são as que mais mereceram debates e críticas entre seus interlocutores ou críticos. Grosso modo, as objeções que fazem sobre sua obra remetem à pretensão desse autor em generalizar sua teoria do *habitus.* Isto é, admitindo-se que o *habitus* seja o princípio gerador das práticas e de disposições perceptivas dos sujeitos, não se aceita o fato de ele ser uma estrutura única e coerente (Lahire, 1997, 2002). Para Bernard Lahire, o conceito de *habitus* não seria capaz de explicar a variedade de situações e de escolhas a que os sujeitos são submetidos. O mundo atual, para este autor, expõe os agentes a uma pluralidade de condicionamentos sociais, o que não permitiria mais uma homogeneidade de *habitus* entre eles, mesmo quando socializados por processos de aprendizados semelhantes.

O que Lahire questiona é a coerência desse *habitus* nas formações atuais. Nesse sentido, os sujeitos contemporâneos não seriam mais caracterizados por condicionamentos únicos, coerentes e em continuidade como os experimentados nas sociedades tradicionais. E, olhando sob esse ângulo, é preciso concordar com as considerações de Lahire. De fato, as sociedades contemporâneas submetem precocemente as gerações mais jovens a um conjunto de valores e ideais identitários bastante híbridos e muitas vezes incoerentes. A diferenciação do espaço e das experiências, a diferenciação do tempo, a alta rapidez e a alta freqüência de mudanças e o alargamento das possibilidades de ação além da capacidade efetiva de ação dos sujeitos criam um campo múltiplo e variável (Giddens, 1991; Melucci, 2001).

Não obstante, é forçoso lembrar que a teoria do *habitus*, no nosso entendimento, contempla a plasticidade, a criatividade e sobretudo a capacidade de adaptação dos sistemas de disposição dos indivíduos. Mas é preciso salientar: isso é possível desde que a conjuntura social possa estimular os indivíduos. Concebemos o conceito de *habitus* como um conceito que nos auxilia pensar as relações, as mediações entre os aprendizados (condicionamentos) exteriores e a prática (subjetividade) dos sujeitos dentro de uma perspectiva processual e histórica. *Habitus* é um instrumento teórico que, embora seja utilizado como um sistema engendrado no passado e orientando uma ação no presente, está em constante reformulação (Setton, 2002).

Mais do que isso, afirmamos que o *habitus* – enquanto teoria e não um conjunto invariável de valores e ideais identitários – nos permite pensar o processo de constituição das identidades sociais no mundo contemporâneo como também as identidades sociais no mundo tradicional, pois se trata de um conceito que tem como principio básico sua adaptação a uma especificidade histórica. É um conceito que se construiu articulado a uma concepção de mundo social que leva em consideração a perspectiva processual dos fenômenos sociais. Não foi construído para ser usado apenas em alguma situação histórica específica. Seu alcance teórico é legítimo desde que articulado à perspectiva macrossociológica dos condicionamentos sociais com a perspectiva particular das trajetórias dos sujeitos, ou seja, uma relação constante entre uma dimensão sincrônica (estrutural) e diacrônica (histórica e singular) dos processos.

Sabemos que o conceito de *habitus* tem uma longa trajetória nas ciências humanas. No entanto, para o desenvolvimento do nosso argumento[9], cabe apenas lembrar que Durkheim foi o que melhor formulou o entendimento desse conceito para pensar, em especial, as sociedades

---

[9] Não convém explicitar sua capacidade teórica aqui, pois já o fizeram anteriormente (Setton, 2002; Lahire, 2002).

menos diferenciadas ou tradicionais. Ou seja, para se pensar em um sujeito portador de um sistema de disposição homogêneo e coerente com as estruturas sociais. Durkheim, em seu livro *A evolução pedagógica* (1995), alertava que são necessárias condições sociais particulares. Isto é, para se vivenciar uma relação coerente e harmônica entre indivíduo e sociedade, é preciso obter uma correspondência entre as estruturas mentais e materiais. Ao contrário do dinamismo conferido à noção de *habitus* por Bourdieu, Durkheim a usava para caracterizar uma relação coerente e estável com o mundo, tais como as vividas pelas sociedades tradicionais, menos complexas, fechadas, sobre si mesmas, com pouco ou nenhum contato com o mundo exterior. No caso específico do filme *Lanternas vermelhas,* podemos ver que é por meio do *habitus,* em sua dimensão de gênero, que a dominação simbólica se instaura; é ele que garante consentimento e coerência, que, como nos lembra Chartier (1995, p. 42), são o "ponto central no funcionamento de um sistema de poder, seja ele social e/ou sexual".

No entanto, vale lembrar que as duas personagens do filme vivem na forma alegórica essa situação. Ou seja, foram submetidas a um tipo de socialização com rupturas. Em outras palavras, cremos que as biografias de Songlian e Meishuan, enquanto descontinuidade, expressam vivências particulares dentro de um sistema hierarquizado e fortemente marcado pela dominação. Todo *habitus* social, e entre eles a dimensão do *habitus* feminino, foi experimentado por elas em uma vivência particular, vivência singular do mesmo *habitus* mais geral e coletivo. Como vemos, configurou-se apenas um pequeno desvio, individual, logo chamado a voltar à ordem.

Contudo, é possível ainda considerar uma outra interpretação. Capricho da história ou das táticas dos subordinados, a experiência que a família Cheng passou com Songlian e Meishuan deixou a marca da subversão, acrescentou uma nova manifestação de discórdia. Nesse sentido, a história do clã não será mais a mesma. Essa história será contada de outra forma, e a ela somadas novas interpretações. Embora fugaz e dentro de uma narrativa poética, o filme nos conta sobre uma outra possibilidade de se fazer a história social e cultural de um grupo. Ou seja, trajetórias individuais desviantes compondo e tecendo, *amiúde,* a história da transformação da realidade.

Nesse sentido, para finalizar, podemos afirmar que a narrativa da dominação simbólica proposta pelo filme encerra um espaço de liberdade. Portadora de uma licença poética, a produção cinematográfica pode dar conta da complexidade e das possibilidades do real. Dominação que não é destino, mas produto da história dos homens e das mulheres em intensa e constante tensão e mutação.

REFERÊNCIAS

BERGER, P.; BERGER, B. Socialização: como ser um membro da sociedade. In: FORACCHI, M. M.; MARTINS, J. S. (Orgs.). *Sociologia e sociedade*. São Paulo/ Rio de Janeiro: Livros Técnicos e Científicos S.A., 1973, p. 200-214.

BOURDIEU, P. In: ORTIZ, R. (Org.) *Sociologia*. São Paulo: Ática, 1983.

BOURDIEU, P. *La noblesse d'État. Grandes écoles et esprit de corps*. Paris: Les Éditions de Minuit, 1989a.

BOURDIEU, P. *O poder simbólico*. Lisboa/Rio de Janeiro: Bertrand Brasil/Difel, 1989b.

BOURDIEU, P. A dominação masculina. *Educação e Realidade*. Porto Alegre: Universidade Federal do Rio Grande do Sul/Faculdade de Educação, jul./dez. 1995, p. 133-184.

BOURDIEU, P. Modos de dominação. In: SETTON, M. G. (Org.) *A produção da crença – uma contribuição à teoria dos bens simbólicos*. São Paulo: Zouk, 2002.

CASTELLS, M. *O poder da identidade*. São Paulo: Paz e Terra, 2001.

CHARTIER, R. Diferenças entre os sexos e dominação simbólica (nota crítica). *Cadernos Pagu*. n. 4, p. 37-47, 1995.

CORRÊA, M. O sexo da dominação. *Novos Estudos*. São Paulo: CEBRAP, n. 54, jul. 1999.

DURKHEIM, É. *A evolução pedagógica*. Porto Alegre: Artes Médicas, 1995.

DURKHEIM, É. *Educação e sociologia*. São Paulo: Melhoramentos, 1978.

GUIDDENS, A . *As conseqüências da modernidade*. São Paulo: UNESP, 1991.

HOBSBAWN, E. *Era dos extremos: o breve século XX – 1914-1991*. São Paulo: Companhia das Letras, 1995.

HOUAISS, A.; VILLAR, M. S. *Dicionário Houaiss da língua portuguesa*. Rio de Janeiro: Objetiva, 2001.

KELLNER, D. *A cultura da mídia*. Bauru: EDUSC, 2001.

LAHIRE, B. *Sucesso escolar nos meios populares – as razões do improvável*. São Paulo: Ática, 1997.

LAHIRE, B. *Homem plural – os determinantes da ação*. Petrópolis: Vozes, 2002.

LAURETIS, T. de. Através do Espelho: mulher, cinema e linguagem. *Revista Estudos Feministas*. Rio de Janeiro: CIEC/ECO/UFRJ, v. 1, n. 1, p. 96-122, 1993.

MELUCCI, Alberto. *Invenção do presente: movimentos sociais nas sociedades complexas*. Petrópolis: Vozes, 2001.

NAPOLITANO, C. *Como usar o cinema na sala de aula*. São Paulo: Contexto, 2003.

SCOTT, J. W. Gênero: uma categoria útil de análise histórica. *Educação & Realidade*. Porto Alegre, v. 20, n. 2, p. 71-99, jul./dez. 1995.

SETTON, M. G. J. Educação e sociedade midiática: espaço e dimensões da socialização contemporânea. *Educação em Revista*. São Paulo: FEUSP, p. 103-106, jan./jun. 2002.

SETTON, M. G. J. Família, escola e mídia: um campo com novas configurações. *Educação em Revista*. São Paulo: FEUSP, p. 107-116, jan./jun. 2002.

SETTON, M. G. J. A teoria do habitus em Pierre Bourdieu: uma leitura contemporânea. *Revista Brasileira de Educação*. São Paulo: Cortez, n. 20, p. 60-70, maio/ago. 2002.

TEIXEIRA, I. A C.; LOPES, J. S. M. (Orgs.). *A escola vai ao cinema*. Belo Horizonte: Autêntica, 2003.

THOMPSON, J. B. *Ideologia e cultura moderna*. Rio de Janeiro: Vozes, 1995.

VIANNA, C. P.; SETTON, M. G. J. O conceito de gênero e a construção dos sujeitos femininos na família: o uso do cinema nas reflexões educacionais. *Educação em Revista: educação e gênero*. Marília: UNESP, n. 3, p. 107-122, 2002.

SEGUNDA PARTE

O feminino na profusão das cores do tapete

O tapete plano do tempo

Ana Maria Cavaliere

Filme: *Gabbeh*
Ficha técnica, sinopse e mais informações na página 260.

Acima da fonte estou
abaixo da fonte estou
o seixo na fonte eu sou
quando o meu amado passar
o canário em sua mão eu sou
em três partes eu estou.
(a filha de Aladad)

Gabbeh é um poema cinematográfico. Todos os ingredientes da poesia lá estão: o ritmo, a beleza, a metáfora, a emoção. De certa forma, o filme é também um documentário: Gashgai, o grupo nômade retratado, existe de fato e vive na região Sudeste do Irã. Sua característica é tecer os tapetes, chamados *gabbeh*[1], nos quais narra sua vida de trajetória itinerante.

A obra reafirma o estilo iraniano de fazer filmes, em que se destaca o minimalismo em imagens, as quais, como as palavras de um poema, são reduzidas às indispensáveis e precisas. Confirmando outra marca dos filmes iranianos, a obra deixa uma área de contato entre a ficção e a narrativa documental, reforçada pela utilização de atores não-profissionais.

[1] Essa variedade de tapete iraniano é famosa em todo o mundo e muito valorizada entre colecionadores e para decoração.

Ver um filme iraniano é sempre uma aventura antropológica, de tamanho proporcional ao nosso desconhecimento daquela civilização, e que nos provoca estranhamento e enorme curiosidade. O filme intriga, desafia-nos.

Por tristes e angustiantes razões, o Oriente está em evidência. O filme, entretanto, nos mostra um Irã distante da atual convulsão do mundo islâmico. Mostra-nos um lugar e um tempo que parecem mais próximos da Pérsia das narrativas fabulosas do que do país do aiatolá Khomeine. Um mundo estável e harmônico. O filme nos oferece a oportunidade de desfazer as visões caricaturais, parciais e, muitas vezes, preconceituosas da civilização islâmica com que nos bombardeiam diariamente os meios de comunicação. Permite-nos vivenciar uma cultura milenar, rica, com as belezas e os dramas de todas as culturas.

Gabbeh significa tapete, mas é também o nome da jovem protagonista de uma história contada de forma muito peculiar. Não é apenas no nome que a jovem se confunde com o tapete. Ela narra e vive a história contida no tapete e vai entrelaçando, sutilmente, o presente e o passado, que se desenrolam e aparecem, ao fim, como uma só coisa. Uma concepção cíclica do tempo vai sendo construída, e nossa sensibilidade, acostumada à racionalidade seqüencial e escalonada do tempo, custa a perceber o engenho do enredo.

Um espectador desavisado pode estranhar a compreensão de tempo mostrada no filme e, caso busque nela a temporalidade ocidental moderna, pode encontrar dificuldades para apreciar toda a sua beleza. Essa questão, me parece, é a chave para se penetrar no filme. Nele, os acontecimentos vão se compondo num plano, e não há predomínio da linha sucessiva de causa e efeito. Os tapetes, com seu formato e composição plana, expressam perfeitamente essa outra idéia de tempo. O plano do tapete, o plano do cinema, o plano da vida. Se nos sensibilizarmos por essa proposta, o resultado final é límpido. A narrativa minimalista e pouco familiar à estética cinematográfica ocidental vai nos conquistando pela força poética – esta sim universal – das imagens.

O filme oferece uma excelente oportunidade para que se realize uma reflexão sobre o tempo. Norbert Elias abre seu já clássico livro, intitulado *Sobre o tempo,* citando um ancião, que, cheio de sabedoria, teria dito: "Quando não me perguntam sobre o tempo, sei o que ele é. Quando me perguntam, não sei".

É o tempo um dado natural, objetivo, independentemente da realidade humana, ou uma representação subjetiva, enraizada na natureza humana? Segundo o autor, a idéia de que os homens sempre teriam apreendido as séries de acontecimentos sob a forma que predomina nas sociedades contemporâneas – a das seqüências temporais integradas num fluxo regular, uniforme e contínuo – é contraditada por toda sorte de fatos observáveis, tanto no passado quanto no presente. Além disso, a própria ciência, com Einstein, teria mostrado que a representação newtoniana de um tempo único e uniforme, através de toda a extensão do universo físico, não seria sustentável. O cientista evidenciou que o tempo é uma relação e não, como acreditava Newton, um fluxo objetivo, um elemento da natureza.

Norbert Elias nos mostra que, ao longo da história, e nas diferentes sociedades, a maneira de vivenciar e conceituar o que chamamos "tempo" apresenta variados formatos e propõe que, para apreender o problema do tempo, é preciso rever a tradição de estudá-lo em dois campos distintos, o físico e o social.

As considerações acima constituem apenas uma digressão frente ao desafio proposto pelo filme, que começa quando a jovem aparece a um casal de velhos, no momento em que estes lavam, no riacho, o seu *gabbeh*. A água que passa sobre o tapete dá vida aos acontecimentos ali registrados, isto é, faz reviver algo já estabelecido. A jovem conta aos velhos sua história de sofrimento por estar sendo impedida de se juntar ao seu amor, um cavaleiro apaixonado que segue o clã, à distância, à espera do encontro com ela. O pai da jovem não quer a união e vai criando seguidos obstáculos, postergando a possibilidade do casamento da filha com o forasteiro. Primeiro é preciso que espere o retorno do tio, que voltará da cidade; depois o casamento desse mesmo tio, e ainda o parto da mãe, e depois a travessia do rio e assim por diante.

A jovem quer fugir, o cavaleiro a chama insistentemente, com um uivo de lobo, mas o pai a ameaça com a morte, caso ela lhe desobedeça. Discretamente, toda a comunidade a vigia.

A história nos lembra, entre outros, do episódio bíblico de Jacó que, após trabalhar para Labão, pai de Raquel, por sete anos, para ter direito à mulher por quem se apaixonara, se vê obrigado, para finalmente tê-la, a aceitar também Lia, irmã mais velha de Raquel, como esposa, e ainda trabalhar por mais sete anos para o sogro. Lembra-nos também do clássico de Shakespeare, em que o mais famoso casal do mundo se vê impedido de realizar sua paixão.

Nessas histórias, a vivência da dor e as provações da paciência e da persistência são preços que devem ser pagos pelos destinados a uma felicidade especial. Tais elementos estão na Bíblia, no Corão, em todas as cosmogonias das sociedades arcaicas, e chegam a avançar pela cultura moderna, pelo menos até que se imponha a idéia contemporânea da felicidade como direito do indivíduo. Até a imposição dessa idéia, o grande amor não podia ser gratuito. Ele subverte, é perigoso, rompe os ritmos e ameaça a harmonia do grupo.

Ao contar sua história, a jovem vai envolvendo o casal, despertando o amor no homem velho e provocando ciúmes na mulher idosa. Vamos percebendo que a moça é a representação da juventude dos velhos, os quais são os próprios personagens da história que se conta. A rigor, eles estão a fazer uma revisão de suas vidas e, principalmente, de seu amor. O ciúme da mulher velha é o ciúme da lembrança de si mesma, de sua juventude perdida. O lamento e o desconsolo do velho, cujo "choro" é o mesmo uivo de lobo do cavaleiro, são a tentativa de fazer o tempo voltar e, através do *gabbeh*, reviver a paixão da juventude.

Em contraste com o surgimento da paixão juvenil, e que ainda comanda a vida do casal de velhos, o filme apresenta uma outra história de amor, este nascido na maturidade. Um amor escolhido e sereno. O tio de Gabbeh, que morava na cidade, volta à tribo em busca de uma esposa. Ele traz consigo algo de diferente. É poeta; talvez professor? Busca uma mulher que "cante como um canário na fonte" e, no desfecho do filme, é quem incentiva e apóia a decisão da jovem de fugir com seu cavaleiro. Procurando nos clãs vizinhos, o tio termina por encontrar, numa fonte, a mulher que buscava. Ele, que lamenta o fato de seus 57 anos terem passado tão rápido, e ela, que, já não tão jovem como Gabbeh, diz "estar à espera do que a vida lhe reserva", se encontram através da poesia. A mulher, que vem a se casar com o tio, recita para este um poema que acabara de criar. O tio pergunta: "Você é poeta?" E ela responde: "Não, sou a filha de Aladad". A descendência, o grupo, "o que a vida reserva" predominam frente aos desejos e aos impulsos individuais.

Ao contrário de outros filmes iranianos já exibidos no Brasil, e a despeito de um certo olhar nosso, ocidental, já pronto a inferir sentidos relacionados à opressão da mulher na cultura islâmica, a película, me parece, passa longe dessa questão.

Na verdade, quando recebi o convite para escrever sobre Gabbeh, que não conhecia, no contexto de um livro que destaca a presença da mulher no cinema, logo imaginei que a questão da liberdade feminina na cultura islâmica seria um dos pontos. Coloquei-me imediatamente a pensar formas de falar sobre a mulher que não caíssem nos clichês feministas, tão particulares de uma cultura ocidental urbana e moderna. Imaginei-me a buscar um tom que percebesse as diferenças culturais e buscasse a sensatez, o humanismo, sem desrespeitar as diferenças necessárias e inevitáveis.

Ao terminar de ver o filme, tudo havia mudado. Tive, ao mesmo tempo, uma sensação de alívio e de preocupação quanto à minha competência para comentá-lo. Não é um filme que peça uma abordagem sociológica sobre a questão da mulher. Suscita reflexões em outro campo, situado entre a antropologia, a filosofia e, naturalmente, a estética. O filme nada tem de pedagógico. Não acusa, nem defende, não classifica, não julga. Seu engajamento evidente é com o amor, no sentido de apresentá-lo em sua complexidade de sempre, em suas diversas formas, em suas impossibilidades quando subverte o previsto. No filme, o amor é a profusão de cores no tapete, é a beleza dos olhos de Gabbeh que brilham intensamente ao som do uivo do lobo. É o que a todos humaniza, inclusive os que estão na posição de combater suas aparições rebeldes.

O impedimento ao amor, gerado pela tensão entre a coletividade e a individualidade, entre as necessidades gregárias e a afirmação das identidades particulares, conduz o filme, mas não se percebe qualquer pretensão de enquadrar a situação dentro de possíveis parâmetros teóricos, sociológicos ou psicológicos. Em outras palavras, é um filme sem "sociologismos" ou "psicologismos". É o impedimento do amor que vem de uma necessidade da própria cultura, uma cultura cuja temporalidade cíclica lida com dificuldade com o inesperado, representado, no caso, pela paixão.

Uma das formas através das quais somos levados a sentir a realidade vivida por uma sociedade cuja organização social tem formato arcaico é o realce da relação, ainda simbiótica, daquele grupo com a natureza. A harmonia entre civilização e natureza se mostra na constante analogia entre os movimentos humanos e os movimentos dos animais, como a lembrar que vivemos num mesmo mundo, que somos feitos da mesma matéria e não podemos nem devemos querer superar certas predeterminações. Essa comunhão aparece, ao longo do filme, nos gestos, nos ritmos, na energia. Aparece na crua comparação entre o nascimento de uma criança e o ovo que sai da galinha, entre o roçar dos animais e o movimento das tecelãs, entre a amamentação dos cabritos e a do bebê; também na queixa do velho de que a mulher não lhe teria dado um filho, ao que ela responde trazendo-lhe um pequeno animal, que o contenta.

Além do encontro de amor na maturidade, o tio de Gabbeh protagoniza uma das mais belas cenas do filme: a cena da escola. Ao chegar de volta à sua tribo, o primeiro lugar por onde passa é a escola itinerante. Antes mesmo que a imagem da tenda-escola apareça, o som de fundo chega ao tio, e a nós, e já sabemos todos do que se trata. A despeito da língua persa, tão diferente, a "música" nos é muito familiar. As crianças, sentadas no chão, enfileiradas, lado a lado, frente a um quadro-negro, recitam a indefectível tabuada. O tio chega, faz perguntas e, logo a seguir, transforma rapidamente aquela sala de aula. Com a saída do mestre, anunciada pelo sinete de pescoço de uma cabra, chama as crianças e diz com alegria: "Uma escola sem professor!!! Vamos aproveitá-la".

Nesse momento, o filme ultrapassa de novo a divisão Oriente-Ocidente. Mostra sua universalidade. A crítica à escola triste, burocrática e sem "cores" é explícita e serve para caracterizar e dar a dimensão do papel que o tio terá no resto do filme. Ele apaga o quadro e passa a falar de cores e a mostrar as cores da vida. Como um pintor mágico, num exercício plástico, retira as cores do céu, das plantas, do mar, do sol e as mistura, criando novos resultados. As crianças, com suas lindas roupas coloridas, acompanham-no. Basta observarmos a beleza das roupas das mulheres e meninas daquela comunidade para entendermos o quê, afinal, inspirou o cineasta Mohsen Makhmalbaf a esse verdadeiro ensaio pictórico. Mas não só as roupas incrivelmente belas o inspiraram. A sua própria trajetória de vida e, nela, sua visão crítica da escola estão também presentes na película.

O tio que volta da cidade parece ser a presença do próprio diretor na tela. O toque autobiográfico se revela quando sabemos que Makhmalbaf, depois de impedido pelo governo iraniano, em 1994, de abrir uma escola de cinema, organizou, em sua própria casa, uma escola de cinema modelo, tendo seus filhos e alguns amigos como alunos. Hana, sua filha mais nova, então com oito anos de idade, deixa de ir à escola para ser educada pelo pai. O programa de aprendizado em cinema que organizou para sua escola doméstica continha desde montagem, roteiro e fotografia, até história do cinema, música iraniana, poesia e pintura.

Atualmente, na família de Makhmalbaf, todos trabalham em cinema, e uma de suas filhas, Samira, com 24 anos, é cineasta já premiada. Makhmalbaf parece ter projetado no personagem do tio sua teoria de que a escola pode se ligar à vida de outra forma. A experiência da escola doméstica que criou pode não ter sido apenas uma resposta ao governo iraniano mas também um autodesafio frente à tarefa de formar para a vida e para a criação artística.

De volta ao filme, chegamos agora ao inverno, quando Gabbeh passa a olhar cada vez mais para trás, na direção de seu cavaleiro, e começa a deixar pelo caminho, sobre a neve, seus lenços coloridos. Ela está se preparando para cortar o cordão umbilical com seu grupo, para andar com suas próprias pernas. Mais uma vez, a analogia com os animais é feita com a cena do cabrito, recém-nascido, que a mãe-cabra empurra, às marradas, para que se levante e ande sozinho. Quando finalmente decide fugir, discretamente apoiada pelo tio, Gabbeh leva consigo seu tapete enrolado. Ali está a vida, sua e do grupo a que pertence. O pai os persegue e desfere dois tiros, ouvidos à distância. Quando retorna, traz o tapete de Gabbeh e o desenrola frente à tribo.

Mas isso não é o fim. Gabbeh, em seu relato aos velhos, explica que o pai não os matou de verdade. Apenas fez aquilo para assustar as outras filhas e desencorajá-las a agir da mesma forma. O casal seguiu com seu amor e, 40 anos depois, refaz seu percurso nas lembranças do *gabbeh* colorido que teceu, e que é o filme que vemos.

Vale destacar ainda que, no filme, a cor é mais do que um recurso de linguagem; é como uma personagem. A vida emerge da cor dos tapetes. O entrelaçamento da lã, que vemos ser tingida com flores e frutos, acompanha todos os movimentos do filme e registra os acontecimentos importantes, como o nascimento, a alegria do casamento e a dor da morte, representada pela ausência de cor.

Ao que parece, por ter sido banido, o casal está sozinho na velhice. Sua morte simbólica foi necessária ao grupo que não poderia conviver com a paixão irruptiva. Quando jovens, Gabbeh e o cavaleiro não se submeteram ao grupo, mas o filme não nos apresenta um veredicto sobre se sofreram ou foram felizes por isso. Simplesmente fizeram o que tinham que fazer, assim como a tribo. Os tapetes continuaram a ser tecidos, enrolados e desenrolados. O eterno movimento dos animais e de seus pastores na amplidão da planície ou na montanha, no inverno ou no verão – o que nos dá belíssimos planos cinematográficos –, tinha que prosseguir. Ali, a circularidade comanda, e a passagem e o retorno das estações climáticas ao longo do filme nos envolvem nessa lógica. Gabbeh termina seu relato dizendo que, devido ao artifício usado pelo pai, de "matá-los" para a tribo, há 40 anos, lá, ninguém ouve mais "o canto do canário na fonte". O inesperado foi contido, até uma próxima vez.

Para finalizar, cabe uma advertência: ao relatar o filme utilizando a língua que me é dada e a cultura que a ela corresponde, acabei por arrumá-lo de acordo com minha sensibilidade cartesiano-ocidental. Creio que muitos, ao vê-lo, poderão ter percepções bem diferentes da aqui registrada. A tentativa de comentar um filme, um livro ou qualquer outra obra de arte representa sempre uma entre muitas outras possíveis. Apenas o fato de dizer o que é, ou não é, uma determinada obra já a enquadra em parâmetros que não estão necessariamente nela, mas que são uma espécie de reconstrução de quem a "lê". Especialmente quando se trata do encontro de diferentes culturas/línguas/civilizações, a tentativa de "dizer" o que nos é estranho, sem alterar substantivamente aquilo a que estamos nos propondo traduzir, é um aprendizado longo e inconclusivo. Creio eu, entretanto, que possível. O diretor de *Gabbeh* nos desafia e propicia o ensaio.

Makhmalbaf é um artista que se insere na milenar tradição oriental de contar histórias. Sua obstinação em fazer filmes, a despeito das inúmeras dificuldades que enfrenta em seu país, compara-se à obstinação de Sherazade, a heroína de *As mil e uma noites*. Esta se ofereceu ao sultão Shariar que, ferido com a traição da mulher, passou a matar, em seguida ao prazer, todas as jovens que requisitava. Sherazade fazia versos, como Aladad, e contava histórias como ninguém. Pretendia enfrentar a calamidade que se instalara em sua cidade, com as mortes das jovens mulheres. Foi bem-sucedida, pois, evitando a própria morte, a cada noite, com a promessa de continuidade de suas histórias, acabou conquistando o amor do sultão. Makhmalbaf enfrenta, em seus mais de 18 filmes já realizados, a desinformação do mundo ocidental sobre a cultura e a civilização do Oriente. Com eles, busca ganhar tempo, quem sabe, para que se ache uma boa solução no encontro, cada vez mais efetivo e imprevisível, entre essas duas partes do mundo. Seus filmes são uma demonstração de que a linguagem artística permanece, sendo um privilegiado caminho para o encontro das diferenças. Sem mistificações, muitos de seus filmes mostram os problemas contemporâneos do mundo islâmico, sem nunca abdicar, no entanto, de uma boa e bem contada história. Tanto quanto Sherazade, o cineasta parece acreditar na força transformadora da arte.

Tempo de espera

Zeila de Brito Fabri Demartini
Elen Cristina Souza Doppenschmitt

Filme: *Tempo de espera*
Ficha técnica, sinopse e mais informações na página 262.

Instigante o filme *Saison des hommes* (2000), em português intitulado *Tempo de espera*: como pensar nos desafios que seu enredo nos coloca? Como todo produto cultural, a leitura de um filme vai depender de quem se apropria do mesmo, de suas experiências, de seu modo de encarar a vida, seus valores, sua cultura etc. (Chartier, 1990). As apropriações de um filme como *Tempo de espera* podem assim ser múltiplas e diversificadas. A nossa, certamente, terá muito a ver com nossa condição de mulheres e com nossa formação na área de ciências sociais, isto é, com um olhar que visualiza no filme temas e questões que são muito caros às mulheres e aos cientistas sociais.

O "tempo" do título refere-se aos 11 meses em que, a cada ano, as mulheres tunisianas esperam pelo único momento em que podem estar com seus maridos. Em primeiro lugar, *Tempo de espera* é uma obra que nos dá a oportunidade de pensar sobre o universo feminino. Trata de um longo tempo em que o que predomina é o ócio, a angústia e o sofrimento, já que, privadas de sexo, afeto e companhia masculina, somente resta às esposas o universo da casa, sendo-lhes permitido apenas o convívio com outras mulheres, filhos e anciãos. Uma primeira questão que poderíamos colocar é a do porquê de a tradução, em português, privilegiar mais o tempo da espera do que o da temporada dos homens, que corresponde ao título original; sendo assim, poderíamos começar dizendo que, em português, o nome do filme parece pôr mais ênfase ainda no universo feminino.

Através das lentes de Moufida Tlatli, cineasta e também mulher, o filme se presta à análise da família, sendo esta um importante eixo nos processos de educação não-formal, permitindo relacionar fortemente a educação às questões de gênero e geração. Embora o filme trate da cultura tunisiana, um universo bastante distante do nosso, ainda, assim, contribui para pensarmos nos papéis exercidos por cada membro familiar na formação de identidade dos mais jovens. Nesse sentido, *Tempo de espera* contribui com importantes indagações acerca dos aspectos da tradição e da mudança nos processos de aprendizagem, tendo como foco central a mulher.

O filme nos remete a questões atuais e também antigas das vivências humanas: além das tradições de cada grupo, das relações entre homens e mulheres, das convivências geracionais, das diferentes formas de educação, trata, em especial, das separações e dos deslocamentos; permeando as vivências, os papéis desempenhados, as posições ocupadas em torno desses temas, o filme lida com as emoções e sentimentos dos sujeitos envolvidos.

Essa talvez seja uma das vantagens que a arte leva sobre a ciência, pelo menos, ainda, nesse nosso atual momento de produção do conhecimento científico, em que, se enquanto cientistas lidamos com as emoções, é mais para compreendê-las que para trazê-las à tona e evidenciá-las – parece que o olhar do cientista, ao analisar mesmo os maiores horrores e as emoções mais fortes, os "esfria" enquanto tenta explicá-los. No cinema e no teatro, entretanto, é como se ocorresse o contrário: a construção das tramas que envolvem o espectador provoca suas emoções mesmo a partir de fatos corriqueiros do cotidiano; consegue transportar os espectadores para contextos distantes, levá-los a conhecer novos grupos, conviver com seus costumes, seus conflitos, suas histórias e, de alguma forma, apropriar-se dos mesmos.

De acordo com a literatura, o cinema, entendido como fenômeno social, possui a capacidade de pôr em cena o estado emocional dos homens. As imagens construídas a partir de diferentes experiências cinematográficas enlaçam o tempo e o espaço, subordinando-os a uma determinada montagem, sendo capazes, dessa forma, de gerar vínculos poéticos. Há, entretanto, um leque de possibilidades bastante amplo para realizar a interpretação fílmica de *Tempo de espera*. Nesse sentido, cabe destacar algumas diferenças estabelecidas por Andrew (1989) entre os críticos de cinema, separando, de um lado, aqueles que crêem no cinema como imitação ou aprofundamento da realidade, tais como Bazin, Lukáks, Aristarco e Zavantinni, e, de outro, aqueles que o concebem como um movimento puramente estético que, ainda mantendo relação com o real, vai além, criando códigos e símbolos próprios e, portanto, produzindo estruturas de múltiplos significados, como Morin e Arnheim. Há ainda outros autores que adotam uma perspectiva mais relacionada à linguagem própria do cinema e, em alguns casos, a estudos semiológicos, baseando suas análises geralmente na construção de imagens, como é o caso de Deleuze, Pasolini, Krakauer e Metz.

Optamos por adotar uma análise que fosse mais condizente com aquilo que consideramos primordial no filme e mais pertinente com as opções estéticas escolhidas pela cineasta, sejam elas a visão da mulher e sobre a mulher, bem como o *racconto* ou *flashback* como recuperação da memória.

É preciso considerar ainda a questão do lugar do espectador no processo fílmico. Seu lugar deve ser entendido como ativo, já que, em primeira instância, é o espectador o primeiro crítico cinematográfico: aquele que vê, entende e interpreta o filme. Esse deve *ler* a imagem mais que *vê-la,* uma vez que, na maioria dos filmes, o espaço e o tempo já não são os mesmos que os da vida cotidiana, pois possuem outras regras, as quais devem ser desvendadas.

As diferentes concepções de imagem, trabalhadas por cada diretor em sua especificidade como criador, expressam, em certa medida, a totalidade do universo, disparando ditas imagens em direção a uma vertiginosa polissemia. Cada uma dessas imagens está destinada a materializar diversos mundos possíveis, existindo, em cada um deles, um espectador sensível que coincidirá com aquilo que o artista quis dizer.

Dessa maneira, para que uma análise fílmica seja bem-sucedida, será necessário pensar a partir de, pelo menos, um dos seguintes pontos de vista: a) da compreensão por parte do espectador do filme, isto é, se a mesma se dá de forma satisfatória (leia-se aqui o espectador crítico); b) da existência de sensibilidade pelo filme, seja para valorizá-lo positivamente, seja para criticá-lo, e, por último, c) de um conhecimento, sempre que possível a respeito das teorias cinematográficas, seja para reafirmá-las ou refutá-las, ainda quando o tipo de análise proposta não for o de criar nenhuma teoria em particular, mas apenas se valer delas para uma interpretação mais acurada da obra.

Anotamos abaixo algumas leituras que *Tempo de espera* nos sugeriu e que passamos a analisar.

Tempo da espera, tempo circular

Considerando os dois modelos básicos de análise fílmica existentes – a do tipo linear e a do tipo integral – observamos que a que mais se adéqua às inquietudes propostas pela obra é a integral. Isso porque uma das chaves de compreensão do filme não repousa no avanço do relato da suposta história presente, já que a ênfase está dada pelas relações entre os personagens, que funcionam sob um dinamismo muito particular que é dado pelo uso do *flashback*.

Ainda que o filme não tenha grande mérito do ponto de vista cinematográfico, uma vez que não se destaca pela escolha de suas opções estéticas, podemos ressaltar e discutir criticamente a introdução do *flashback* em sua narrativa. O recurso que, algumas vezes, chega a atrapalhar na compreensão do enredo tem um valor especial, pois é ele que nos permite refletir sobre a importância das histórias de vida para os processos de construção de identidade. Com sensibilidade, é possível resgatar a memória e pensar na tradição a partir de um ponto de vista prospectivo, o que pode contribuir enormemente para a reflexão do papel da família, e especificamente da mulher, na educação dos jovens de futuras gerações.

O *flashback* aqui não é somente um recurso de recordação dentro de uma narrativa linear, mas é a própria narrativa, e, por isso, confunde. O filme é, pois, construído de maneira circular e somente assim permite que entendamos as motivações de cada uma das personagens, bem como suas identidades, pautadas fundamentalmente por uma tradição "milenar".

O filme consegue trabalhar com as duas concepções de tempo concomitantemente, o tempo linear e o tempo circular. O linear refere-se basicamente à história principal narrada: Aicha, uma mulher madura, está separada do marido e vive com um filho pequeno e autista em Tunis. Cansada da vida que leva e preocupada com o menino, resolve pedir a ajuda das filhas, adultas, para mudar-se para a ilha de Djerba, lugar onde morou durante grande parte de sua vida de casada, na companhia da sogra e de outras mulheres. O filme narra, sinteticamente, o retorno de Aicha e seus filhos a Djerba e os conflitos que existem em sua vida e de suas filhas, fruto de problemas causados no passado.

Meriem, a filha mais velha, resolve acompanhar a mãe por estar com problemas em seu casamento, uma vez que este não consegue ser consumado por sua "culpa". Emna, a mais jovem, está confusa com o relacionamento amoroso que leva, há anos, com um homem casado. Nesse enredo, o que vemos é uma progressiva melhora do menino que, com o passar do tempo, aprende a tecer com a mãe e a acalmar-se. Já as filhas, aos poucos, também resolvem seus relacionamentos: Meriem supera seus medos e finalmente se entende com o marido, enquanto Emna prefere romper o relacionamento.

O que temos é uma história nem sempre linear, já que o tempo pode avançar e retroceder dentro da mesma narrativa, além de muitas elipses que, muitas vezes, confundem o espectador desatento. O recurso do *flashback* combina-se com a primeira história, a do presente, de maneira a produzir um elo de conexão explicativo.

Em *flashback*, vemos Aicha casar-se com Said, mas, como ela não pode ir morar com o marido em Tunis, até que nasça um filho homem, tem de viver com a sua sogra em Djerba, onde só pode encontrar-se com o marido na já mencionada *temporada dos homens*. É nesse momento que, além de vê-lo, lhe entrega os tapetes que tece para que sejam vendidos em Tunis, onde ele vive. Essa é a história principal que, muito mais longa e entrecortada pela outra, mostra com mais ênfase aspectos da cultura tunisiana. Sendo assim, podemos dizer que é onde podemos apreender mais sobre o sentido do filme. Nessas cenas, a autora mostra as dificuldades, as limitações e as tentativas de fugir das amarras sociais enfrentadas pelas mulheres e como as mesmas trabalham sua sexualidade. Além disso, é onde aparecem mais claras as relações familiares, em especial de marido e mulher, assim como entre mãe e filhas e pai e filhas. Por outro lado, cabe notar a figura da sogra (figura feminina) como opressora, levantando uma importante questão: seriam as mulheres, naquela sociedade, as maiores responsáveis pela propagação de um conservadorismo? E, sendo verdadeiro, poderíamos dizer que isso se relacionaria com uma certa introjeção da própria opressão, como as cenas referentes à sogra parecem evidenciar? O fato de serem as mulheres, no filme, as que mais controlam a vida de outras mulheres também nos leva a pensar sobre a mulher na sociedade brasileira e o papel das mulheres mais velhas. Seria igual? Em que medida haveria diferenças com relação às mulheres de Djerba?

A estruturação da trama, portanto, em dois tempos caminha para uma junção (o *flashback* vai explicando o presente), o que, muitas vezes, não chega a funcionar porque a transição simplesmente é esquecida, e passamos tanto tempo no passado que fica a dúvida se a narrativa puramente linear não funcionaria melhor. Contudo, é o longo tempo dessa espera que permite a sedimentação de valores e costumes entre as mulheres que, sem ter com quem dialogar, repetem, sem questionamentos, as normas da cultura. O homem, a alteridade, é mais referencial que real, o que contribuiria para retenção de problemas na construção de suas identidades. As mulheres deveriam ser, por assim dizer, todas iguais e sempre iguais, o que reforça a idéia de circularidade. Ainda sobre esse aspecto, podemos notar, no filme, o vestuário das personagens que é muito parecido, assim como aquilo que fazem e dizem, e no caso mais marcante: aquilo que esperam.

Tunis, Djerba: as histórias entre dois contextos

Se o filme trata de questões que poderiam ocorrer em diferentes lugares e com diversos grupos sociais, especialmente quando pensamos nas vivências familiares e nas situações que envolvem deslocamentos de pessoas à procura de melhores condições de vida, com as conseqüências que isso pode acarretar sobre todos os sujeitos envolvidos, é preciso, entretanto, levar em conta o contexto específico a que o filme se refere: a Tunísia. O espaço fílmico é delimitado: a trama ocorre entre a parte continental e a insular desse país, mais especificamente em Tunis, capital, e em grande parte na ilha de Djerba, próxima ao continente, mas localizada mais ao sul. Tunis representa, no filme, o contexto urbano no qual as possibilidades de ascensão social podem se concretizar para os que aí trabalham – é para Tunis que muitos homens da ilha se dirigem, como o personagem Said, marido de Aicha, o pai de família que trabalha como vendedor de tapetes; trabalho duro, morando em habitações precárias, recorrendo a estratégias como a venda de tapetes confeccionados pela esposa (mais procurados pelos clientes, dada a originalidade das figuras tecidas), almejando ganhar mais para que a família tenha melhores condições de vida, o que efetivamente ocorre. O deslocamento desse homem para trabalhar nesse contexto, em grande parte tão diferente de sua ilha natal, retrata, no filme, o processo migratório empreendido pela maior parte dos homens da ilha, que daí saem com os mesmos objetivos, retornando apenas uma vez por ano para encontrar a família, reforçar seu papel de chefe e, enquanto tal, sua virilidade e a do grupo: é no seu retorno que os filhos são gerados; sua volta é aguardada não apenas como tempo de "matar saudades", de reencontros, de convivência, de sexualidade, mas também como tempo de reprodução. Este é talvez um dos aspectos mais importantes que o filme permite observar: a migração, quando constituída por levas de homens, deixando para trás (no caso, na ilha de Djerba) as mulheres (mães, avós, esposas, irmãs) e as crianças. A forma como essas mulheres sentem e vivenciam esse processo migratório marcadamente masculino é muito bem retratada no filme, que focaliza suas vivências confinadas na ilha; as esposas ficam temerosas, pois a incerteza do retorno está sempre presente – uma delas, há sete anos, espera a volta do marido; preparam-se festivamente para esse retorno (há, no filme, belas cenas do grupo de mulheres "aguardantes" passando "hena" nos cabelos, lavando-os no mar, depilando-se, procurando tornar a pele mais macia com tratamentos de beleza). Mas o interessante é que o filme também mostra como essa "euforia" e esses preparatórios não são bem vistos por todas as mulheres: muitas dessas atividades são feitas às escondidas daquela que detém todo o poder no campo familiar na ausência dos maridos – a mulher da geração mais velha, a mãe do homem, isso é, a sogra de Aicha. O que se pode notar é que o processo migratório implica transformações profundas na vida e nos contextos nele envolvidos, nos homens e nas mulheres. O filme aborda mais detidamente o que ocorre no contexto de saída, com as famílias que permanecem em Djerba. Grande parte das cenas passa-se nas casas ou em suas cercanias, pois, às mulheres, não é permitido se afastar muito: há cenas que evidenciam muito bem as situações de confinamento das mulheres. Em uma delas, Aicha tem que pedir permissão para a sogra para ir até a casa de sua mãe, pois está com saudade; a autorização é dada, mas ela vai acompanhada da cunhada, por determinação da sogra. Em outra, que vem na seqüência, Aicha e a cunhada vão até a ponta da ilha (de onde se avista o continente), pois Aicha diz que só havia ido até lá uma única vez na vida (e o filme permite constatar que as distâncias eram muito curtas – foram a pé, até a casa da mãe, bem perto, ou de carro, em pouco tempo, até a ponta da ilha). Para esse último deslocamento, não tinha permissão, e, talvez procurando mostrar segundo as regras tradicionais do grupo, a transgressão é punida; ao voltar para casa, Aicha é culpabilizada pela sogra, pois, durante sua ausência, a filha de Aicha foi estuprada. Nada é comentado sobre a ausência do pai nessa situação, ou que autoridade ou providências poderia tomar caso estivesse presente, convivendo com a família. O processo migratório dos homens justifica sua ausência em nome do papel que têm que exercer de chefes que devem arcar com o sustento da família (WHITAKER, 1988), mas culpabiliza as mulheres pelos problemas que possam ocorrer em sua ausência. Como bem afirma Sayad (2000), estudioso de processos migratórios, as migrações como fenômeno social marcam indelevelmente as sociedades envolvidas, tanto a de partida como a de adoção:

> Em resumo, não se deixa sua terra impunemente, pois o tempo age sobre todos os seus pares. Não se prescinde impunemente do grupo e de sua ação cotidianamente presente, de sua pressão mais comum – a ponto de não ser mais ressentida como tal, tornando-se algo totalmente natural e independente – bem como de seus mecanismos de inserção social, mecanismos que são ao mesmo tempo prescritivos e normativos, e enfim, largamente performativos, no sentido de que visam compor a legítima definição da ordem social, tida como a única existente.
>
> Assim como a ausência, a presença também tem seus próprios efeitos. Não se habita impunemente um outro país, não se vive no seio de uma outra sociedade, de uma outra economia, em um outro mundo, em suma, sem que algo permaneça desta presença, sem que se sofra mais ou menos intensa e profundamente, conforme as modalidades do contato, os domínios, as experiências e as sensibilidades individuais, por vezes, mesmo não se dando conta delas, e, outras vezes, estando plenamente consciente dos efeitos. (p. 14)

No contexto da Tunísia, representada no filme, a questão migratória envolveu, tanto para o grupo de homens que migraram como também para a sociedade de saída (ou de origem), a referência a duas sociedades de pertencimento. A sociedade de origem, na qual ficaram as mulheres, com suas marcas da tradição na convivência familiar, é retratada no filme também através dos conflitos e mudanças que a migração provocou: o próprio tempo de espera é parte desse processo; ele é determinado pela saída dos homens para outro contexto. As pessoas da sociedade de origem passam assim a viver tendo como referência uma outra realidade que não a sua, mas a da distante Tunis, com seus atrativos e seus problemas; o desejo de acompanhar os homens, isto é, o desejo de também migrar, surge em várias cenas do filme, pois a outra realidade se apresenta às mulheres que ficaram como melhor que a vida confinada, controlada e incerta que levam na ilha. Até as crianças, no caso desse filme, duas meninas, se ressentem da ausência paterna, talvez da proteção dos pais (é uma dúvida que fica a partir das cenas do estupro), e carregam as incertezas das mães quanto à volta dos mesmos. Aparecem, em algumas cenas, as perguntas: "Meu pai vai voltar?"; "Ele tem outra família lá?"; "Eu tenho medo!".

A incerteza e o medo acompanham certamente as vivências de crianças e mulheres que ficam nas sociedades de origem, de onde saem os homens para terras distantes. Enquanto esperam, continuam com seus afazeres domésticos, mas o tempo de espera marca profundamente o tempo do quotidiano. Provoca alterações de sentido, alterações de relações, alterações de sentimentos. A família de Aicha, focalizada no filme, não passa miséria com a saída do chefe; não há referências à fome, à sobrecarga de trabalho etc., como ocorreu em outros momentos com outros grupos cujos homens migraram primeiro (se pensarmos no Brasil, as migrações de Portugal (Demartini, 2002) e do Nordeste para São Paulo, por exemplo), marcando profundamente as famílias "sobrantes", acentuando sua miséria. Mas as formas de exploração da sociedade de adoção do marido de Aicha chegam até a pequena ilha: algumas cenas do filme mostram como Aicha, por pressão e acordo com o marido, tem que tecer, durante o tempo de espera, cerca de quatro tapetes, para que ele possa levá-los para vender em Tunis; o marido reclama quando a produção não rende o que espera. É o tempo do capital permeando o tempo de espera, alternando os afazeres das mulheres, impondo suas marcas até mesmo no quotidiano dos que ficam. É muito ilustrativa a fala da sogra – que procura impedir que Aicha fique tecendo – quando diz ao filho: "Eu não entendo, isso é contra a tradição". Nessa direção, ao abordar o processo de deslocamento dos homens para trabalhar fora, o filme também toca em questões abordadas pelos pesquisadores nos dias atuais (Hirata, 2002; Oliveira; Arriza, 2002), como a da precarização do trabalho, especialmente o feminino, no âmbito da economia globalizada. O tear de Aicha, que representava prazer, passa a ser ponto de discórdia e de cobrança – não interessa mais só o tapete original e bonito que ela sabe fazer, como obra de arte e para o uso doméstico; seus tapetes têm que ser feitos para serem vendidos. Os homens migram, mas com eles também seguem os produtos do trabalho das mulheres que, como Aicha, ficam na sociedade de origem.

Mulheres, família e educação: tradições e conflitos

Não são só as relações do mundo do trabalho que se modificam com a saída e o trabalho dos homens em Tunis; também parecem alterar-se ou serem questionadas algumas regras estabelecidas quanto ao comportamento das mulheres nas famílias, seus valores e hierarquias. É interessante observar como, através de inúmeras cenas do filme, há evidências de que o processo de socialização das meninas é orientado, de um lado, pelos padrões tradicionais da família do pai, mas, por outro, é também pautado nas resoluções da mãe, que tenta romper com os mesmos. Esses conflitos são tratados tanto em cenas que abordam o que denominamos de educação escolar quanto no plano da educação informal ou difusa, que corresponde ao processo de socialização que se realiza ao longo de toda a vida, em casa, no trabalho, no lazer ou por outras vias e que não é especificamente organizado para propósitos de aprendizado (Demartini; Lang, 1983, p. 17-18). No caso do filme *Tempo de espera*, as orientações e os conflitos familiares na educação das mulheres manifestam-se assim, em situações de aprendizagem as mais diversas, envolvendo personagens variados (avós, pais, amigos, professores), em lugares também distintos (nas casas, nas escolas, nas brincadeiras etc.).

A educação escolar aparece no filme como parte da educação das meninas quando pequenas, constituinte de seu quotidiano. Entretanto, é à educação informal que ocorre no contexto familiar que o filme dedica maior atenção; é a família que estabelece, através da mulher mais velha (a sogra), na ausência do pai, as regras a serem seguidas. Não está muito claro no filme se o homem fica sempre em segundo plano, ou se tal fato ocorre apenas quando de sua saída para trabalhar fora; de qualquer modo, no padrão de família patrilocal de Djerba – quando os noivos se casam, estes passam a morar com os pais do homem (Giddens, 1995, p. 427) –, o controle pelas sogras já ocorria com as mulheres mais velhas também. Há uma cena sugestiva em que a mãe de Aicha procura consolá-la dos maus-tratos praticados pela sua sogra, afirmando que ela também já sofrera muito, pois a sogra dela era muito mais "violenta". O que é interessante destacar, no caso desse filme e da família retratada, é que o exercício do poder e o controle sobre as mulheres são exercidos por elas mesmas: cabe à mãe do marido controlar todas as mulheres da família, designar as atividades a serem efetuadas, controlar as netas etc. A família de Aicha, na ilha de Djerba, carrega especificidades ligadas ao sistema de relações históricas e sociais no qual se insere. Como nos lembra Bourdieu (1993), é preciso conhecer as situações vivenciadas pelos grupos familiares, para poder compreender seus projetos, suas atuações, suas representações e até suas memórias. O autor chama a atenção para a necessidade de não cairmos em armadilhas quando tratamos da "família" como objeto de análise, isto é, não podemos considerá-la como algo natural, como construção social que se situa do lado da natureza, do natural e do universal. Pelo contrário, propõe que ela seja considerada como "campo" e como "corpo":

> Se a família deve, para existir e subsistir, funcionar como "corpo", tende a funcionar como um "campo" com suas relações de forças físicas, econômicas e, sobretudo simbólicas (ligadas, por exemplo, ao volume e à estrutura dos capitais possuídos pelos diferentes membros), suas relações de forças (com as estratégias específicas de "sociodicée" em que participa a representação dominante de família) etc.: as forças de fusão (afetivas notadamente) devem sem cessar contrabalançar as forças de fissura. (p. 34)

No caso da família de Aicha, a família parece desempenhar um papel mediador. No âmago da sociedade mais ampla e em outros e diversificados campos, a família visa à manutenção de um estilo de vida tradicional; esse, entretanto, parece não corresponder mais às necessidades impostas pela saída dos homens: Aicha precisa tecer os tapetes para que sua família melhore de vida e ela possa acompanhar o marido, mas sua sogra a impede, pois tal atividade intensa não corresponde ao estilo tradicional da família. Nesse caso, a noção da família como corpo parece adequada para entender os embates que, no interior desse campo, podem se tornar fragmentadores desse mesmo corpo. Desenvolvem-se assim estratégias para manter a família como um corpo coeso: de um lado, a sogra pede ao filho que converse com Aicha, no que é prontamente atendida, para que a hierarquia do grupo seja restabelecida e a família extensa continue existindo como corpo coeso; mas parece que os mecanismos que permitiriam a coesão desse grupo familiar, tais como solidariedade, cooperação e reciprocidade, não se fazem mais presentes. Aicha e o marido definem um projeto comum que vai garantir a coesão do grupo familiar, mas apenas da família nuclear: em várias cenas, o marido fala do "contrato" que os dois fizeram visando à ascensão social desse grupo, agora mais restrito. Podemos até afirmar que a concordância de Aicha em ter um filho homem, depois de muitos anos de resistência, como condição para mudar para Tunis e reunir a família, faz parte desse projeto.

O filme trata, parece-nos, do conflito pela permanência/existência de dois tipos de família: a família extensa, que é o padrão de Djerba, e a família nuclear, que vivenciam em Tunis. Mas trata também dos conflitos dessa última e das separações que ocorrem após a concretização do projeto anterior. Aponta para outros caminhos perseguidos pelas mulheres das gerações mais novas.

É nesse cenário de conflitos que a socialização das meninas ocorre. Como já foi observado por vários estudiosos, é nesse campo que a educação informal pode ser observada desde muito cedo na vida das pessoas. Segundo Whitaker (1988), é aí que ela se impõe ponderosa, irresistível:

> No terreno nebuloso da educação informal estão escondidas raízes de todos os problemas que massacram homens e mulheres, obstaculizando, principalmente para estas, a entrada no mundo das profissões e criando entraves até para viver naquele mundo onde supostamente deveriam estar bem, isto é, o mundo do lar e do casamento.
>
> A família é a primeira "agência" educadora e funciona como correia de transmissão do sistema mais amplo. No nível da família são construídos os moldes: modelos fechados, que podem ser mais ou menos rígidos, mas sempre modelos, nos quais são encaixados, com maior ou menor grau de resistência, tanto os meninos como as meninas. Impossível negar que nos primeiros anos a educação na família tem uma ação fortemente domesticadora para ambos os sexos. Mas é também impossível fugir ao fato de que o modelo feminino é muito mais artificial, envolvendo maior grau de repressão e subordinação. Sob a aparente indiferenciação entre as crianças, ocorre um processo de socialização diferenciada. (p. 25)

O tema da socialização segundo o sexo e, portanto, do tipo de aprendizagem legada a cada menino ou menina, segundo certas regras estabelecidas socialmente, é de grande relevância, pois implica a interação de diferentes membros da família e da comunidade em geral. Na aprendizagem dessas regras, exerce um importante papel a convivência das crianças não só com membros do mesmo ou de diferentes sexos mas também com pessoas de diferentes gerações.

Segundo Giddens (1995), a socialização dos indivíduos põe em contato diferentes gerações. O nascimento de uma criança altera as vidas daqueles que são responsáveis por sua educação – os quais, por sua vez, passam por novas experiências de aprendizagem.

Nesse sentido, poderíamos pensar que o que nos mostra o filme é que as meninas passavam muito mais tempo com as avós, as mães e as tias que com membros do sexo oposto, como o pai. Elas só teriam o direito a uma maior proximidade com este se porventura tivessem um irmão, dado que, com o nascimento de um filho homem, a família passa a viver em Tunis, tanto com o pai como com a mãe, e é o menino que terá mais chances de uma aprendizagem a partir de educadores "mistos", como nos coloca Giddens (1995). Contudo, em *Tempo de espera*, o menino é especial, pois apresenta indícios de ser autista, o que leva o pai a um grande desconforto, produzindo certo afastamento inicial, mas chegando ao extremo de finalmente abandonar a família por esse motivo. Sendo assim, o menino Aziz não tem muita convivência com o lado masculino, o que pode tê-lo levado a aprender mais sobre o trabalho feminino do que o masculino, como mostra o filme: é o trabalho com o tear que o interessa.

Porém Giddens (1995) chama a atenção para o fato de que, geralmente, é a mãe a pessoa mais importante depois do nascimento do filho; ela influencia, com mais força, os aspectos referentes à socialização e à aprendizagem, considerando-se, obviamente, que os sistemas familiares variam amplamente em distintas culturas.

Todos esses elementos do filme permitem supor que o menino aprende a ser homem através dos ensinamentos da mãe e convivência com as irmãs, tendo o pai somente como uma referência. No nosso caso específico, o menino também absorve, em certa medida, o caráter contestatório da mãe e das irmãs: a luta por emancipar-se levando uma vida diferente da esperada. Se a mãe Aicha, de alguma maneira, não o conseguiu plenamente, a conquista se vê bastante clara na irmã mais nova que se recusa a casar; na irmã mais velha que, de alguma forma, se recusa a estar sexualmente com um homem antes de superar seus traumas e, finalmente, no menino que se liberta de seu mundo perturbador através do trabalho manual, tido como tipicamente feminino.

O tear feminino como símbolo do trabalho

Aziz, um homem, é o personagem que encerra o filme. Na última cena de *Tempo de espera*, o que vemos é o menino, o filho homem tão "esperado", tecer tranqüilo um tapete, tal como o fazia sua mãe. A habilidade no tear foi conquistada aos poucos, o que, ao longo do filme, pudemos observar em diversos momentos. Por que a diretora encerraria a história com ele, e por que Aziz assumiria um trabalho tipicamente feminino, pelo menos assim como foi mostrado em todo o filme?

Primeiramente, faz-se necessário discutirmos a respeito dos processos de significação da imagem, evidenciando a forte presença do tear como símbolo do trabalho. São o tear e as artes manuais que colocam Aicha, protagonista principal e foco das discussões sobre o papel feminino naquela sociedade, em posição de alteridade em relação às outras mulheres. Tecendo, Aicha trabalha. E trabalhando, ela foge do estigma da dona de casa que apenas cuida dos afazeres domésticos e da educação dos filhos. O trabalho dela, ademais, é exigido pelo marido que a questiona quando do não cumprimento de seu acordo com ele. Além disso, ela é a única que trabalha, provocando a ira de sua sogra que chega, até mesmo, a destruir o tear, mostrando-lhe sua reprovação. O tear é, pois, símbolo de emancipação, ao mesmo tempo em que aprisiona a mulher a um sistema de produção exigido pelo homem.

A maioria das cenas em que Aicha e o menino aparecem juntos ao tear são cenas em silêncio, e, quando há discurso, refere-se a um discurso que provoca reflexão e, portanto, outro silêncio. No cinema, de um modo geral, podemos explorar as imagens como forma de linguagem, e, por tal fato, essas possuem significado sem a necessária presença do verbal. O tear possui em si significado, levando-nos a pensar em sua força imagética enquanto símbolo: uma trama de fios tecida manualmente construindo figuras e formas que são propostas intuitivamente. Arte ou trabalho? Arte usada para diferenciar-se ou trabalho obrigatório e negociado? Nesse sentido, poderíamos dizer que, assim como Deleuze (1985) descreve a força simbólica das imagens a partir de sua função, analisando em cada elemento o ponto de ligação que estrutura o filme no seu todo, também é possível compreender as imagens do tear como símbolo misto de emancipação e aprisionamento.

O trabalho manual aparece no filme como importante processo de construção de identidade de gênero. Se primeiramente ele aparece associado às mulheres, uma vez que os homens estão mais associados às atividades comerciais, com a introdução da imagem de Aziz tecendo, poderíamos pensar a respeito de uma possível proposição da autora: a de que as atividades manuais, entendidas como tipicamente femininas, estariam sofrendo um processo de transformação no que se refere aos processos de divisão social do trabalho nas futuras gerações.

Finalmente, o que é mais importante perceber é como se dá, pouco a pouco, em *Tempo de espera,* a junção e a sincronia de cada elemento de modo que se possa apreender o todo da organização fílmica e, nesse processo, a natureza de cada imagem. A imagem se define, então, segundo Deleuze (1985), a partir de uma constituição cujos elementos são a fala, os ruídos, os sons e a música. Por tais razões, não quisemos colocar as imagens como subordinadas às falas ou ao discurso verbal dos personagens, mas ver os tais elementos como constituintes do filme como um todo, evidenciando cada um de seus significados.

Resta ao leitor assistir ao filme e apropriar-se do mesmo, concordando ou discordando de nossas reflexões, ou, a partir dele, criar novos significados.

REFERÊNCIAS

ANDREW, Dudley. *As principais teorias do cinema, uma introdução.* Rio de Janeiro: Zahar, 1989.

BOURDIEU, P. À propôs de la famille comme catégorie réalisée. *Actes de la recherce em Sciences Sociales,* Paris, n. 100, dec. 1993.

CHARTIER, Roger. *A história cultural: entre práticas e representações.* Lisboa: Difel, 1990.

DELEUZE, Gilles. *Cinema – A imagem – Movimento.* São Paulo: Brasiliense, 1985.

DEMARTINI, Zeila de B. F.; LANG, Alice Beatriz da S. G. *Educação e trabalho: um estudo sobre produtores e trabalhadores na agricultura paulista.* São Paulo: FFLCH-USP/CERU, 1983 (Coleção Textos, 6).

DEMARTINI, Zeila de B. F.; LANG, Alice Beatriz da S. G. Profissões e educação entre famílias de imigrantes portugueses. In: CONGRESSO LUSO-AFRO-BRASILEIRO DE CIÊNCIAS SOCIAIS, 7, Rio de Janeiro, 02 a 06 de setembro 2002. mimeo.

OLIVEIRA, Orlandina; ARIZA, Marina. Family transitions and female work trajectories in urban Mexico. *Cadernos Pagú*. Campinas, n. 17-18, 2001-2002.

GIDDENS, Anthony. Parentesco, matrimonio y familia. In: *Sociología*. 2. ed. Madrid: Alianza Universidad Textos, 1995, p. 427.

HIRATA, Helena. Globalização e divisão sexual do trabalho. *Cadernos Pagú*. Campinas, n. 17-18, 2001-2002.

SAYAD, Abdelmalek. O retorno: elemento constitutivo da condição do imigrante. *Travessia* – Revista do Migrante, São Paulo, v. 13, n. especial, jan. 2000.

WHITAKER, Dulce. A primeira infância: definindo cultura e socialização. In: *Mulher e homem: o mito da desigualdade*. 1. ed. São Paulo: Moderna, 1988. (Polêmica), p. 25.

Entre o sonho e a realidade, a trajetória de Sofie

Isabel Lelis
Vera de Paula

Filme: *Sofie*
Ficha técnica, sinopse e mais informações na página 263.

Sofie é um dos raros filmes dirigidos por este mito da cinematografia mundial que é a norueguesa Liv Ulmann, uma das atrizes mais famosas dos anos 60 e 70 e que, nos anos 90, começou a dirigir seus próprios filmes.

Liv é filha de um engenheiro que trabalhava no Japão quando ela nasceu. Durante a guerra, foi morar no Canadá, só voltando à Noruega em 1946. Quando tinha 7 anos, perdeu seu pai, o que a marcou profundamente. Desde pequena, sentiu-se atraída pelo palco, participando de peças infantis na escola, no bairro e nas cidades vizinhas.

Estudou teatro na Academia Webber-Douglas em Londres e, quando voltou ao seu país, foi convidada para fazer a peça *O diário de Anne Frank,* história de uma menina judia de 14 anos, escondida no porão de uma casa na Alemanha durante a guerra e que, no final, é presa pela Gestapo. A peça foi um sucesso, ficando em cartaz durante muito tempo.

A partir de 1959, divide sua vida profissional entre o teatro e o cinema, sendo indicada três vezes para o Oscar. Em 1977, ainda jovem, escreveu suas memórias – *Mutações* –, em que narra sua infância, sua trajetória profissional, suas angústias, seu sentimento de solidão, seu difícil casamento com Ingmar Bergman. Nesse livro, descreve o sofrimento e as inquietações do ator na arte de representar.

Trabalha sem parar de forma quase compulsiva para preencher um sentimento de solidão que a acompanha durante toda sua vida. Esse sentimento está presente em todos os filmes que ela dirigiu e na grande maioria dos que atuou. O casamento com o diretor de teatro e cinema sueco Ingmar Bergman – talvez o cineasta mais profícuo e importante do cinema internacional aumentou a fama e a notoriedade da grande atriz que já era.

Ingmar Bergman, assim como Felini, Antonioni, Kurosawa, Godard, Bresson, e outros são os verdadeiros responsáveis pelo surgimento do chamado "cinema de autor", notabilizados pela revista *Cahiers du Cinema*, o mais importante veículo da cultura cinematográfica nos anos 60.

Especificamente, o filme *Sofie* é uma adaptação de uma novela dinamarquesa escrita em 1932, roteirizada por Liv Ullmann e Peter Poulsen. O filme tem grande influência de Bergman não só no tema dos conflitos familiares na tradicional Escandinávia (não se esquecer do famoso filme de Ingmar com a própria Liv, *Cenas de um casamento*) como também na maneira de olhar pelas lentes, nas sombras, na câmera acompanhando lentamente os atores, na fotografia suave e, sobretudo, no clima denso e na excelência do trabalho dos atores. O filme ganhou o grande prêmio especial do júri popular no Festival de Montreal, em 1992.

O argumento do filme: entre o compromisso com a tradição e a ânsia de liberdade

Estamos em Copenhagen, em 1886, na casa da família Phlipson; o pai Semmy, a mãe Frederikke e Sofie, sua filha de 29 anos. Os pais brincaram juntos na infância e se casaram constituindo uma família harmoniosa, o que nos é revelado através de cenas onde os vemos passeando de mãos dadas, beijando-se, rindo, enfim, chamando a atenção para a felicidade do casal. Esse núcleo se integra, em termos de família ampliada, por uma avó e três tias solteironas: Pulle, Malle e Belse, que moram juntas, cada uma com sua personalidade. Tia Pulle aparece sempre com um pássaro preso na gaiola, tia Malle está sempre pedindo desculpas pelo que faz, tia Belse organiza salões literários depois dos jantares. Em algumas cenas, vemos todas as mulheres reunidas à mesa, seja celebrando o *sabá*, seja ceando nas noites de sexta-feira, seja lendo histórias e contos como o de Jacobsen.

Quebrando a rotina, a família recebe um convite para um jantar na mansão do rico tio Frederik, irmão de Semmy. Sofie fica radiante com a possibilidade de ir a uma festa e rodopia sozinha na sala. Nessa noite, ela conhece um pintor famoso, Hojby, sentindo-se fortemente atraída por ele. Com um vestido vermelho e uma *pellerine* de crochê, a câmera de Liv é sensível ao mostrar Sofie tirar o xale e deixar o colo nu, uma maneira de atrair o olhar do outro. De maneira corajosa, para os padrões de uma sociedade tradicionalista, o colo nu expressa uma feminilidade matizada por discreto erotismo.

No diálogo entre os dois, destaca-se o encantamento recíproco, sendo dele a declaração:

> você é perfeita como uma obra de arte, e sua alma é livre como um pássaro, uma alma que não tem passado, nem futuro, só presente. Uma alma como a sua só aprecia o ponto de vista do agora, não tem nada que a prenda ao céu ou à terra.

Apresentado aos pais de Sofie, Hojby pede ao casal que pose para um quadro que quer pintar. Um quadro que, segundo o pintor, retrataria a estranha e sedutora cultura judaica, expressa na imagem dos pais sentados em um sofá cristão. Fundir a vida e o tempo, a unidade e o isolamento dessa cultura é o desejo do artista. Para ele, pela arte alcançaria a alma judia.

Entre uma cena e outra, encontramos Semmy dizendo à esposa que Sofie já estava pronta para casar e que tinha receio de que terminasse solteirona como as tias. O pai gostaria de ver sua filha já casada assim como sua sobrinha, a filha de seu irmão bem-sucedido, e sugere seu primo Jonas como possível pretendente. A mãe reage, e o pai diz: "Você prefere que ela case com um cristão?" A avó reitera a posição do pai ao lembrar que Sofie não havia recebido nenhum pedido de casamento até aquele momento. As tias defendem que deixem Sofie escolher o homem que ela ame. A mãe acaba por ceder à pressão do marido e da sogra.

Hojby pinta o quadro em seu ateliê, não sem antes pedir a Frederikke que posasse fazendo crochê e a Semmy que fumasse um charuto. Sofie entra e, ao olhar os pais sendo retratados, põe-se a chorar emocionada, abraçando-se ao pintor. O artista, então, pega um pincel e faz um esboço do rosto da jovem, sem que ela perceba que está sendo pintada.

Alguns dias depois, em um encontro casual com Hojby, em uma rua escura, ele a convida a ir ao seu ateliê e lhe dá o quadro que pintara sem ela notar. Ela audaciosamente aceita, e eles se beijam com paixão, numa cena onde se mescla amor, desejo, culpa.

Sofie pega a mão de Hojby e a traz para acariciar seu peito, fugindo apressadamente depois de ver o rosto de sua mãe a "olhá-la" de forma recriminadora através da imagem pintada no quadro. Isto é, mesmo ausente, a mãe estava ali a controlar-lhe as emoções e o desejo.

Sofie volta para a sua casa e esconde o quadro em uma gaveta de seu quarto. Nesse momento, ouve-se sua voz em tom melancólico: "O sonho permanece muito depois da realidade; lembro do sonho quando a realidade já desapareceu".

Sofie casa-se com Jonas, o pretendente do pai, e vai morar em local afastado, no meio rural, na companhia também da sogra. Vemos a nova família morando numa pequena casa, bem modesta, de um único andar com uma porta aberta no meio, com uma janela de cada lado e dois pequenos bancos de madeira, bem toscos, na frente, um de cada lado. Sentados separados cada um em um banco, de repente Jonas começa a falar do seu amor pela música e pelo piano; conta-lhe que compusera uma valsa da primavera e diz ter a música dentro de si, expressando-se melhor através dela do que pelas palavras. Sofie, num gesto de carinho, levanta-se e senta-se ao lado do marido, pousando a cabeça no seu ombro. Essa é a única cena de ternura entre eles. Na cena seguinte, ela está grávida.

Nasce Aron, filho de Jonas e Sofie. Os pais, Semmy e Frederikke, vão visitar o neto. É o reencontro da família. Deitada na cama, com o bebê ao colo e os pais ao lado, Sofie diz estar feliz, pois "agora tenho vocês três". As cenas que se sucedem mostram o processo crescente de exclusão de Jonas da vida da jovem. A cada tentativa de Jonas para se aproximar, o que se vê é o recolhimento de Sofie e o mergulho em uma solidão a dois.

Jonas é muito ligado à sua mãe e, com a morte desta, entra numa profunda depressão, abandonando os afazeres e se fechando cada vez mais ao mundo. Sofie, auxiliada por seu cunhado Gottlieb, assume a contabilidade da loja do marido.

É nesse contexto que vamos assistir a um clima de discreta e crescente atração entre Sofie e seu cunhado. Trata-se de um sentimento diverso do que a jovem nutrira por Hojby. Agora, o que aparece como central é a insatisfação de duas pessoas, presas a casamentos em crise, ligadas a uma relação sem prazer, sem projeto. São duas pessoas que se buscam movidas pela atração sexual mesclada a um companheirismo, tecido ao longo da doença, do desligamento progressivo de Jonas do mundo e da necessidade de administrar os negócios do marido.

Numa seqüência de planos vigorosos, a câmara nos convida a participar de alguns momentos vividos na sala da casa de Sofie: à luz de um *abajour,* o controle das despesas da loja feito por ambos em um velho caderno; o primeiro toque entre os dois; o conseqüente afastamento motivado pelo sentimento de culpa; um forte abraço seguido pelo gesto de Sofie de pegar a mão do cunhado e colocá-la sobre seu peito, o mesmo gesto que a jovem fizera com o pintor no passado. É nesse momento que Sofie foge para o quarto, tira a roupa com rapidez, esperando o cunhado. Jonas, deprimido no sótão, ouve barulhos na sala. De repente, a porta do quarto de Sofie é aberta, e quem entra é Jonas com todo o desejo de possuir sua mulher. Na luta que se trava entre os dois, destaca-se a grande repulsa de Sofie pelo marido e sua fuga do quarto indo ao encontro de Gottlieb, que a espera na sala e a abraça nua. Jonas, ao assistir à cena, enlouquece.

Jonas morre pouco tempo depois numa clínica psiquiátrica, e o núcleo familiar original é restaurado: Sofie volta à casa dos pais em Copenhagen para viver com seu filho. Essa cena é precedida de um diálogo sugestivo travado entre a mãe e o menino. Diz Sofie a Aron: "Arriscar a vida é perigoso, não arriscar é perder a vida; quem não arrisca não ganha".

Aron cresceu, e é chegada a hora do *bar mitzvah*. Trata-se de um ritual religioso de leitura do *torá* – o quinto livro da bíblia –, feita pelos meninos no templo quando fazem 13 anos. Com a cerimônia, deixa-se de ser criança e passa-se à maturidade. Na sinagoga, vemos as mulheres no alto separadas dos homens. Nos bancos, sentados, estão Semmy, o avô, o tio, Gottlieb. Enquanto Aron vai para frente e lê o texto sagrado, Sofie e as outras mulheres olham emocionadas a cena. Trata-se da transmissão de uma herança no plano cultural e religioso e também no simbólico. Do avô, ouve as seguintes palavras: "Desejo, meu filho, que tu te tornes um bom judeu; ame teu vizinho como a ti mesmo; teu vizinho significa todos os teus semelhantes". De Sofie, recebe o conselho de nunca esquecer suas raízes.

Estamos na virada do século XX. A decadência da família é uma realidade. O velho tio rico, que possuía uma mansão, é obrigado a vendê-la, assim como o quadro de Hojby (onde tinham sido retratados Semmy e sua mulher sentados no sofá) vai a leilão. Sofie está sentada na sala onde se realiza o leilão, quando percebe a presença de Hojby. Ambos estão interessados em adquirir o quadro. Como em um duelo, cada um procura elevar o lance no sentido de recuperar o quadro para si. Mas é de Sofie o lance mais alto. No final, em pé, um de frente para o outro, a melancolia parece tomar conta dos dois, na perspectiva de que tudo poderia ter sido diferente e não foi. Ela pergunta: "Por que parou de dar o lance? É do meu sonho que lembro". Ele responde: "Pode levar o quadro, porque ele me pertencerá para sempre, está dentro de mim".

O tempo passa, Aron cresce, a mãe de Sofie fica esclerosada, e várias cenas reiteram o carinho e o amor com que o pai continua tratando sua querida esposa. Fredderikke morre; Sofie sugere, então, que façam uma reforma na casa para alugar. É com tristeza que o espectador assiste à decadência de uma família.

Em uma das últimas cenas do filme, Sofie e o filho estão no cemitério quando da morte de Semmy (pai de Sofie), olhando as lápides onde estão enterradas a avó, as tias, a mãe. Aron então diz a Sofie que quer deixar tudo isso, que não pode aceitar que as coisas sejam sempre assim, da mesma maneira. Sofie tenta convencê-lo a permanecer ao lado dela, mas, imediatamente, se dá conta de que ele não pode ser outro pássaro preso na gaiola. Assim, ela o deixa partir abraçando-o. Estamos diante de uma cena comovente onde os atores não precisam dizer nem uma palavra para passar toda a emoção da separação, da felicidade, da liberdade e do amor filial, atingindo a essência da linguagem cinematográfica, a única que pode permitir esse tipo de emoção. Aron vai embora. Da janela, Sofie olha o filho e se despede. Em *talk of*, ouvem-se estas palavras: "As vidas humanas surgem e navegam a favor ou contra a corrente, até que a corrente se feche em torno delas".

Ver um filme é construir uma interpretação entre as muitas possíveis. Como o filme trata da história de uma família judia, o desafio para nós foi maior pois exigiu efetuarmos um esforço no sentido de compreender uma cultura específica, livre de preconceitos ou xenofobias. Sendo um filme, fruto de imagens em movimento, luz, som, música, fala, textos escritos (Duarte, 2002), buscamos desenvolver uma atitude de estranhamento e de empatia no sentido de garantir uma objetividade que não elimina a nossa subjetividade de espectador. Não se trata de um olhar neutro como assinala a autora, nem vazio de significados. Ao contrário, "esse olhar é permanentemente informado e dirigido pelas práticas, valores e normas da cultura na qual ele está imerso".[1]

A introspecção e o pudor como marcas do feminino

O filme é marcado por falas e expressões sugestivas e estrutura-se a partir de uma narradora, a introspectiva Sofie, uma moça "que vê a vida passar" e que se sente diferente na primavera "como se estivesse esperando por alguma coisa". Essa introspecção representa, lembrando Simone de Beauvoir, o dilaceramento entre "o destino de mulher" e a "vocação de ser humano por auto-realização" (Xavier, 1991).

A esse traço, junta-se a presença do pudor em Sofie, seja no olhar, no gesto, seja na discrição das atitudes. Para Bologne (1988), o pudor situa-se no perpétuo combate entre instinto e razão, entre consciência e inconsciência, entre indivíduo e sociedade. Sofie é a imagem do pudor na modéstia e audácia de seus comportamentos. Ela representa "a tomada de consciência de uma fraqueza, de um interdito que nos inibe de cumprir uma ação"[2]. Trata-se de um sentimento dinâmico que se recompõe permanentemente em função da consciência que cada pessoa tem das suas fragilidades.

A força da figura materna

Mas Sofie também nos obriga a pensar na relação que tecemos com a figura materna em termos simbólicos, enquanto ideal de mulher ao longo da história.

Duas parecem ser as representações sociais que estão em jogo. A primeira é a do modelo de amor e afeição (Wagner *apud* Bassoff, 1990), a imagem de mãe perfeita, "dotada de atributos como generosidade, bondade, tolerância, doçura, entrega e devoção"[3]. Uma outra representação, revelada por Badinter (1985), é a de que o amor materno não é inato e não faz parte da natureza intrínseca feminina. Trata-se de um sentimento humano como qualquer outro, sendo imperfeito, frágil e incerto, variando em função da época, do contexto socioeconômico.

---

[1]DUARTE, *op. cit.* p. 67.

[2] BOLOGNE , *op. cit.* p. 392.

[3] FALCKE, 2002, p. 79.

Buscando entender a reação de Sofie nos seus próprios termos, quando foge do ateliê de Hojby ao "ver" sua mãe censurando-a através do quadro pintado, duas questões parecem ser centrais: primeiro, todos nós, adultos, temos uma mãe interior como legado de uma mãe verdadeira, sendo que "essa mãe interior compõe-se não só da experiência da mãe pessoal mas também de outras figuras maternas de nossas vidas, bem como das imagens da mãe boa e da mãe perversa exibidas pela nossa cultura na época da nossa infância"[4]; segundo, a mãe para Sofie expressa a dificuldade de aceitar a própria sexualidade da filha. A imagem é a de alguém que exerce um poder de controle sobre o comportamento da filha, poder esse exercido "para o seu próprio bem", mesmo que incerto e frágil.

Ao mesmo tempo em que a mãe expressa o controle, ela é também o modelo ideal feminino. Isso fica muito evidente no comportamento de Sofie quando se esforça para ser uma boa esposa, uma boa mãe, enfim, para ter uma família igual à dos pais.

O casamento como destino de mulher

Se a opressão exercida pelo grupo adquire quase uma materialidade nas cenas em que a família discute sobre o pedido de casamento feito por Jonas a Semmy ou quando rejeita veementemente um marido cristão, o fato de a jovem ter-se casado sem amor, abandonando seu sonho (o amor com Hojby), introduz algumas imagens-guia que circulam no seio da sociedade do final do século XIX. Uma delas é a de que o casamento é o destino e a vocação de toda mulher. A mulher não possui projetos pessoais, é um "ornamento" que não tem o poder de efetuar escolhas. Sua principal função é a de gerar e educar os filhos.

Analisando o contrato conjugal no século XIX, Costa (1989) afirma que "o casamento não celebrava o reconhecimento social da união amorosa entre indivíduos. O amor não era um pressuposto necessário à ligação conjugal. Como, aliás, a atração física, cuja ausência ou presença em nada alterava a composição da aliança."[5] E, continua o autor, não eram apenas interesses sociais e preconceitos raciais das famílias

---

[4] ESTÉS, 1992, p. 220.

[5] COSTA, *op. cit.*, p. 216.

que moviam as alianças conjugais decididas unilateralmente pelo responsável, mas também o desejo de manutenção do patrimônio entre parentes próximos, diminuindo a margem de escolha com base no amor.

Esse tipo de acordo ensejou casamentos sem amor, condenando as mulheres à miserabilidade de uma sexualidade sem desejo, sem atração, sem prazer. Trata-se de uma prática comum entre gerações de mulheres, desenvolvida a partir de arquétipos do feminino tradicional, como a submissão, o recato, a fidelidade. Será, somente, a partir da década de 50 do século XX que esses arquétipos serão desconstruídos, colocando em questão a desigualdade de poder em relação aos homens e, como conseqüência, o modelo de família nuclear.

Nas imagens do filme, isso fica evidente: o sentimento é o de um tempo linear que não passa, uma vida que escapuliu das mãos de Sofie. Na parede de sua casa rústica, o retrato pintado por Hojby é a lembrança do sonho, que guarda dentro de si. A realidade que desapareceu é afirmada metaforicamente por Jonas quando ele diz que não a vê no retrato, estando o rosto enevoado por uma sombra.

No contraponto a essas imagens, há uma menção à possibilidade da transgressão, à busca do ser humano por auto-realização quando as tias Pulle, Malle e Belse problematizam o pedido de casamento e indagam o que sente e pensa Sofie diante de tudo isso. Esse tipo de comportamento sugere, de forma tímida, a busca da emancipação feminina e, certamente, de novos padrões de conjugalidade, agora definidos em torno da satisfação sexual, incluindo amor, afeto, carinho e companheirismo.

A construção social da mulher: ruptura e permanência

Na ambigüidade que marca a história da mulher, uma questão é introduzida por Liv Ullmann: a transmissão da herança se faz de uma geração a outra da mesma maneira? Ou há rupturas da educação dos pais face à dos filhos em termos das normas sociais, crenças?

A resposta pode ser encontrada em relação à continuidade e à ruptura. Da mesma maneira que Sofie recrimina a mãe por não ter feito oposição ao casamento com Jonas, ouve de Frederikke, já velha, o conselho para que não faça com Aron o que ela fez com Sofie no sentido do amor virar controle. Trata-se de uma bela cena em que a figura materna assume suas fragilidades e imperfeições no sentido da revisão de valores.

Ao mesmo tempo em que aceita a tradição judaica, a jovem, em duas situações, substitui sua passividade por uma atitude ativa, guerreira de afirmação da sua sexualidade, nas cenas em que coloca a mão do pintor no seu peito e quando tira a roupa para se entregar ao cunhado.

Sob uma história de jugo do machismo e da repressão sexual, cultural e religiosa, Sofie, com seus gestos, chama a atenção para a exigência feminina em relação ao prazer sexual (DIEHL, 2002). E nos revela o quanto a sua "passividade" não é, sim, "conseqüência de um processo de aprendizagem e de condicionamento social".[6] Sofie vive entre a ânsia de liberdade e o compromisso com a tradição. É uma luta entre o mundo das convenções – a expectativa do que os outros pensam de nós – e nosso desejo de "abrir a gaiola". Muitas são as imagens da tensão entre a liberdade e o aprisionamento: a tia Pulle andando sempre com um pássaro na gaiola e, mais tarde, quando tudo parece arruinado abrindo a gaiola; o artista, não-judeu, por quem Sophie se apaixona e que lhe diz: "Quando olho para você vejo sua alma livre como um pássaro"; e, no final do filme, quando o filho Aron, já rapaz, quer partir, Sofie tenta convencê-lo a permanecer ao lado dela, mas, imediatamente, se dá conta de que ele não pode ser outro pássaro preso na gaiola.

A metáfora do pássaro engaiolado atravessa todo o filme assim como nas inúmeras vezes em que Sofie aparece na janela, vendo a vida que corre fora.

Essa ânsia de liberdade, essa vontade de dominar sua vida e, ao mesmo tempo, as barreiras que se interpõem aparecem no livro de Liv Ullmann, *Mutações,* quando a autora nos fala de seu desejo de fuga deste mundo hermético, fechado do cinema e do teatro, onde vive sempre outras histórias e outras vidas, muitas vezes esquecendo-se da sua própria história.

O sentimento de solidão

Finalmente, outro traço marcante da personagem é a solidão, característica também encontrada na diretora Liv Ullmann, apesar do

[6] DIEHL, *op. cit.*, p. 142.

imenso sucesso de sua carreira. Uma solidão interior, que nem a presença de sua filha Lynn, na vida real, consegue preencher. No seu livro, em várias passagens, Liv considera-se uma péssima mãe sem tempo para se dedicar à filha. Ela passa parte de seu tempo lutando para ser o que ela e a sociedade achavam que deveria ser uma verdadeira mãe.

Sofie, a personagem, e Liv Ullmann, a diretora, se confundem na sensação de exclusão, ambas querendo ser boas donas de casa, boas mães e boas esposas. A realização de Sofie, enquanto mãe, concretiza o desejo inconsciente da diretora, aliás, como, em geral, sempre acontece com os personagens do chamado "cinema de autor".

Para Duarte (2002), "precisamos da ficção como precisamos da realidade, assim como fazemos um pacto que torna indistintos vida e filme, realidade e fantasia. Os filmes atuam para que possamos sair do mundo do real" (*op. cit.*, p. 70). No caso de nossa personagem, o sonho de ser livre talvez tenha contado mais que a realidade porque, enquanto sonho, nunca iria terminar.

REFERÊNCIAS

ALVES, Maria Angélica. Entre a sombra e a luz. In: XAVIER, Elodia (Org.). *Tudo no feminino – a mulher e a narrativa brasileira contemporânea.* Rio de Janeiro: Francisco Alves Editora, 1991, p. 43-64.

BADINTER, Elizabeth. *Um amor conquistado – o mito do amor materno.* Rio de Janeiro: Nova Fronteira, 1985.

BERGMAN, Ingmar. *Lanterna mágica.* Rio de janeiro: Editora Guanabara, 1987.

BOLOGNE, Jean-Claude. *História do pudor.* Rio de Janeiro: Elfus,1986.

COSTA, Jurandir Freire. *Ordem médica e norma familiar.* Rio de Janeiro: Graal, 1989.

DIEHL, Artur. O homem e a nova mulher – novos padrões sexuais de conjugalidade. In: WAGNER, Adriana (Org.) *Família em cena: tramas, dramas e transformações.* Petrópolis: Vozes, 2002, p. 135-158.

DUARTE, Rosália. *Cinema e educação.* Belo Horizonte: Autêntica, 2002.

ESTÉS, Clarissa Pinkola. *Mulheres que correm com os lobos. Mitos e histórias do arquétipo da mulher selvagem.* Rio de Janeiro: Rocco, 1999.

FALCKE, Denise. Mães e madrastas – quem são essas personagens? In: WAGNER, Adriana (Org.). *Família em cena: tramas, dramas e transformações.* Petrópolis: Vozes, 2002, p. 77-92.

ULLMANN, Liv. *Mutações*. Rio de Janeiro: Nórdica, 1977.

XAVIER. Elódia. Reflexões sobre a narrativa de autoria feminina. In: XAVIER, Elodia (Org.). *Tudo no feminino: a mulher e a narrativa brasileira contemporânea*. Rio de Janeiro: Francisco Alves, 1991, p. 9-16.

A vida em Antonia

Carmem Lúcia Eiterer

Filme: *A excêntrica família de Antonia*
Ficha técnica, sinopse e mais informações na página 264

Comentar uma obra é sempre uma tarefa muito difícil. Se os textos permitem múltiplas entradas e diferentes leituras, o cinema é um texto com especificidades ainda mais comprometedoras para o incauto que se habilite a escrever sobre ele. Entretanto, *Antonia* é um convite irrecusável, ainda que não menos comprometedor e, como veremos, polêmico.

Durante minha atuação como professora de Filosofia, muitas vezes solicitei aos alunos como tarefa acadêmica o comentário do filme. Entre outras qualidades, o texto delicado, atrizes e atores de qualidade (a atriz principal ganhou um prêmio de melhor atriz pelo papel) e os planos de câmera cuidadosamente escolhidos são merecedores de atenção. O uso das cores e da luz é matéria que por si só já nos daria suficiente pano para mangas; trata a luz de uma maneira que remete a Vermeer[1]: ora uma tonalidade leitosa, ora um tom translúcido, ora o tom pastel, alternando o tom entre vivo, alegre, suave e intenso. Há alguns indícios que nos fazem pensar numa remissão ao trabalho do pintor.

[1] Pintor do século XVII, Jan Vermeer viveu em Delf, nos Países Baixos (Nederland, — *Neer* significa baixo), país também conhecido por Holanda. Deixou 35 quadros, a maior parte deles retratando cenas domésticas; em alguns representou mulheres (suas filhas, as mulheres de sua casa etc.) em atividades cotidianas, lendo, escrevendo, tocando instrumentos, bordando, cozinhando. O impacto de sua obra se deve principalmente ao trabalho com a luz.

A luminosidade em Vermeer é tão marcante que a cor cintila. Em seu trabalho há, com certa freqüência, a presença de janelas, ora abertas, ora fechadas, por onde a luz parece vazar.[2] Há também um jogo com os planos de dentro e de fora dos ambientes; vemos cenas que literalmente se descortinam, que se passam fora da janela ou dentro de espaços internos das casas. Lembra ainda uma marca do trabalho desse pintor holandês[3] genial a presença de pinturas dentro da cena, de mapas na parede e, noutras vezes, a imagem duplicada por espelhos.

Atentando à estética de *A excêntrica família de Antonia,* não podemos deixar de notar a freqüência desses sinais. Encontramos no filme de Marleen Gorris muitas janelas e alguns espelhos que, embora não acrescentem nenhuma informação crucial à compreensão da narrativa, revelam uma opção estética. Através de algumas dessas janelas as personagens vêem ou são vistas, outras simplesmente estão lá, denunciando o espaço externo ou somente dando passagem à luz. Há uma certa insistência em mostrá-las ao espectador em algumas cenas, como se fosse necessário à diretora certificar-se de que as percebemos.

Acreditamos caber aos leitores da obra perguntar sobre o porquê desses elementos cenográficos. Mera coincidência? Difícil acreditar. No cinema como na pintura, o que pertence à cena é fruto de decisão. Podemos legitimamente indagar a razão de ter resultado desta ou daquela forma. Como crer que o mapa que se apresenta sob a luz direta na parede do quarto da personagem Therese, quando esta é consolada por Deedee, não signifique nada especial? Ele não faz parte da narrativa que se desenvolve no primeiro plano, mas está lá, com uma luminária acintosamente retorcida sobre si, iluminação que não tem outra função senão destacá-lo.

Não encontramos nenhuma bibliografia que explorasse essa aproximação entre a obra do pintor e esse filme, ainda que tal aproximação nos pareça bastante verossímil. De toda forma, as razões para recomendar o

---

[2] Podemos citar vários quadros desse pintor em que essas características estão presentes; entre eles, destacamos *Moça em pé ao virginal,* no qual se evidenciam algumas dessas qualidades. É uma cena doméstica, a moça em pé em frente ao instrumento musical, como tantas outras telas pintadas por ele; tem a luz intensa clareando o ambiente, o detalhe do ladrilho no chão, o rodapé decorado, as telas na parede.

[3] A Holanda foi pródiga em pintores geniais, entre eles Rembrandt e Van Gogh. Cada um deles fez uso da luz de forma original e única.

filme, ou para desejar comentá-lo, não se encerram aí. Desse modo, passaremos à sua apresentação.

O enredo começa com uma anciã acordando numa certa manhã para viver o seu último dia de vida: "chegou a hora de morrer", anuncia sem maior pesar. A seguir, levanta-se para viver esse seu último dia, vai à cozinha, ao quintal. A câmara faz um lento passeio, e temos jogos de espelho, a visão do quintal pela janela do interior da cozinha e uma primeira vista dos personagens nos desenhos na parede interna de sua casa. Segue-se a rememoração de sua vida desde seu retorno ao vilarejo anônimo no interior da Holanda, por ocasião da morte de sua mãe, após a Segunda Guerra, acompanhada da filha adolescente, Danielle. Assumem a granja da família, e Antonia, já na sua chegada, é recebida como sendo *a filha pródiga.* É uma mulher que não faz melhor julgamento do povoado que os moradores locais fazem dela; dos ritos funerários da mãe, dirá saber que tudo é bobagem, mas "o lugar é assim". Dos homens do lugar diz que não enxergam um palmo além do nariz. No entanto, sabe que os aldeões as aceitarão "como aceitam uma colheita ruim".

Pelo cenário espalham-se vestígios da ocupação nazista: o jipe abandonado na estrada, prédios destroçados, janelas tapadas, bandeiras e faixas de boas-vindas aos libertadores do vilarejo. Vestígios também na narrativa: durante uma visita ao cemitério, diante do túmulo onde seu marido e pai de Danielle fora enterrado, Antonia, ao avistar o padre, conta à filha que esse teria se recusado a ministrar a extrema-unção ao pai dela, executado por esconder no porão uma família judia.

O filme é a crônica de décadas de vida de uma família de quatro mulheres: Antonia, sua filha Danielle, sua neta Therese e sua bisneta Sarah. Vemos Danille estudar, ter sua filha, apaixonar-se e Therese crescer, estudar, trabalhar, relacionar-se com os homens, ter a filha Sarah. Entremeados às suas vidas, apresentam-se os demais personagens, mas a obra é composta essencialmente por mulheres. São as mulheres, fortes, intensas, que predominam na narrativa e compõem um universo familiar quase de amazonas, chefiado por Antonia. Além de sua filha, da neta e da bisneta, Olga, Letta, Lara e Deedee são algumas das agregadas. Entre outras personagens femininas apresentadas merecedoras de destaque há ainda a louca Madona e a mãe de Deedee. Quanto aos homens representados são em boa medida personagens secundários, retratados algumas vezes como inimigos, brutais, vis, em outras, amigos, aliados, generosos, amorosos.

É Sarah quem narra a história da matriarca, e essa pode ser a justificativa para a atmosfera ligeiramente etérea – quase onírica – que envolve o ambiente na maior parte do filme. A saga familiar é produto da reelaboração feita pela bisneta, ainda uma menina quando conviveu com a bisavó.

A obra se encerra nas trajetórias dessas mulheres. São eventos que se sucedem na composição de uma genealogia. Não há espaço na tela para subjetividades ou para elaborações internas. Não conhecemos o que as personagens pensam ou sentem senão o que a narradora nos conta. Temos dados suficientes para nos aproximarmos um pouco de cada uma dessas mulheres, mas sabemos muito pouco sobre o que gostam e nada de seus medos, aspirações ou preferências. São caracterizadas apenas como mulheres que enfrentam a vida e os preconceitos com coragem. O filme algumas vezes nos coloca na posição de um espectador que olha a vida de uma casa a partir da rua, como quem vai passando em frente à janela e assiste a uma pequena fatia de eventos da vida cotidiana. Narrando os encontros ou esbarrões e dando a conhecer o quanto esses eventos afetam a vida das pessoas, sua matéria principal são os vínculos entre as pessoas.

Antonia é representada como uma mulher grande e forte, como uma árvore[4], que reúne os amigos ao redor de sua mesa no quintal para comer e festejar. Logo após retomar as atividades na chácara familiar, ainda no início da narrativa, Antonia encontra Boca Mole. A imagem que temos é de uma mulher muito sólida, grande, sobre um cavalo também grande e sólido. Sob seu teto agregam-se os expatriados – ou, melhor seria dizer, *ex-matriados*? Pois não é a mãe que lhes faltava? Essa mãe mítica que acolhe e os agrega? Reunidos na mesa de Antonia, encontram-se todos que a cidade não acolhe: o estrangeiro e seus filhos; a jovem portadora de deficiência mental que sofria o abuso do irmão; o rapaz também portador de deficiência mental; a mulher grávida que não tem para onde ir com seus filhos; o padre que abandona a batina; a lésbica; a superdotada etc. Todos que não cabem nos modelos idealizados da família.

---

[4] Na versão italiana, o título do filme é *L'albero di Antonia* (*A árvore de Antonia*), o que remete à sua genealogia, assim como à árvore imensa que acompanha no cenário a trajetória da família.

Não é de causar estranhamento que o título do filme para o Brasil venha a ser *A excêntrica família de Antonia.*[5] Essa família só pode ser dita excêntrica, pois está fora do centro ou do padrão para aquele pequeno vilarejo. Ainda que a vida de Antonia se organize ao redor da casa, essa é uma família diversa do modelo de família nuclear burguês produzido no século XVIII[6]. Desencaixada, talvez fora do lugar-comum das idealizações do Romantismo sobre o lugar e o papel da mulher: cuidar da casa enquanto o homem garante o sustento da família na rua. O filme propõe a reflexão sobre tais modelos, desvelando aos olhos do espectador parâmetros ocidentais cristãos de família, de mãe, de sexualidade etc.

Na contraposição entre a família de Antonia e a de Deedee, a diretora, desde o início da trama, nos convida a desmistificar um modelo familiar tido, algumas vezes, por ideal; aquele de família nuclear composto por um pai, uma mãe e os filhos (neste exemplo, são dois homens e uma moça). Ao contrapor, questiona o que é família disfuncional, é como uma pergunta sobre o que é, de fato, o anômalo.

Difícil de categorizar, esse filme é considerado ora como comédia, ora como comédia dramática. A diretora e também autora de *A excêntrica família de Antonia*, Marleen Gorris, não é unanimidade. Por um lado, chegou a ser anunciada pela crítica européia como sendo uma das mais importantes entre os diretores holandeses[7] de cinema; por outro, foi duramente criticada do ponto de vista do tratamento do conteúdo e do andamento da narrativa, considerada lenta e sem tensão[8].

Verificamos uma escassez de material sobre o filme. Entre as críticas, encontramos, no *Cahiers du Cinema,* um único artigo de pouco mais de meia coluna. Nele o autor considera que a obra incorre em

---

[5] *Antonia's Line* – (em inglês), *Antonia et ses filles* – (França), *Antonias Welt* – (Alemanha). No original holandês e em espanhol, *Antonia*.

[6] Sobre o modelo de família burguesa do século XVIII, ver Badinter, Elisabeth. *Amor de mãe: um amor conquistado*, Rio de Janeiro: Nova Fronteira, 1985.

[7] A Holanda tem produzido obras destacadas no cenário cinematográfico mundial. Em Amsterdã encontra-se em atividade uma renomada escola de cinema e televisão, a Academia de Cinema e Televisão dos Países Baixos. Criada em 1958, é considerada um dos centros de excelência no ensino audiovisual europeu.

[8] No entanto, Marleen Gorris recebeu em 1996, o Oscar de melhor filme estrangeiro (melhor filme em língua não-inglesa), tornando-se a primeira mulher a conquistar o prêmio do Oscar na categoria de direção.

infantilidade, resulta em caricatura. Caracteriza o filme como enervante e pretensioso. O crítico resume *A excêntrica família de Antonia* da seguinte forma: "Se os homens e a religião (mas, sobretudo, os homens) não existissem, existiria felicidade sobre a terra e os passarinhos cantariam nas árvores" (Benoliel, 1996). No Brasil, Marcelo Coelho, em crítica publicada na *Folha de S. Paulo,* não foi mais benevolente. Considerou o filme "curioso, interessante, mas ruim". O crítico reclama, especialmente, da falta de tensão narrativa, defeito estético grave para ele, ausência que contribuiria para o filme resultar ingênuo e amadorístico. Segundo ele, a diretora lança mão, nessa obra, sem sucesso, do humor e da fantasia como último recurso. O filme é "um mundo ideal, onde as mulheres se tornam independentes da Lei e do Estado – invenções masculinas – e também das convenções religiosas". Por fim, conclui: a obra prescinde da esfera política. Resumindo, afirma: uma tolice feminista (Coelho, 1996).

De fato, do ponto de vista da narrativa clássica, a saga de Antonia é um filme sem conflito. Não há um grande evento central que cumpra o papel catalisador e dê o ponto de culminância a partir do qual se resolva a narrativa. Mas, entendemos que *A excêntrica família de Antonia* quer apresentar outra proposta. É como a vida, um amálgama de qualidades díspares: alegria, beleza, feiúra, loucura, sanidade, violência, ingratidão, amor, amizade, dor e bondade. O texto cinematográfico é o lugar mais que de antinomias ou de contradições, de uma tentativa de dizer o que a vida é. Ousar navegar pelo terreno da ontologia causa uma aparente incoerência de que não se confirma na tela. Tudo se soma, resultando tecido organicamente amarrado. Como os fios que tecem a vida, não há aparente sentido ainda que haja direção, nos dirigimos ao fim da vida. Teleologias à parte, o fim da vida é ser vivida, diria Antonia.

Esse, que é o quarto filme da carreira de M. Gorris, traz à cena elementos que por si só – em separado – já são suficientemente desafiadores, algumas temáticas indigestas. Entre os temas conjugados encontram-se maternidade, família, sexismo, homossexualidade, abuso sexual, deficiência mental, velhice, religião e moralismo das convenções, entre outros. Se cada um deles é matéria árdua para um diretor que não pretenda escorregar para sentimentalismos e lugares-comuns, conciliá-los torna-se um desafio ainda maior. No entanto, Marleen

Gorris, diretora que dedicou mais de uma obra a temáticas femininas, procura a leveza como produto dessa equação. Faz pensar que dificilmente veremos temas tão árduos tratados concomitantemente com tanta sensibilidade, humor e inteligência, resultando, sem lições de moral e sem desacatar a inteligência do telespectador, em uma fábula sobre a vida, uma narrativa sem privilégios às desilusões.

A diretora cede espaço à delicada questão dos direitos da mulher em seu embate com uma sociedade arcaica e arcaizante, um patriarcado ressequido e de maus frutos. A rudeza nas relações está exposta em mais de uma cena. É o pai que oferece os filhos como garanhões reprodutores a Antonia. É a mãe que, calada, apenas sorri com discreta satisfação ao ver sua filha Deedee abrigada, longe do abuso e violência familiar, junto a Antonia. Personagem sem nome, a mãe de Deedee é uma figura pálida e muda, praticamente um fantasma.

Encontramos no cinema, na literatura e na arte, alguns exemplos de obras que adentram o terreno da denúncia a violações dos direitos humanos. Já a violência contra a mulher é um tipo de crime que poucos têm coragem de abordar e menos ainda levam a cabo sem produzir ao término apenas mais violência. No entanto, se em *A excêntrica família de Antonia* a violência é presente, faz parte da narrativa não apenas o estupro, o abuso sexual familiar, se está lá também a opressão, o silêncio imposto, a discriminação – como no sermão do padre que, ao condenar a conduta de Danielle, julgada imoral, aponta que o "pior é serem mulheres" – *Antonia* não é um filme sobre a violência.

Não se furta a mostrar que a violência detém muitas formas e se localiza em múltiplos lugares. Ainda hoje, a situação de violência em várias partes do planeta não permite à mulher decidir sobre seu corpo, sua reprodução, sua sexualidade. A violação do direito à vida está presente não só no espaço familiar, mas também no espaço público. No Brasil e no mundo, nos países mais desenvolvidos assim como nos chamados países periféricos, independentemente da classe socioeconômica, é alarmante o índice de agressões contra mulheres e crianças e o número de casos em que a agressão pelo cônjuge leva à morte da parceira. Crimes que ficam entre quatro paredes, sem punição, no silêncio, por vergonha ou medo da vítima. Mas há também outras formas de violência contra a mulher: as distâncias salariais e a rara presença de mulheres em cargos de chefia ou ocupando cargos políticos. Ausência que se reflete diretamente sobre sua cidadania, como a constituição e a divulgação de políticas públicas sobre direito reprodutivo.

A excêntrica família de Antonia traz essa temática à tela. Por exemplo, quando Danielle decide que quer um filho, mas não um marido. Ou através da personagem Letta, que tem 13 filhos por gosto, decisão e desejo próprios. Não pelo filho, diz ela, mas pela gestação.

Antonia é, ela mesma, uma figura de mãe que merece atenção. É o esteio em torno do qual se agrupa a família; trabalhadora e, sobretudo, acolhedora. No entanto, quando é abordada por Bars, com uma proposta de casamento, sob argumento de que seus filhos precisam de uma mãe, de imediato responde que não precisa dos filhos dele. Na medida em que o tempo vai passando, a família cresce com os muitos agregados e as muitas crianças nascidas destes e de seus descendentes; Antonia acabará por recebê-los a todos, mas sem o casamento.

Há uma distância cultural e lingüística que nos afasta da obra e faz com que seja importante observarmos que nossa leitura é localizada. Neste texto, nosso lugar de fala é de mulher brasileira, latino-americana e mineira; não podemos avançar na reflexão sobre a ressonância da personagem no âmbito do imaginário holandês. Mas vale observar que a representação da maternidade, presente em todo o filme, remete-nos a uma representação de mãe que compartilha com a realidade a idéia de mãe que é esteio econômico, amparo psicológico e até mesmo psíquico; acolhe e alimenta. É, de fato, cada vez maior, na sociedade brasileira, por exemplo, o número de lares chefiados por mulheres. Mas, não se pode reduzir o filme a uma proposta de substituição do patriarcado por matriarcado ou de, invertendo o preconceito, atrelar ao feminino, incondicionalmente, os predicados belo e bom. Também estão lá presentes não apenas a mãe de Deedee, mas a própria mãe de Antonia, que, mesmo esclerosada no leito de morte, despende energia e lucidez suficientes para reprovar a filha ainda uma última vez.

Para além de elegia feminista, ou apologia da maternidade, entendemos que a obra retrata não só a fragilidade do humano frente à violência, mas também a força, a beleza e a delicadeza do viver. Sem reducionismos. Não vamos aqui dizer, de forma alguma, que a violência faça parte da vida e que temos que conviver com ela; ao contrário. Antonia é uma mulher que reage; não contribui para a perpetuação da violência, mas não cultiva o espírito de vítima indefesa. Sem conformismos, sem acumular mágoa ou ressentimento contra a vida, cerca-se de amigos e vai enfrentando com ousadia as dificuldades surgidas. Como o preconceito local quando sua filha Danielle, grávida, é motivo de escândalo e condenação no culto dominical.

Sem julgamentos, Antonia segue apenas vivendo, como uma amante da liberdade; sem apologias, numa audácia sem confronto. Ao final, constrói ao redor de si uma comunidade com tudo o que esta aí implicado: plantar e colher, sofrer, chorar, festejar.

A personagem Dedo Torto permite uma contraposição à Antonia sobre a qual podemos nos deter. É nessa personagem, do velho amigo Dedo Torto, o filósofo angustiado, que está presente a voz do desespero. Dedo Torto compartilha com Antonia e suas meninas seu amor à investigação racional, encontrando uma parceira constante em Therese. O ermitão encontra na menina uma inteligência sagaz que, como ele, indaga pela lógica da existência, procurando coerência nos eventos do existir. Em contrapartida, Antonia vive, sofre, ama, festeja, sem limitar sua vida a uma busca por respostas, por razão ou por sentido, como faz seu amigo. Citado por Dedo Torto, o filósofo alemão Schopenhauer parece pessimista e cético. Entretanto, assim como Nietzsche, outro pensador alemão mencionado, Schopenhauer é, sobretudo, um defensor da vida. Os dois filósofos, Schopenhauer e Nietzsche – que será diretamente influenciado pela leitura do primeiro –, escrevem contra tudo o que não está a favor da vida.

> Nenhuma Providência, nenhum Deus dirige o universo; todos os fenômenos não passam de aspectos de uma cega vontade de viver; essa vontade de viver absurda, sem razão ou finalidade, se revela como a essência do mundo; a dor que dela nasce constitui a única realidade; é na música que a vontade de viver se manifesta de maneira mais intensa; "o mundo é música encarnada tanto quanto vontade encarnada". (MATOS, 1986, p. 16)

Sobre Nietzsche, poderíamos ainda trazer algumas palavras. A filosofia nietzscheana destaca dois princípios ativos na vida: o apolíneo e o dionisíaco. Apolíneo refere-se a Apolo, deus grego dos aspectos lógicos, formais, da estatística, da matemática, da métrica na poesia e da harmonia na música. Dionísio é o deus de outra forma de organização, ou, deveríamos dizer, de uma certa desorganização. Basta que comparemos formas orgânicas (como troncos ou raízes) a formas geométricas para termos uma boa compreensão da distinção. Na vida, não há espaço somente para as regras formais da gramática, da lógica, da simetria; ela desencadeia-se também segundo outros princípios, até mesmo os aparentemente caóticos. Deixar-se guiar sempre somente por Apolo é guiar sempre somente pela cabeça.[9]

Nietzsche julga que a civilização ocidental (e a história da filosofia), optando exclusivamente pela razão apolínea, renunciando a Dionísio, distancia-se da vida. O afastamento do modo dionisíaco de ser resulta contrário à vida porque, na busca de sentidos para a vida externos a ela em si mesma, acabamos por abandoná-la pelo que está fora dela, *após*, ou *além*. Em nome de princípios idealizados de moral, de racionalidade, de religião, a civilização cultiva o ascetismo, o sofrimento, o rancor, a culpa, o ressentimento, o sacrifício, a morte. São filósofos profundamente críticos das religiões, sobretudo em sua ramificação judaico-cristã.

> [...] Incapaz de viver no presente e criar qualquer coisa que seja. Cultua uma memória prodigiosa que não lhe permite superar as amarguras, as humilhações [...] Está permanentemente buscando culpados por seus infortúnios, é puro ressentimento e desejo de vingança. [...] Vive à deriva, à espera de uma redenção vinda de fora, de um outro, concebido como Poderoso e Perfeito, seja ele Deus, uma Sociedade Irrepreensível ou uma Outra Vida, de preferência Eterna [...] Esta alienação-tornada-impotência que, ao se perpetuar em memória, envenena o mundo real depois de rejeitá-lo; esse veneno que cresce e que se nutre com a ilusão de recompensas em mundos imaginários (Naffah Neto, 1996, p. 12)

Agindo assim, constrange-se, retalha-se, enfraquece-se a vida. O filósofo Nietzsche valoriza a participação da vida e a produção de sentido do mundo a partir de uma maneira de viver potente:

> [...] significa acolher e amar a existência, com tudo que ela traz de prazer, alegria, mas também de dor, sofrimento, pois nesta perspectiva as imperfeições da vida – geradoras de infelicidade – são a própria condição de o homem crescer, potencializar-se, tornar-se capaz de se vergar sem se despedaçar. Por isso esse tipo de vida implica fundamentalmente uma capacidade de esquecer: metabolizar as injúrias,

---

[9] Na alegoria de Platão, *A Parelha Alada,* o homem é como uma parelha em que o cocheiro é a cabeça, um corcel é o coração (sentimentos) e o outro os instintos (desejos, apetites).

> ofensas, transformando-as em proveito desse existir exuberante, que se quer pleno de riscos, de aventura, sabendo-se habitar em um mundo que não é feito de permanência, mas de movimentos perenes de transformação. (NAFFAH NETO, 1996, p. 12)

É esta, a nosso ver, uma possível leitura da personagem Antonia. A vida passa por Antonia e, perpassando-a, a alimenta e move. Uma mulher que não se rende ao aparente caos, nem ao sofrimento. Não é insensível à dor, mas não se deixa destruir. De outro lado, é Dedo Torto quem, em seu desconsolo, acaba por ceder em sua busca de sentido racional, para ordenamento do caos da existência, ao não encontrar razões que justifiquem a existência. Não há razão para crer em céus ou promessas ou em "nenhuma sobremesa divina após a indigesta refeição", conclui a personagem. Sem ter quem acusar pelo sofrimento que lhe causa sua permanência neste mundo, Dedo Torto acusa a si mesmo. Para ele, existir torna-se atroz, resulta insuportável, e tudo que deseja é não mais pensar.

Não aprofundaremos a discussão da temática filosófica; é o caso somente de apontar alguns indícios, puxar alguns fios do novelo, para destacar os elementos que permitem uma compreensão da caracterização e do temperamento da personagem Antonia. Numa cena, ela cavalga com a neta, e a menina, que vinha de uma leitura de Platão junto à Dedo Torto, pergunta se não é triste que nada exista, ao que Antonia opõe a pluralidade da existência: "É por isto que há tanto". Anos mais tarde, cavalgando com a bisneta, é questionada sobre a morte, e, com a mesma tranqüilidade com que respondera anos antes a Therese, considera que nada morre para sempre, sempre sobra alguma coisa, a vida sempre começa de novo, com outra forma, de outro jeito, e – mais uma vez, fazendo eco a Schopenhauer –, afirma: "Esta é a única dança que dançamos".

Dessa forma, dirigimo-nos à conclusão deste texto considerando ainda, da personagem Antonia, que esta é dona de uma enorme vitalidade, ou seja, duma potente força vital. Buscamos um conceito no campo da política para dar conta da ação da personagem da matriarca, talvez devêssemos dizer que Antonia tem inspiração anarquista, ou que pratica uma pedagogia anarquista em sua casa. Cultiva a liberdade e o autogoverno, a autonomia:

> Antonia exemplifica como se pode viver e educar as crianças num ambiente que acolhe positivamente toda a diversidade de interesses,

> necessidades, desejos, amizades, afetos e amores humanos. E exercitando a expressão dos desejos e necessidades, cultivando o amor-próprio e a franqueza. (Bocchini, 1996)

No todo, o filme convida a enxergar a vida por outros olhos, com olhos um tanto mais dionisíacos. Apresenta a humanidade exposta no seu caráter mais próprio da grandeza e pequenez, da gratuidade da existência, sem espetacularização de suas misérias, mas também sem ocultação de sua fragilidade. Humanidade que é mero "caniço ao vento", no dizer do pensador francês Blaise Pascal.

Ao fim, é uma obra que pondera sobre a cíclica rotina do tempo. O tempo não produz nada além de si mesmo, diz a narradora. O tempo que ignora tudo que nos é importante e faz com que nos esqueçamos dele. As estações que se seguem; o verde sucedendo ao marrom.

REFERÊNCIAS

BÉNOLIEL, Bernard. Antonia et ses filles. In: *Cahiers du Cinéma*, n. 513, maio 1997. [1] p. 93.

BOCCHINI, Maria Otilia. Vidas de mulheres. *Teoria e Debate*, n. 32, jul./ago./set. 1996.

COELHO, Marcelo. *Folha de S.Paulo*, São Paulo, 29 mar. 1996, Caderno Ilustrada, p. 14.

MATOS, Olgária. *Friedrich Nietzsche*. São Paulo: Brasiliense, 1986. (Encanto Radical).

NAFFAH NETO, Alfredo. *Nietzsche: a vida como valor maior*. São Paulo: FTD, 1996.

Anahy: mulher e mãe de guerra e de paz

Maura Corcini Lopes
Eli Henn Fabris

Filme: *Anahy de las misiones*
Ficha técnica, sinopse e mais informações na página 265.

Enquanto os créditos são apresentados na tela, ouve-se o som de tiros e de tilintar de facas e espadas. Ao som de uma música épica, aparece a imensidão do pampa gaúcho. Do lado direito da tela, surge o carroção de Anahy, puxado por dois homens e sendo seguido por um rapaz e duas mulheres. Essa imagem movimenta-se, definindo os personagens pelas silhuetas que salientam os vestidos compridos das mulheres e a vestimenta dos homens.

A próxima cena é filmada em plano geral e situa a roda de uma carroça no primeiro plano. A partir desse detalhe, a câmera vai se afastando e apresentando a cena completa. Um campo de batalha em que recém findou a luta. Os corpos estendidos e a fumaça encobrindo os personagens, que se movimentam entre os corpos mortos e estendidos no campo, imprimem à cena uma certa indefinição. Ficamos presos à imagem, na tentativa de distinguir os objetos e os movimentos executados para que possamos entender o que se passa. No momento em que a câmera, distanciando-se da roda da carroça, apresenta o campo de batalha, a cena fica mais nítida e é acompanhada pela música, ganhando um tom mais trágico. Nesse momento, aparece na tela uma mensagem escrita sobre a história da guerra civil que ocorreu de 1835 a 1845 no sul do Brasil: a Guerra dos Farrapos ou Revolução Farroupilha. No final, aparece a seguinte inscrição: "A economia da região foi arruinada pela guerra. A morte e a fome conduziam os destinos no Continente de São Pedro do Rio Grande. Inverno de 1839".

A cena continua mostrando três homens e duas mulheres que retiram, dos mortos em batalha, os seus pertences: botas, roupas, facas, espadas etc.

Quando os personagens são focados em conjunto, um deles, León, aparece no centro da cena. Ouve-se um gemido de um homem estendido no chão.

> León diz:
>
> – Madre, este farrapo ainda tem sombra de vida!
>
> O grupo se aproxima, e o farrapo diz:
>
> – Por Diós! Madre, me ajude!
>
> A câmera passeia, mostrando os rostos dos filhos e filha de Anahy, e se fixa no rosto do farrapo, estendido no chão, que diz:
>
> – Por Diós! A dor é mui grande! Lhe peço!
>
> Anahy:
>
> – Pois lhe digo: não tem mais valia para o mundo.
>
> Farrapo:
>
> – Se apiede madrinha! Me faça costado!
>
> Anahy:
>
> – León, me alcance a faca!
>
> León tira a faca e entrega para a mãe.
>
> Farrapo:
>
> – Gracias! Lhe dou gracias, madressita!
>
> A câmera, em *close* no rosto de Anahy, acompanha a degola do farrapo, praticada pela mulher. Ouve-se um som de desfecho, e a câmera mostra Luna, a filha de Anahy, amparada por Solano, seu irmão, que diz não se acostumar com essas cenas de morte.

Assim começa o filme *Anahy de las misiones*, com uma cena que interpela e captura quem a assiste para dentro de um enredo que faz a ficção dos acontecimentos da história gaúcha.

Muitas são as leituras possíveis de serem feitas a partir do filme. Entre elas, poderíamos destacar a construção de uma identidade gaúcha, a história da Guerra dos Farrapos (1835-1845), o nomadismo, o movimento separatista da Província em relação à nação, o campesinato e, entre outras, aquela que escolhemos para problematizar: o lugar inventado para a mulher na história gaúcha.

Talvez os leitores e as leitoras de nosso texto não vejam no filme motivos para levá-lo para a escola, para que nossos alunos e alunas problematizem a posição da mulher e do homem na história do Rio Grande do Sul. Não temos a pretensão do convencimento; queremos mostrar uma leitura possível desse texto fílmico, fazendo algumas provocações ao virarmos a história do avesso, a fim de tentar indicar algumas ambivalências presentes nas formas de vivermos o feminino gaúcho.

Nossa intenção não é tentar capturar o que mostra mesmo esse filme, ou fazer recomendações e sugestões aos docentes de como trabalhar com ele na sala de aula. Um filme, quando entendido como um texto, pode render diferentes leituras para quem assiste a ele. As leituras feitas são tramas particulares que se fazem a partir do lugar que cada sujeito ocupa na rede social que o constitui e o produz. Portanto, partindo desse entendimento, um filme não é um simples recurso que pode ser utilizado pelos professores para ministrar uma aula diferente; ele é uma pedagogia que ensina, no momento em que nos captura, seja nos fazendo olhar para as coisas, seja produzindo verdades sobre elas. Na medida em que os filmes vão produzindo sentidos, eles vão criando realidades, marcando posições para os sujeitos[1]. Tais posições, problematizadas na escola, podem ser deslocadas pelos estudantes que, ao serem instigados a pensar a partir de seus lugares, criam outras verdades e compreensões sobre, nesse caso, a mulher.

Olhar para o cinema, buscando entendê-lo como uma pedagogia cultural e não como uma metodologia que sirva para variar um pouco o cotidiano escolar, nos permite olhar para nós mesmos como constituintes da cultura e da história e, ao mesmo tempo, constituídos por elas.

Problematizar as posições da mulher gaúcha na história ou a própria história gaúcha com os estudantes nos permite mostrar que aquilo que aprendemos sobre uma região, sobre a mulher – e, ao falar dela, sobre o homem –, são interpretações que podem ser contestadas e colocadas sob suspeita. Conhecer a história do Rio Grande do Sul, mais especificamente a Revolução Farroupilha, através do filme *Anahy de las misiones*, é uma possibilidade de mostrar aos estudantes que eles também

---

[1] FABRIS (2000).

estão produzindo verdades sobre acontecimentos históricos, que eles também estão produzindo culturas e que a escola é um lugar onde podem ser feitas rupturas nas formas de ser e de conhecer.

A história como conteúdo escolar, vista a partir de um tema cultural, pode ser lida enquanto micro-histórias, como as da mulher, das relações familiares, da economia doméstica, da política, das lutas territoriais etc. As micro-histórias, além de serem mobilizadoras, permitem romper com os silêncios, com as oposições sociais e com a história oficial. Nessa direção, convidamos professores a envolverem seus alunos em um exame crítico do filme e dos temas culturais que ele propõe, a partir da própria localização histórica dos estudantes como sujeitos inventores da história. Convidamos os professores para usarem filmes na escola não como um recurso, mas como uma ferramenta teórica e prática, os quais, ao serem significados pelos sujeitos da educação, produzem conhecimentos vivos sobre nós e, mais especificamente, sobre como nos tornamos o que somos.

Mulheres que vivem o espaço masculino

Dizer que o filme sobre a vida de Anahy cria uma ficção daquilo que poderíamos chamar de *gauchismos* significa que, ao contar acontecimentos históricos, produzimos verdades sobre eles. Fazer ficção é produzir verdades, é construir a vida[2]. Assim, colocamo-nos nessa posição que não separa a ficção da realidade, mas toma tanto uma quanto a outra como produtoras de verdades. Produzimos, interpelados pelo filme, verdades sobre as mulheres gaúchas que, ao serem marcadas como tais, marcam o seu outro, o homem gaúcho. Conhecer um pouco da história do Rio Grande do Sul, através de um filme que tem uma mulher no foco de seu enredo, possibilita que conheçamos as práticas femininas de mulheres ditas *da vida*, bem como as de mulheres ditas *de família*, mesmo que indiretamente, por sua oposição demarcada.

Ao marcarmos a mulher, ao atribuirmos a ela representações que a categorizam, estamos dizendo, também, daquele que não compartilha das mesmas representações. No filme, muito mais do que apresentar uma mulher forte, mãe, experiente, batalhadora e guerreira, Anahy

[2] SILVA, 2002.

apresenta o seu outro – o homem. Vale salientarmos que, nesse caso, os homens não são contados como o oposto da mulher, ou seja, como frágeis, sentimentais, entre outras representações classicamente definidas para o feminino; eles são vistos como valentes e fortes *por natureza*. Enquanto Anahy precisa aprender a viver em um mundo hostil, ou seja, enquanto ela precisa ser masculinizada para poder sobreviver em tempos de guerra, os homens apenas *são*. Os atributos masculinos, mesmo que indiretamente, servem como marcadores de uma situação transcendente para a mulher que decide viver entre os homens. Classificar ou categorizar previamente os sujeitos permite que criemos uma hierarquia social. Nessa lógica predeterminada, por mais que mulheres como Anahy coloquem sob suspeita um tipo de feminino, elas não rompem com o lugar destinado às mulheres. O estabelecimento da ordem para as coisas e para os comportamentos, bem como o estabelecimento de saberes que legitimam a ordem dada, funciona como pano de fundo das construções sociais, dificultando que aconteçam rupturas nas formas de significar, nesse caso, as mulheres. Veiga-Neto nos dá subsídios para pensarmos essa questão quando discute, ao problematizar o filme *Gattaca*, sobre a ordem como um princípio estruturante da Modernidade. No seu texto, ele escreve:

> Classificar implica criar uma grade categorial hierarquizada, sobre a qual se distribuirão as coisas. Tal grade não apenas separa, ela também funciona como uma estrutura de fundo que comanda, de determinadas maneiras, as relações entre as coisas.[3]

Anahy não é vista dentro de um enquadramento temporal, social e regional como uma mulher *ideal* para constituir uma família. Porém, ao marcar a oposição a esse enquadramento, quase que automaticamente ela é colocada na condição de desviante de uma pretensa normalidade na forma de viver o feminino.

Em oposição ao espaço do feminino de *boa família*, Anahy marca sua condição chamada de *mulher da vida*. Ao tomar a posição da mulher velha – que assume sozinha sua família, que se deitou com muitos homens, que é incapaz de viver aquerenciada e que busca sobreviver à guerra andarilhando com seus três filhos e uma filha pelos campos –, ela

---

[3] VEIGA-NETO, 2003, p. 82.

marca com traços de independência e de força a condição da mulher; porém, tais marcas não chegam a mudar a ordem discursiva que a filia a uma posição de sofrimento, diante do lugar de submissão que é colocado às mulheres na divisão das práticas sociais. Mesmo com todas as rupturas feitas nas formas de representarmos o feminino, parece que a mulher continua sendo fixada na posição de "guardiã das funções sociais reprodutivas"[4].

A condição subserviente e de *permanente* aguardo dos homens parece ser algo que não se rompe no binarismo *mulher de família* e *mulher da vida*. Em uma cena em que Anahy está indiretamente falando de si ao orientar sua jovem filha que sonha em mudar de vida, Anahy diz:

> – Casá, ora qui, ah. Homem é cosa aragana, de alma e cabeça solta no vento. Eles tão sempre se indo, e o mulherio com a cria na barriga.
>
> A isso, responde Luna:
>
> – A madre me diz isso por quê? Um dia [...] eu sei que vancê sabe que eu sei, um vai lhe chinear. Mas, ainda é mui temprano.

Ao falar de si, tecnologia utilizada tanto para que ela se sujeite a si própria como para sujeitar sua filha jovem e inexperiente às práticas culturais de seu tempo e grupo social, Anahy marca o lugar de todas as mulheres, independentemente das posições que elas ocupam nas redes sociais. Ao mostrar conhecimento sobre as relações entre homens e mulheres, cria um lugar comum para o feminino. Ela reduz a diferença existente entre os indivíduos femininos na identidade de mulher. Sozinha, a mulher, independentemente da sua situação, está presa a uma condição biológica de procriação.

> Edificada com forte apelo a argumentos de caráter essencialista – que atribuem à suposta "natureza" feminina a vocação para a maternagem e para aquelas atividades que segundo a classificação de Bourdieu (1995) situam as mulheres no lado do interior, do úmido, do baixo, do curvo, do contínuo, o que as relacionaria ao que é privado, escondido, invisível – tal representação tem sido socialmente preservada sob a proteção de padrões culturais sustentados, ainda, pela lógica patriarcal.[5]

Sendo em *essência* uma mulher que já tinha definido a única forma de viver o feminino dentro dos padrões sociais, o que fará com que seja

---

[4] COSTA, 2000, p. 84.

[5] COSTA, 2000, p. 84.

salva de sua condição sexual e de gênero será a situação matrimonial proporcionada pelo seu outro, *o homem*. É o homem que, ao querer constituir uma família, busca uma mulher, oferecendo a ela uma mudança de posição na rede social. O casamento é um marcador de uma prática que separa a *mulher da vida* da *mulher de família*. Tal marcador é o mesmo que separa mulheres como as da família de Anahy em relação a outras que não aparecem no filme; mas, mesmo assim, essas outras eram vistas lutando ao lado de seus maridos[6].

A questão colocada não está na presença de andarilhas na guerra, o que poderia sugerir representações de independência e força, mas na não-virgindade, nas experiências vividas e nos homens que possuíram e iriam, fadadas pelo destino, possuir. Ser mulher solteira significa estar aberta para outros relacionamentos e para a vida. O oposto da mulher solteira e da mulher da vida é a mulher casada e de família. Ser uma mulher de família pressupõe morrer para a própria vida para poder dar a vida às pessoas de sua família; significa ter sexo autorizado no matrimônio visando à procriação – condição biológica da fêmea. O casamento serve como um marcador da integridade da mulher que, sujeita a um homem, fecha sobre si mesma um círculo que gira em torno do marido, da casa e dos filhos homens que pode dar ao marido. Em uma das cenas do filme, Anahy verbaliza, orientando sua filha grávida, que se essa ganhasse um filho macho, logo que esse pudesse andar e se manter sozinho, sairia de perto dela para ganhar o mundo, mas que, se tivesse uma filha mulher, essa ficaria ao lado dela. A idéia da filha que fica ao lado da mãe como companhia e amiga é visível no filme, principalmente porque, dos três filhos homens de Anahy, apenas um deles não saiu de perto dela devido a uma deficiência física que possuía.

Como mulher solteira, velha, ex-prostituta e mãe, Anahy tinha que desempenhar posições distintas diante de sua família – a de mãe e a de

---

[6] Um exemplo disso, podemos ver na minissérie veiculada pela Rede Globo de Televisão sob o título *A casa das sete mulheres*. Nessa minissérie, as mulheres de família desempenhavam funções junto à casa, aos filhos e à estância, mas também algumas delas, acompanhando seus parceiros, iam para a guerra para cuidarem dos feridos. Nessa categoria, também se enquadrava a personagem Anita Garibaldi, que, ao lado de Giuseppe Garibaldi, lutava nos campos de batalha. As mulheres da vida sobreviviam fazendo a rapinagem e prostituindo-se com os soldados.

pai. É interessante notar que tal condição não é unicamente vivida por prostitutas que possuem filhos, mas também por muitas viúvas; neste caso, ao perderem seus maridos, elas apagam-se como mulheres, encarnam o luto com firmeza e determinação e orientam os filhos, contando com a ajuda de um parente próximo que, geralmente, as toma como protegidas. Anahy, não tendo proteção para si nem para a sua família, contava apenas consigo mesma para criar e até mesmo orientar sexualmente seus filhos homens. Em uma das cenas, Anahy aparece observando seu filho mais novo que está sozinho. Aproximando-se do rapaz, a mãe/mulher parece saber o motivo da aflição do filho e, ao tentar ajudá-lo, ela diz:

> Quando um piá como vancê anda purrido ou com tristuras anssim no más, não tem manera, já se sabe, a cabeça está rodopiando em desatino, tudo ferve por dentro, entonces não tenha o que esconder. Vá por aí e abra os panos pra baixá as fervura das carne. [...] Vá, corre feito potro chucro pelo campo, lhes digo. Después, vá se acarinhando solito, se acarinhe mui, mui inté parece que o coração se vai sai pela boca. Vai!

É Anahy quem busca uma mulher jovem e bonita, chamada Picumã, para iniciar sexualmente seu filho mais novo León. Picumã, após *deitar-se* com León, é incentivada por Anahy a *servir* seu outro filho mais velho, Solano. Este, que possuía uma deficiência física causada por acidente na infância, dividia com a mãe a responsabilidade na criação dos irmãos mais novos. Imprestável para a guerra, Solano acompanhava a mãe pelos pampas, puxando uma carroça com pertences da família. Luna, a bela e jovem filha de Anahy, é obrigada pela mãe e pelo irmão a viver enrolada em trapos, simulando, para se proteger dos homens, ter uma doença contagiosa e incurável na época.

Luna era muito próxima de seu irmão do meio, Téo, o filho desejado de Anahy, porque nascido de um rápido e sem futuro caso de amor vivido por ela, em sua juventude. Téo foi o único filho de Anahy que morreu valentemente, peleando na guerra. Encontrado morto por sua irmã Luna durante uma rapinagem, Téo é enterrado no campo e deixado para traz pela família que continua andarilhando, em busca de um outro mundo. Anahy termina o filme com seu filho Solano, com sua filha Luna – grávida de um jovem médico argentino, por quem se apaixona e perde sua virgindade – e com Picumã, que entra para a família após a morte de León e depois de assumir Solano como seu único homem.

Na posição de mulher que comanda a todos e que se narra com "a boca seca para beijar", Anahy é respeitada por sua idade, aparência masculinizada, força e capacidade de manejar uma faca e uma arma, habilidades consideradas masculinas. Capaz de matar ou morrer por seus filhos, ela enfrenta a todos e vive uma de suas maiores dores quando enterra Téo. Observada por Solano, Luna e Picumã, ela se rola no barro, grita, bate no próprio peito e olha para o céu como se pedisse ajuda para suportar tanto sofrimento. Ela não estaria arrependida por não tê-lo impedido de ir para a guerra? Esse não seria o sofrimento da mãe que, ao mesmo tempo que dá a vida, permite que ela se perca?

Força, obstinação, solidão, sofrimento, liderança, feminilidade, beleza, juventude, submissão, matronagem e fertilidade parecem ser algumas das representações que são produzidas para descrever a mulher gaúcha, mesmo aquelas que não estão nas posições ocupadas por Anahy, Luna e Picumã. Todas essas representações e outras que poderíamos estar apontando são inventadas produzindo as mulheres do sul em posições complexas de serem analisadas e problematizadas. Não há uma mulher gaúcha que seja capaz de encerrar em si um modelo que represente a diversidade e a diferença nas formas de viver o feminino no Rio Grande do Sul. Não há uma única tradução para a mulher gaúcha que seja capaz de enquadrá-la e capturá-la em uma identidade. As identidades serão sempre uma tentativa de aprisionamento da alteridade e das formas de viver o feminino.

Repleto de contradições marcadas nas práticas divisórias entre o certo e o errado, o filme, ao marcar Anahy como uma mulher de meia idade, andarilha, pobre, que não nega a sua condição biológica de ser mãe, marca seu oposto na ausência de outras mulheres que não estão na guerra nem nas cenas do filme, mas estão na sombra de Anahy.

A ordem que inscreve Anahy entre as mulheres a insere também em outros grupos identitários, nem sempre pensados ou autorizados às mulheres. Gerando rupturas com sua presença e respeitada entre os guerreiros, Anahy se mostra mais que uma guerreira tentando sobreviver em tempos de guerra. Para falar dela, não basta falar da diferença entre homens e mulheres; é preciso ir além. É preciso tentar entender comportamentos e outras representações que não se inscrevem em nenhum desses dois lugares.

Mulher e mãe: a necessidade da determinação e o jogo das ambivalências

A mulher gaúcha vem sendo tematizada em muitas histórias, telenovelas e filmes de longa e curta-metragem[7]. Aparentemente frágeis, brancas, européias, prendadas, zeladoras da casa, da família e capazes de gerarem filhos fortes e saudáveis, elas nos surpreendem pela capacidade guerreira ao defenderem suas famílias e ao acompanharem seus maridos em situações de guerra e de paz. Anahy, embora não seja um expoente que represente a mulher das classes abastadas, não rompe com as representações da mulher guerreira, capaz de gerar e de lutar pela vida de seus filhos. Uma mulher que, quando jovem, servia aos homens e que engravidara de três deles, sem os ter escolhido para pais de seus filhos, Anahy não possui uma casa fixa, um endereço que possa demarcar seu território e indicar alguma estabilidade em sua vida.

Fixar o sujeito a um endereço ou a uma identidade se faz necessário para que se possa ter conhecimento sobre ele. Na posição de uma velha prostituta, que, pelo tempo, tem sua juventude e beleza perdidas em um passado de lembranças, ou na posição de uma errante que não tem nada seu que a caracterize, Anahy não é uma desconhecida. Espera-se dela que vagueie pelos campos, bem como a busca de uma outra posição que a faça ser respeitada nos espaços masculinos onde vive. Sem condições físicas de aquerenciar-se com os homens, ela encontra, na representação masculinizada de si, uma forma de resistência e de conquistar o respeito deles. Desapegada da propriedade, mas amarrada à maternidade – condição que a faz prisioneira de uma identidade –, ela não rompe com a divisão binária que estabelece espaços entre homens e mulheres. Ao lutar para defender seus filhos, ao buscar uma mulher para satisfazê-los e ao continuar buscando um outro mundo, Anahy é colocada em uma posição de excluída, acontecimento que remonta ao desejo moderno da inclusão e da normalização.

Como contraponto à posição de Anahy, em algumas cenas e situações, aparecem sua filha Luna e a agregada Picumã. Ambas são jovens sonhadoras e desejosas de uma vida tranqüila, de um lugar estável para morar; porém, como que profeticamente, acabam sendo determinadas

[7] As obras de Érico Veríssimo e outros autores gaúchos têm levado às telas e à televisão muitas minisséries, novelas e filmes em que as mulheres gaúchas são tematizadas.

pela condição que possuem para viver, em meio às batalhas e à desordem da guerra. Mãe, filha e agregada são três mulheres que buscam um lugar melhor para viver. Cada uma em seu tempo de sonhos, mas todas vivendo em tempo de guerra. Uma servindo de parâmetro para a outra, uma dizendo o que a outra não é ou não sendo o que querem que ela seja. Mesmo que as diferenças entre elas demarquem distintas posições sociais dentro do grupo familiar e das diferentes tropas que encontram, as três mulheres possuem em comum – seja como possibilidade frustrada, seja como um sonho possível – o desejo de conquistar um homem para si.

Ter um único homem remonta à condição moderna do controle da sexualidade feminina. A privatização do corpo feminino pelo masculino é possibilitada como uma condição de dignidade e de ascensão social. A invenção da família serve como tecnologia que sujeita as mulheres aos homens e a si próprias pelo controle e pela dependência da aceitação e do reconhecimento do outro masculino. Anahy, convencida de sua opção pela vida, justifica a sua solidão no desejo de liberdade que possui. Luna, mesmo tendo sido preservada pela família durante muitos anos, engravida de um homem que fica para trás em sua história. Picumã, devido, entre outras coisas, à morte de León e à necessidade de força de trabalho para poder puxar a carroça com os pertences da família de Anahy, abandona a vida de prostituição e passa a viver ao lado de Solano, que a aceita como sua mulher. Todas elas possuem seus mundos determinados pelas práticas sociais que dizem quem é a mulher que pode ser "casadoura", quem é a mulher que pode dar um lar para seus filhos, bem como quem é a mulher que pode gerar um filho que carregue o sobrenome do pai. Filhos de mulheres como Anahy e Luna não possuem pai, nem referência paterna, condição que pode ser lida como um castigo que será herdado pelo filho. A elas, assim como a todas as mulheres, está garantida biologicamente a condição da maternidade, condição essa que não pode ser negada tampouco rejeitada, pois seria vista como uma negação da própria natureza feminina. Aos homens, não é cobrada a paternidade, e sim a condição da reprodução. Sem compromisso e sem comprovação, os pais dos filhos de Anahy e o pai do futuro filho de Luna não são nem conhecedores da paternidade, nem mesmo são responsáveis por ela, pois não há uma instituição legitimada, como o casamento, que faça a cobrança da honra feminina ameaçada.

A figura da mãe representada por Anahy e projetada em Luna simbolicamente traz uma ambivalência que remonta às condições de vida e de morte. Buscando significados que nos auxiliem a problematizar o conceito de mãe que aparece no filme, encontramos um complexo de ambivalência que nos faz ver o quanto pode ser produtiva a invenção religiosa e de saúde dessa figura, para poder garantir as práticas divisórias em diferentes épocas e lugares. Chevalier e Gheerbrant descrevem alguns significados possíveis para a palavra mãe:

> Nascer é sair do ventre da mãe; morrer é retornar à terra. A mãe é a segurança do abrigo, do calor, da ternura e da alimentação; é também, em contrapartida, o risco da opressão pela estreiteza do meio e pelo sufocamento através de um prolongamento excessivo da função de alimentadora e guia: a genitora devorando o futuro genitor, a generosidade transformando-se em captadora e castradora.[8]

Para o cristianismo, a mãe traz tanto a vida e a graça como a deformação humana. Materializada em sua condição humana, Maria, mesmo virgem, engravida fortalecendo um discurso que diviniza a mulher pela sua condição de progenitora, protegendo-a da condição humana em que vive e que gera seus filhos. Fazendo-se uma analogia, Anahy pode ser vista não como uma prostituta, mas como uma mulher que traz em si a potência da mãe. Uma mãe que representa a vida e que conduz à morte prematura dois de seus filhos que, por excesso de cuidados, não sabem guerrear nem se defender sozinhos em tempos de guerra.

Vida e morte são temas recorrentes no filme. Voltando para a cena em que Anahy tira a vida de um homem gravemente ferido por perfurações de balas, cena essa que está descrita no início deste texto, podemos perceber que a força da mulher está tanto na capacidade de dar e manter a vida de sua prole como na tomada da decisão e na ação de abreviar a vida daquele que sofre. Locomovendo-se entre amigos e inimigos, Anahy e sua família não estão na guerra por possuírem posições demarcadas por lutas territoriais, entre outras causas políticas e econômicas que originaram a Revolução Farroupilha, mas por necessidade de sobrevivência à hostilidade das posições criadas para alguns. Autorizada por sua condição de mulher e de sobrevivente, Anahy rompe não só com a

[8] CHEVALIER; GHEERBRANT, 2003, p. 580.

representação de fragilidade feminina, chamando para si outras representações que não se enquadram naquelas criadas para falar nem das mulheres ditas de família, nem das mulheres ditas da vida, mas também rompe com as posições bipolares materializadas na guerra. Não tendo amigos e nem inimigos, não possuindo uma unidade familiar que tenha que lutar para preservar seus bens e endereço, nem mesmo tendo que defender a integridade das mulheres da família, Anahy guerreava contra suas próprias escolhas. Escolhas essas que a perseguiam na escuridão do presente e na expectativa, cada vez mais distante, embora desejada, de uma outra condição de vida para si, para seus filhos e futuros netos, todos hospedeiros de Anahy.

Enfim, a promessa moderna de um mundo melhor ou de um outro mundo possível está sempre sendo sinalizada, tanto no significado que podemos construir para o olhar no horizonte de Anahy e sua filha ao final do filme quanto na materialidade da gravidez de Luna. O sonho serve como mobilizador, como luz na caverna que promete um outro lugar de dignidade, de justiça, de paz e de consciência para aqueles que, por diferentes razões, estão próximos dele, mas não o conseguem desfrutá-lo.

Mundos em super(o)posição. Mundos de guerras, de sombras, de tristezas, de mulheres sozinhas e prostituídas, de diferenças, de promessas, de sonhos, de luz e de paz. É na busca da luz e na possibilidade de gerar a luz que as mulheres do filme foram inventadas para contar uma das passagens mais dramáticas e sangrentas da história gaúcha.

Sem dúvida, *Anahy de las misiones* é um filme polêmico que pode ser visto e problematizado a partir de muitos ângulos. Explorar, na escola, algumas dessas muitas possibilidades abre espaço para problematizar o caráter social e culturalmente construído das condições de ser mulher, ser homem, ser mãe etc. Ao colocar sob suspeita as diversas posições ocupadas pelas mulheres na história, cria-se um recorte interessante para pensar sobre os lugares naturalizados que inventamos para instituir determinados modelos e maneiras de ser e de estar no mundo.

REFERÊNCIAS

CHEVALIER, J. P.; GHEERBRANT, A . *Dicionário de símbolos* (*Mitos, sonhos, costumes, gestos, formas, figuras, cores, números*). 18. ed. Rio de Janeiro: José Olympio, 2003.

COSTA, Marisa. Mídia, magistério e política cultural. In: COSTA, Marisa. (Org). *Estudos culturais em educação: mídia, arquitetura, brinquedo, biologia, literatura, cinema...* Porto Alegre: Ed. da Universidade/UFRGS, 2000, p. 13-36.

FABRIS, Eli. Hollywood e a produção de sentidos sobre o estudante. In: COSTA, Marisa V. (Org.). *Estudos culturais em educação: mídia, arquitetura, brinquedo, biologia, literatura, cinema...* Porto Alegre: Ed. da Universidade: UFRGS, 2000, p. 257-286.

SILVA, Tomaz. Dr. Nietzsche, curriculista – com uma pequena ajuda do Dr. Deleuze. In: MOREIRA, Antonio Flavio; MACEDO, Elizabeth (Org). *Currículo, práticas pedagógicas e identidades.* Porto: Porto Editora, 2000, p. 35-52.

VEIGA-NETO, Alfredo. Usando Gattaca: ordens e lugares. In: TEIXEIRA, Inês Assunção de Castro (Org). *A escola vai ao cinema.* Belo Horizonte: Autêntica, 2003, p. 73-90.

http://www.mostra.org/21/portug/filmes/anahy-p.htm

http://www.cinemabrasil.org.br/cgi-bin/w3msql/dbsmakefil.htm?keywordx=Anahy&yearx=199

Universo feminino e relações de gênero em *Hannah e suas irmãs*

Afrânio Mendes Catani
Renato de Sousa Porto Gilioli

Filme: *Hannah e suas irmãs*
Ficha técnica, sinopse e mais informações na página 266.

Tudo se passa em dois anos. A trama de *Hannah e suas irmãs* (dir.: Woody Allen, 1986) desenvolve-se em torno do universo feminino e tem como marcos três comemorações consecutivas do Dia de Ação de Graças, importante feriado anual nos Estados Unidos. O filme sugere múltiplas possibilidades de construção de papéis sociais das mulheres, passando por relações amorosas, atividades profissionais e relações familiares das irmãs Hannah, Holly e Lee. Merecem ser destacados, também, outros elementos que perpassam toda a obra: casamento e não-casamento, drogas, psicanálise, religião; reflexões sobre a existência e o(s) sentido(s) da vida, amor, desejo, traição, remorso, liberação, independência, ópera, *jazz*, Puccini, Cole Porter, Benny Carter, Bach, *Bewitched* e outras canções de Rodgers & Hart, além de Bobby Short tocando *I'm in love again* no Club Carlyle e de uma excursão visual pelos edifícios mais destacados de Nova Iorque (o Dakota, o Graybar, o edifício Chrysler em estilo *Art Déco*)...

As três irmãs representam a "filha vencedora" (Hannah) – dona de casa aparentemente perfeita e auto-suficiente –, a "ovelha negra" da família (Holly) – fracassada profissionalmente e dependente de cocaína e álcool – e a "mulher livre" (Lee) – eterna estudante, emotiva e sedutora, que costuma se apaixonar por seus professores.

A jornada das três corresponde à busca de autonomia e de um sentido mais coerente de vida, através da reconciliação e superação das marcas proporcionadas por numerosos pequenos sofrimentos acumulados. A narrativa tem como centro as representações sociais que se fazem da imagem feminina de Hannah e em que medida tais projeções afetam as irmãs e a família. As diversas situações permitem que os estereótipos construídos sobre cada uma delas sejam questionados. Assim, (re)elaboram suas personalidades, conseguindo escapar às limitações das imagens e dos papéis sociais impostos pelos outros e por si mesmas. Nesse processo, as relações amorosas mostram-se preponderantes e precipitam mudanças de vida, o que é retratado em poema de e. e. cummings[1] utilizado por Woody Allen:

> algures aonde eu nunca viajei, alegremente além de
> qualquer experiência, os teus olhos têm o seu silêncio:
> no teu gesto mais frouxo há coisas que me prendem,
> ou que eu não posso tocar de tão próximas que estão
>
> o teu mínimo olhar há-de facilmente desprender-me
> embora eu me tenha cerrado como dedos,
> tu sempre me abres pétala a pétala como abre a Primavera
> (tocando hábil, misteriosamente) a primeira rosa
>
> mas se teu desejo for encerrar-me, eu e
> minha vida fecharemos em beleza, de repente,
> como quando o coração desta flor imagina
> a neve em tudo cuidadosa descendo;
>
> nada do que existe para ser sentido neste mundo iguala
> o poder da tua extrema fragilidade: cuja textura
> me submete com a cor dos seus domínios,
> representando a morte e para sempre em cada alento
>
> (eu não sei o que é que há em ti que fecha
> e abre; apenas alguma coisa em mim entende
> a voz dos teus olhos mais profunda que todas as rosas)
> ninguém, nem mesmo a chuva, tem tão finas mãos[2].

---

[1] O poeta norte-americano Edward Estlin Cummings (que assina "e. e. cummings", sempre grafado em letras minúsculas) nasceu em Cambridge, Massachusetts, em 14 de outubro de 1894, falecendo em New Hampshire, em 3 de setembro de 1962. Ele não intitulava seus poemas. Os versos de que agora nos valemos encontram-se na antologia bilíngüe *xix poemas* (Lisboa, Assírio Alvim, 1991), com seleção, tradução e notas de Jorge Fazenda Lourenço.

[2] *Poema viii* (CUMMINGS, 1991, p. 43). Infelizmente não tivemos acesso à tradução desses poemas feita por Augusto de Campos. Conversando com nosso amigo Francisco Alambert Jr. e lendo o original em inglês, consideramos que a possível tradução do último verso ("nobody, not even the rain, has such small hands) seria: "ninguém, nem mesmo a chuva, tem mãos tão pequenas".

Ainda que o poema refira-se especificamente ao envolvimento entre Lee e Elliot (respectivamente irmã mais nova e marido de Hannah), traz a imagem do desabrochar e da possibilidade de se libertar de algumas amarras sociais ("o teu mínimo olhar há-de facilmente desprender-me / embora eu me tenha cerrado como dedos..."), processo que atinge a todos os personagens, em maior ou menor grau.

No caso das irmãs, esse desabrochar relaciona-se fundamentalmente com a (re)construção de suas identidades femininas. Mesmo quando isso ocorre no universo masculino, os homens estão, na maior parte do tempo, redimensionando suas *relações com as mulheres*. Desse modo, ainda que em algumas cenas as mulheres não sejam as protagonistas, as relações de gênero mantêm-se como foco da narrativa. Os papéis sociais assumidos pelas mulheres em cada etapa de suas vidas variam dinamicamente em busca de uma integração entre desejos interiores e condições objetivas vividas. As adaptações, as mudanças e as rupturas representam o desafio central das personagens.

Um raio x do filme

Inicialmente, vale destacar aspectos relevantes da história e dos personagens. José Geraldo Couto faz a seguinte síntese: "Hannah (Mia Farrow) é a ex-mulher de Mickey (Woody Allen) e a atual de Elliot (Michael Caine). Este se apaixona pela cunhada mais nova, Lee (Barbara Hershey), que, por sua vez, é casada com um pintor mais velho, Frederick (Max Von Sydow). Mickey vagueia pela família com suas neuroses e sua hipocondria e acaba se aproximando da igualmente neurótica irmã mais velha de Hannah (Dianne Wiest)".[3]

Vincet Canby destaca, na seção de crítica cinematográfica do *New York Times*, à época do lançamento do filme (1986), que *Hannah e suas irmãs* é um drama familiar de três irmãs totalmente diferentes – mas dependentes entre si – daqueles que as cercam (maridos, amantes, amigos).

Hannah, a mais velha, foi atriz de sucesso, desistindo da carreira para se dedicar à família. Holly é a irmã de idade intermediária; problemática, sempre sonhou ser atriz, escritora e, sobretudo, "popular" (sociável). Uma de suas poucas virtudes reconhecidas pelos demais é o talento

---

[3] COUTO, 1995.

como cozinheira. E, mesmo nesse campo, Hannah está, ao menos, em pé de igualdade com Holly. Lee, por sua vez, é a mais nova: atraente, interessada por cultura e alcoólatra recuperada (ainda freqüentando terapia), sua vida é instável e caracterizada pela ausência de emprego fixo e de um norte profissional definido.

Elliot é marido de Hannah e atua profissionalmente como consultor financeiro de músicos de *rock*. Apreende-se que Elliot havia encontrado na segurança de Hannah oportunidade para estabilizar a vida turbulenta anterior ao casamento. A relação mais destacada é a de Lee com Elliot. Antes desse envolvimento amoroso, Lee vivia com Frederick, que a conheceu como aluna. Esse casal é retratado como assimétrico: ela não estaria intelectualmente "à altura" de Frederick, que ainda a tratava como se fosse alguém que continua em situação de aprendizagem, além de ser sustentada financeiramente.

Outro personagem importante é Mickey, ex-marido de Hannah, produtor de TV bem-sucedido que enfrenta problemas na carreira pelas constantes quedas no nível de audiência de seus programas e pela censura dos quadros que apresenta, pois os mesmos abordam temas delicados e polêmicos (críticas que vão do Papa ao presidente dos EUA). Hipocondríaco e maníaco por exames e diagnósticos, sempre constata que não é portador de qualquer espécie de doença terminal. Enquanto os temores por sua própria saúde não tinham fundamento, sua vida desfrutava de relativa regularidade familiar e profissional. Os problemas vêm à tona quando um exame acusa a possibilidade de que tivesse tumor no cérebro. Isso aguça seu drama existencial, levando-o à indagações acerca da vida após a morte e, sobretudo, conduzindo-o à compreensão maior do sentido da vida, elemento que também perpassa, de maneiras menos diretas, outros personagens principais do filme.

Os pais das irmãs igualmente marcam presença. Ambos são ligados ao *show business* e ainda atuam profissionalmente, inclusive concorrendo entre si. O casamento já se encontrava bastante esgarçado – as acusações recíprocas eram constantes, mas as aparências se mantinham, em alguns momentos, como, por exemplo, nas comemorações do Dia de Ação de Graças com toda a família, especialmente quando executavam (o pai ao piano e a mãe cantando) músicas românticas do tempo em que eram um jovem casal com relação aparentemente promissora e feliz. No entanto, a mãe das irmãs era alcoólatra, e esse hábito segue principalmente nas duas irmãs mais novas.

Representações sociais do universo feminino e familiar

A impressão inicial que o filme deixa é um acúmulo aparentemente desordenado e volúvel de narrativas paralelas, mudanças constantes nas posturas dos personagens, tendo como pano de fundo uma família judaica de Nova Iorque, tudo isso costurado por uma série de *gags*. No entanto, a observação dos encadeamentos lógicos desenvolvidos nas diversas histórias – bem como a articulação delas – justifica o título da película, revelando sua riqueza analítica, estética e existencial. Talvez por isso as vozes correntes de críticos brasileiros e estadunidenses qualifiquem *Hannah e suas irmãs* como produção acima da média do diretor Woody Allen.

As narrativas se desenvolvem de modo concêntrico em torno das imagens construídas sobre Hannah. Essa personagem não é propriamente o centro da história: a essência se encontra nas *representações sociais elaboradas sobre ela* pelos demais e pela própria Hannah. Sua personalidade e vontades interiores pouco aparecem no início e só se revelam com a proximidade do fim da história. Na maior parte do tempo, Hannah age conforme as expectativas do estereótipo de dona de casa e irmã perfeita.

Nessa condição, ela era a "estrela" da família, inclusive porque tinha *também* talento profissional como atriz, ainda que tivesse optado por não seguir a carreira: ou seja, suas potencialidades não se reduziam ao espaço privado, ao lar, mas também se expressavam no espaço público. Até no sexo sua imagem é impressionantemente perfeita: no primeiro encontro de seu marido (Elliot) com a irmã (Lee), esta tem receio de não se equiparar a Hannah na capacidade de satisfazer a Elliot. Em suma, é a representação social de uma mulher que aparenta ter todos os atributos valorizados por homens e mulheres.

Esse conjunto de características estereotipadas corresponde, em essência, à construção que os outros fazem de Hannah. Alguns aspectos dessa imagem são assumidos pela própria personagem, principalmente no desempenho do papel de boa dona de casa e de esteio moral da família. É a partir dessa representação social que gravitam quase todas as outras narrativas.

Os problemas de seus pais no relacionamento conjugal e o alcoolismo da mãe são, em certa medida, "equilibrados" pelo comportamento exemplar de Hannah. Isso não ocorre com Holly e Lee, que possuem vida instável e tiveram (ou têm) vícios. Igualmente, a imagem do casamento de Hannah com Elliot é vista como harmônica e sem contratempos. Por esse motivo, Lee se surpreende quando Elliot declara sua paixão.

Os pais são retratados como tendo sido relativamente displicentes na criação das filhas, ainda que aparentassem o contrário: "Eles queriam ter filhos, embora não investissem muita energia para nos criar", afirma Hannah[4]. Mais uma vez, Hannah é idealizada: embora tivesse problema com Mickey, seu primeiro marido – destacando-se a infertilidade masculina –, a situação é superada através da inseminação artificial e da adoção. Assim, a imagem de Hannah se contrapõe à dos pais, uma vez que *se dedica aos filhos*, mostra-se forte e segura.

Além disso, Hannah ajuda financeiramente a irmã Holly que, aos poucos, vai abandonando sua dependência em relação ao álcool e à cocaína. Tais empréstimos atenuam também as diversas tentativas frustradas de êxito profissional de Holly. Para os familiares, Hannah representa a mulher perfeita, cuja imagem é uma espécie de tentativa de salvação simbólica dos problemas e dificuldades de cada um. Os principais personagens procuram imitar ou contrariar essa imagem artificialmente construída, seja porque a admiravam, seja porque a consideravam reflexo de uma postura dominadora.

No caso de Holly, a escolha de seu círculo de amizades tem correlação com a imagem de perfeição inalcançável que faz de sua irmã mais velha. As amigas de Holly têm o mesmo perfil dominador e concorrente que enxerga em Hannah: é o caso de April, que ao invés de estimular, respeitar e valorizar os atributos de Holly, compete abertamente no campo profissional e pelo mesmo homem, um arquiteto. Essa convivência reforça o sentimento de que é uma "fracassada", reavivando inclusive os ressentimentos com Hannah. Ademais, deseja a carreira de atriz, tentando imitar a imagem de competência profissional de Hannah nesse campo, que obteve grande êxito como Nora, em *Casa de bonecas*, de Ibsen.

Lee também procura imitar a imagem de esposa bem casada que faz da irmã. Ela já havia manifestado a Frederick, com quem vivia há anos, o desejo de casar-se e ter filhos, o que a ele não interessava. A tentativa de imitar a vida familiar de Hannah também se percebe quando Lee resolve estudar Psicologia ou Sociologia em Columbia: o motivo apresentado seria aprender a lidar melhor com crianças. No entanto, se isso

---

[4] ALLEN, 2000, p. 110.

talvez tivesse alguma função para Hannah, não teria para Lee, que não tinha filhos.

Mickey, ex-marido de Hannah, oferece uma dica aos espectadores logo no início, em um comentário que aponta o quanto a fortaleza de Hannah escondia inseguranças e fragilidades: "Sempre gostei de pessoas inseguras..."[5]. Ou seja, desde a época em que vivia com Hannah, Mickey já percebera que não era tão segura quanto aparentava ser.

A suposta segurança de Hannah é, inclusive, forte razão da harmonia e união entre as irmãs. Contudo, essa ilusão começa a se desfazer quando Lee percebe que Hannah nada comentou sobre problemas com o marido (Elliot). Da mesma maneira, Holly considera que Hannah tenta freqüentemente podá-la, diminuir suas capacidades e tentar arrumar-lhe namorados que Holly acredita serem "perdedores": "Sempre soube o que você pensava a meu respeito pelos tipos de homem que você me apresentava"[6].

Relacionamentos amorosos

Se as relações familiares são fortemente marcadas pela idealização da imagem feminina de Hannah, os relacionamentos amorosos o são ainda mais. A diferença é que nesse campo o fio condutor da narrativa leva à solução dos problemas de cada personagem. Enquanto na profissão e na família os estereótipos orientam em grande medida os comportamentos, o amor é o *locus* de ruptura com essas representações sociais sedimentadas. Nesse sentido, o filme elege a visão feminina do amor como agente principal de transformação de papéis sociais e de ruptura com condicionamentos e preconceitos.

A personagem que mais aparece em relações amorosas é Lee. Mais jovem, emotiva, atraente, desempregada e interessada por livros, cinema e cultura em geral, encarna, em certa medida, a noção de uma vida livre. Vive, sem ser casada, com o pintor Frederick. Essas características atraem Elliot – "Você é tão inteligente, tão encantadora e tão atraente"[7] – e contrapõem-se frontalmente à segurança, à correção e à monotonia

[5] Idem, p. 44.

[6] Idem, p. 176.

[7] Idem, p. 77.

de sua esposa Hannah. Ainda que Elliot pareça ser o principal sujeito da ação no momento em que está se apaixonando por Lee, a questão central da narrativa é o poder de atração que as diferentes personalidades femininas podem despertar num homem.

Simultaneamente, mesmo Lee sendo uma "mulher livre", busca reiteradamente alcançar o modelo supostamente harmônico do casamento de Hannah. Procura homens cujo perfil potencial corresponda ao de um bom marido. Frederick, a primeira tentativa, frustra seu desejo. Assim, sua vida acaba convergindo, não por coincidência, para um caso com o próprio marido de Hannah.

Elliot acredita que está apaixonado por Lee. O poema de e. e. cummings sintetiza isso: Elliot "fechou-se" para uma vida livre ao se casar com Hannah, ainda que buscasse segurança na esposa. A paixão por Lee lhe abre, aos poucos, sua própria "primavera", uma possibilidade de não ter que se prender à monotonia e a uma vida demasiadamente previsível. A escolha do poema como declaração de sua paixão por Lee é a forma de Elliot afirmar que um romance só não aconteceria se a irmã de sua esposa não quisesse ("se teu desejo for encerrar-me, eu e/minha vida fecharemos em beleza").

O poder encantador da "extrema fragilidade"[8] de Lee é exatamente o oposto da segurança de Hannah. Mais do que a paixão masculina, essa forte passagem toca em arquétipos femininos profundos – a estabilidade de Hannah e a liberdade de Lee –, o impacto desses na construção de identidades sociais e as potencialidades de ambos mobilizarem as ações masculinas. Mesmo assim, ainda que Elliot estivesse "cansado" de Hannah, sua personalidade segura tem também suas riquezas e seu valor social, pois fora fundamental em um momento difícil na vida de Elliot – o que a livre Lee não poderia oferecer.

O desgaste do caso extraconjugal de Elliot observa-se quando Lee sente que seu amante amava Hannah e não a abandonaria para satisfazer ao seu desejo de casar. Isso a faz perceber que não necessariamente precisa seguir o mesmo caminho de estabilidade, casamento e família para ser feliz. A jornada de Lee consiste, portanto, na libertação da referência do casamento estável: percebe que esse é o modelo de relação desejado por Hannah e não por ela.

---

[8] CUMMINGS, 1993, p. 43.

Assim, envolve-se outra vez mais com um de seus professores. Esse relacionamento faz Lee abandonar o sonho de uma relação estável e a faz aceitar seu comportamento de "mulher livre". Abandona a idealização da vida de Hannah para buscar seu próprio modelo de relação amorosa. Após a "primavera" – que foi o caso com Elliot (retratado na poesia) –, vemos em seguida Lee no "outono" (tais metáforas são utilizadas literalmente), com seu novo namorado. A "primavera" corresponde a certa imaturidade de Lee e, principalmente, à dependência da imagem da irmã, enquanto o "outono" é o encontro de uma identidade mais adulta e autônoma em relação a Hannah.

Holly também é atraente, mas não tem confiança suficiente para se comportar como mulher sedutora. Nesse sentido, é diferente de sua irmã mais nova. Ainda assim, acaba por descobrir sua sensualidade. Holly percebeu que Hannah não era "melhor em tudo" quando sua mãe e principalmente o produtor de TV Mickey reconheceram seu talento como escritora. Nesse momento, a busca da identidade de Holly deixa de passar pelo registro da imagem que faz de sua irmã. É a primeira vez que Holly não é comparada em suas capacidades a Hannah. No final do filme, Holly mostra-se confiante e busca seus próprios caminhos de modo autônomo: descobre seu poder de sedução e passa a viver com Mickey.

Holly, inclusive, diz estar esperando um filho de Mickey. No entanto, Mickey era estéril. Duas interpretações são possíveis: ou ela teve um relacionamento com outro homem, de tão confiante e atraente que passou a se sentir, ou Mickey teria milagrosamente revertido sua infertilidade por ter encontrado – após crises existenciais que o fazem abandonar seu emprego na TV e transitar, alternativamente, entre o judaísmo, o catolicismo e os *hare krishnas* – um sentido para a vida no amor por Holly.

Hannah passa talvez pela jornada mais difícil de todas: desconstruir a imagem que os outros faziam dela como auto-suficiente, perfeita e segura. A solução é poética, pois a personagem não mergulha em depressão profunda, não reage com violência e nem muda sua personalidade radicalmente: apenas percebe a necessidade de abandonar a enganosa harmonia de suas relações com pais, irmãs e marido, passando então a mostrar suas fragilidades.

O primeiro fator que desencadeia o desabrochar de Hannah é a constatação de que Elliot não queria ter filhos biológicos dela. Com isso, desaba a ilusão de que sua vida familiar era perfeita, representação que a própria Hannah assumia como real. Outro elemento importante que determina a desconstrução desse estereótipo é o roteiro escrito por Holly, cujo tema era a vida da irmã mais velha. Hannah conscientiza-se, ao ler o roteiro, das representações sociais que se faziam dela, as quais a categorizavam como dominadora, boa dona de casa e esteio da família.

É nesse momento, já no fim do filme, que Hannah expõe suas fragilidades a Elliot:

> Eu não o acuso. Te pergunto: você acredita que sou demasiadamente... demasiadamente dedicada aos outros? Extremamente-extremamente-extremamente competente? Extremamente-extremamente – não sei... – repugnantemente perfeita, ou algo parecido?[9]

Assim, Elliot percebe que sua esposa também era sensual, frágil e encantadora, qualidades antes vistas em Lee. É o reencontro do casal. O desafio de Hannah é justamente a busca por libertar-se, ao menos em parte, de sua rigidez.

A riqueza de Hannah é o dinamismo de sua personalidade e sua capacidade de não se conformar ou não se reduzir ao mero estereótipo da mulher tradicional, familiar e agradável a todos. Sua jornada é a descoberta de que seu papel social construído (a dona de casa *certinha*) não contemplava as dimensões mais amplas do sentido de ser mulher: faltava-lhe, ainda, a expressão social de sua feminilidade. Mesmo assim, o desfecho da película não apresenta explosão desordenada de sua atratividade, mas uma suave conquista e desvelamento de uma sensualidade antes inibida, qual seja, a perda do medo de se envolver emocionalmente de modo mais intenso.

Um sentido para a vida

Todos os personagens buscam um sentido de vida mais profundo. Contudo, isso fica mais evidente em Mickey, representado pelo próprio Woody Allen. Mickey concentra as falas que remetem a discussões filosóficas sobre a existência de Deus, a vida após a morte e os dramas do cotidiano. Para Roger Ebert (1986), "Mickey é um *outsider* perene" em sua jornada em busca do amor e de um sentido de vida maior.

---

[9] ALLEN, 2000, p. 193.

A busca de Mickey tem início, efetivamente, quando sua hipocondria converte-se em possibilidade concreta de ser portador de doença mortal. Apenas nesse momento decide abandonar suas seguranças para mergulhar em tentativas incertas, até quase o suicídio, de encontrar sentido na vida.

Embora a narrativa não esclareça esse ponto, seus comportamentos hipocondríacos podem ter se iniciado – ou, ao menos, se acentuado – a partir do momento em que descobre ser estéril, quando ainda era casado com Hannah. Entretanto, isso aparece em *flashback*. No momento presente, o drama de Mickey se configura quando não consegue mais trabalhar ao saber da possibilidade de ter um tumor no cérebro: "Agora não posso me concentrar no programa [de TV]"[10]. Seu medo de doenças mortais era tão grande que não admitia que pronunciassem a palavra "câncer" perto dele.

Após não encontrar um sentido em sua vida através de várias religiões, considera que a solução estaria nas relações humanas. O momento em que Holly apresenta seu roteiro para Mickey é a oportunidade de fazer o amor romântico encantar sua triste vida. Aliás, o roteiro de Holly – que é a própria narrativa do filme – constitui-se em metalinguagem sutil utilizada pelo diretor. Tem função similar ao poema de e. e. cummings, despertando em Holly e Mickey um sentido de vida que não mais passava pelo crivo de Hannah ou da imagem que construíam dela.

Conclusão

O crítico Roger Ebert considera que uma das mensagens que mais chamam a atenção no filme é a idéia de que, embora cada personagem tente organizar a vida de acordo com sua bagagem de experiências (leituras, aprendizados, crenças), seus planos geralmente se perdem e se dispersam em um turbilhão de emoções.

Entretanto, ainda que isso ocorra – em especial no campo das relações amorosas –, esse turbilhão não se torna fator de desagregação e conflito de personalidade. Ao contrário, representa a oportunidade de cada um escapar das estereotipias e de encontrar completude em suas vidas. Isso fica bem delineado para o universo feminino, que é o grande protagonista do filme.

---

[10] *Idem*, p. 54.

As três irmãs encontram, aos poucos, possibilidades de não se restringirem à forma pela qual a sociedade espera que as mulheres se comportem. Elas até podem assumir os arquétipos da "filha vencedora" (Hannah), da "ovelha negra" (Holly) ou da "mulher livre" (Lee), mas não são somente isso. O aprendizado de cada uma é ir além dessas fronteiras estabelecidas por representações sociais sedimentadas. Nesse sentido, Woody Allen alcança grande profundidade na abordagem: dá atenção especial à família e à mulher, denuncia os estereótipos sobre ambas e aponta para o potencial de superação harmônica desses condicionamentos coletivos, de modo que cada um viva seus papéis sociais com mais autonomia.

Esse filme, talvez um dos melhores de Woody Allen, apresenta uma jornada de descoberta do sentido da vida, com encontros e desencontros amorosos e existenciais, em que as relações de gênero adquirem traços dramáticos e, às vezes, cômicos. O desafio maior mostra-se sempre nos momentos em que as crises impulsionam a (re)organização das identidades femininas das três irmãs. O problema central está no fato de que a construção artificial da imagem feminina de Hannah era o elemento que conferia sentido à vida de todos.

Embora as três não sejam mostradas juntas no final, depreende-se que os encaminhamentos levam a uma relação mais saudável entre elas, baseada na autonomia individual e na complementaridade de suas personalidades. A união familiar é a metáfora da complementação desses três arquétipos femininos e de que qualquer uma das diversas representações sociais construídas sobre as mulheres ("filha vencedora", "ovelha negra" e "mulher livre") é melhor do que as demais: cada qual tem suas qualidades, problemas, o risco de se reduzir a estereótipos, potencialidades diversas e funções específicas capazes de harmonizar diferentes desequilíbrios observados nas relações sociais.

A busca das irmãs por identidade autônoma, completa e equilibrada é um manifesto – sutil e bem construído – que reflete os anseios de inserção e valorização social das múltiplas experiências e condições femininas. É, sobretudo, um lembrete de que os estereótipos sociais construídos sobre a mulher pelo universo masculino hegemônico tentam apagar riquezas e uma visão de mundo que contribui para a percepção menos preconceituosa das relações de gênero e dos problemas da sociedade.

REFERÊNCIAS

ALLEN, Woody. *Hannah y sus hermanas* (Trad. José Luis Guarner). Barcelona: Fabula Tusquets Editores, 2000.

ARAUJO, Inácio. Humor triunfa em "Hannah". In: *Folha de S. Paulo,* "Ilustrada", 13/01/1994.

ARAUJO, Inácio. Woody e a psicanálise à americana. In: *Folha de S. Paulo,* "Ilustrada", 06/11/2000.

CANBY, Vincent. Film: from Woody Allen, "Hannah and her sisters". In: *New York Times,* "Movie Review", 07/02/1986.

COUTO, José Geraldo. "Hannah" é ponto alto de Allen. In: *Folha de S. Paulo,* "Ilustrada", 19/01/1995.

CUMMINGS, e. [Edward] e. *xix poemas* (Ed. bilíngüe; sel., trad. e notas: Jorge Fazenda Lourenço). Lisboa: Assírio & Alvim, 1991.

EBERT, Roger. Hannah and her sisters. In: *Chicago Sun-Times,* 02/07/1986.

As horas

Luiz Augusto Passos
Michèle Sato

Filme: *As horas*
Ficha técnica, sinopse e mais informações na página 269.

Canção
No desequilíbrio dos mares,
as proas giram sozinhas...
Numa das naves que afundaram
é que certamente tu vinhas.

Eu te esperei todos os séculos
sem desespero e sem desgosto,
e morri de infinitas mortes
guardando sempre o mesmo rosto.

Quando as ondas te carregaram
meu olhos, entre águas e areias,
cegaram como os das estátuas,
a tudo quanto existe alheias.

Minhas mãos pararam sobre o ar
e endureceram junto ao vento,
e perderam a cor que tinham
e a lembrança do movimento.

E o sorriso que eu te levava
desprendeu-se e caiu de mim:
e só talvez ele ainda viva
dentro destas águas sem fim.

(Cecília Meireles)[1]

[1] http://www.editoraeletronica.net/

Em movimentos metafísicos de ruptura entre o ontem, o hoje e o amanhã, o elenco do filme *As horas*[2] ousa revolucionar a tirania linear do tempo na forma suave da poesia expressa por Cecília Meireles, que parece ter-se inspirado no próprio filme. A animação cinematográfica do romance *The hours*, de Michael Cunningham[3], incide na condição feminina que espelha a memória de três mulheres que vivem em três épocas distintas. A primeira é escritora, Virginia Woolf[4], personagem real que viveu na conturbada sociedade patriarcal da Inglaterra do século passado, que lhe negou, entre o direito de escolarização, o direito a ter direitos (Arendt, 2001). A suscitação à estrutura rígida da masculinização escolar não tarda, quando, após adulta, torna-se uma escritora bem-sucedida. Teve conflitos enormes com sua identidade sexual e entregava-se em devaneios literários como forma de superação de sua própria languidez. Em seu esvaziamento aéreo, deixava a terra corpórea, buscando cessar seu fogo obsessivo na vaga das águas.

A segunda, Laura Brown[5], vivencia o que uma vasta maioria de mulheres sofreu na década de 40. Dona de casa, mãe de dois filhos e sem esperanças, padece de depressão endógena, em que sua busca não se localiza em fatores externos, que aparentemente são o cenário de uma família feliz, tipicamente da classe média, como no maior sonho norte-americano: vive numa casa com paredes brancas, com varanda e bem-estar financeiro. Por trás da ideologia do bem estar material, há uma crítica ao padrão masculino, desde que, no final, a surpreendente denúncia de que os filhos foram abandonados por ela é revelada como forma de libertação de sua condição biológica de mãe-mulher.

Finalmente, a terceira protagoniza a personagem da primeira. Clarissa Dalloway[6] é uma mulher que tem sua vida profissional independente, escolarizada e que vive como parceira de uma outra mulher. Freud diria que *Eros* e *Thanatos* enredam-se no corpo da história.

---

[2] Dados do Filme: Stephen Daldry (dir.) *As horas*. Paramount., 2002. Estrelando: Meryl Streep, Julianne Moore, Nicole Kidman, Ed Harris, Claire Danes, Toni Collette, John C. Reilly.

[3] CUNNINGHAM, Michael. *As horas*. Tradução de Fernanda Pinto Rodrigues. São Paulo: Gradiva, 1999, 228 p.

[4] Nicole Kidman.

[5] Julianne Moore.

[6] Meryl Streep.

Para atender aos avanços das ciências, o figurinista adequou o cenário ao mundo contemporâneo: ela teve uma filha de um pai desconhecido, através da inseminação artificial. Paradoxalmente, apaixonada por um homem, bissexual, que teve o fôlego suspenso na paixão de outrora, mas que foi superada no encontro dele com outro homem. Sofrendo da Síndrome da Imunodeficiência Adquirida (AIDS), rejeita e é rejeitado pela sociedade, embora também seja um poeta famoso e premiado pela literatura. Ao final do seu protagonismo, quando se lança inexoravelmente da janela de seu pequeno apartamento, retirando sua própria vida, o diretor nos permite saber que ele é filho da segunda mulher, Laura Brown. A revelação delineia, assim, a existência da teia emaranhada tecida entre a primeira mulher escritora e a outra personagem. Não há papel de coadjuvante, desde que o diretor é competente em envolver três cenários em ritmos, pausas e movimentos, permitindo que nos situemos em vestidos longos com chapéus na primaveril Inglaterra, nos Mercedes conversíveis das ruas americanas da década de 40 e na modernização agitada presente na vida nova-iorquina.

O filme foi tão bem dirigido que, desde o início, embora sem ser explicitado, o espectador sabe que o caos e o equilíbrio estão concomitantemente presentes, dando vazão à vida e à morte com simultaneidade da paixão, na ardência do fogo e na queima dos sexos, mas igualmente trazendo a calmaria dos ares e brisas tocando suavemente o esvoaçante cabelo, levando a alma longe, em pensamentos, e permanecendo apenas o corpo nas longas horas de sofrimento. O retorno à vida real, entre terras e tormentas, faz com que a água seja o encontro destes dois mundos paralelos, entre o bem e o mal, como se quisesse romper com os pares binários percebidos como contraditórios, mas que são complementares.

Quatro elementos bachelardianos embalam as brumas e as esperanças em espaços distintos, mas em tempos semelhantes dessas mulheres: o fogo da paixão na sensualidade, beleza e obsessão pela felicidade; o chão árido dos espaços masculinos, mas que semeia utopias e fecunda a terra; o ar que convida aos devaneios, o desprendimento do sofrimento e das horas intermináveis de dor; e a água, ícone que incorpora, simultaneamente, a morte das tormentas e a vida brotando nos corpos d'água, que parece ser o foco central desse nosso olhar interpretativo sobre as horas femininas. "Dize-me qual é o teu infinito e eu saberei o sentido do teu universo – é o infinito do mar ou do céu; é o infinito da terra profunda ou da fogueira" (Bachelard, 1990, p. 89).

Para além de contemplação passiva, os quatros ambientes trazem a voz do sangue na alma e nos desejos de mudanças. Entretanto, *a água*, enquanto signo, é o elemento da natureza que pode nos ajudar a acreditar no mundo, a amar o mundo e a cuidar deste mundo. É a gênese da vida (Bachelard, 1976), que possui olhos para cuidar da terra e, por isso mesmo, parece possuir características femininas.

A sonoridade dos rios, lagoas e baías da mitologia do mundo inteiro conta histórias, narra lendas e cria novos signos poéticos como continuidade da linguagem humana à palavra da água. Mas esta também é muda e permite que a própria mitopoética silencie os segredos, as mortes e as impurezas. Sua ambivalência instaura a projeção dinâmica do ciclo da vida e da morte – o olho da água revela um espelho com vida interior. A água é um "reflexo da mulher", porque nada é mais mulher que a água, nada a diz mais e mais profundamente que os laços vivos das águas, nada a anuncia melhor. O corpo deve estar também sobre a água assim como as pontas dos pés que o denunciam (Sato, 2003). É assim que Virgínia Woolf entrega seu *Eros* terreno, encontrando na água seu *Thanatos* literário.

O palhaço de Shakespeare[7] comentaria à Ophelia que não seria incapaz de conceber a morte, quando há tanta água para salvar as almas e evitar os genocídios de uma guerra. Mostraria seu largo sorriso vermelho pela aparente abundância da água, mas também choraria quando percebesse que a mesma abundância é falsa e que disputa campos de poder inimagináveis além da própria vida. E talvez Hamlet tenha realmente dito: "To be or not to be – this is the question!"[8]

É na água que a terra e o céu se encontram e, na mistura de sangue líquido, sempre oferecem um convite à vida numa erupção aquática do corpo que transborda sentidos, emoções, paixões e sonhos encantados. Mas é também o narciso surrealista de Salvador Dalí que reflete um aquário da noite – muda as propriedades do ser pela força esplendorosa da pura contemplação! Quando a noite chega, os fantasmas se condensam e aumentam o terror no coração dos humanos, partejando a "água da morte" de Edgar Allan Poe (Rodrigues, 1999), com o corvo dizendo que sobrariam as diferenças da noite, arrastando toda a paisagem para

---

[7] http://www.editoraeletronica.net/

[8] "Ser ou não ser – eis a questão!"

seu próprio destino, e, frente à miséria humana, repetiria incansavelmente: "Nunca mais".

Nossos olhares fenomenológicos (Passos, 2003) marcam estruturalmente nosso encontro com o mundo enquanto fenômeno, isto é, como ele aparece para nós. Representam, assim, nossa própria constituição no mundo, aceitando que ele deriva de nós, como um artefato nosso. O filme, de certa forma, nos precede e determina nosso aparelho perceptivo; este último, contudo, não se dobra à sua objetividade: organiza-o, nomiza-o, transporta-o em linguagem, configura-o, para que possamos lhe atribuir um sentido. Chamamos *mundo* não o que ele é em si, mas aquilo que nele dizemos para que ele assim seja e exista para nós.

A mulher-água resiste. Virgínia freqüentemente lutou contra a loucura na produção de seu livro *Mrs. Dalloway*, na perspectiva que aponta Renato Simões, "como se, por vezes, o ato criativo pudesse ser a única alternativa a uma vida que, permanentemente, se auto-consome".[9] Augusto Boal (2004) considera que todo ser humano é um artista, desde que possa utilizar a linguagem da estética do oprimido para a construção do Brasil. É um convite para sermos dramaturgos de nossos enredos, ora atuando como protagonistas de nossas histórias, ora sendo espectadores de outros roteiros. Podemos ser figurinistas, potencializando nossas competências em criar novos cenários, e, algumas vezes, podemos atuar como diretores, adequando-nos às diferentes paisagens e contextos históricos. O nosso protagonismo, no teatro da vida, poderá permitir sermos produtores de nossas esperanças e utopias. Nosso compromisso, assim, não se limita a interpretar o filme, senão também saber vivê-lo. Mas, ao vivermos, inevitavelmente leremos o mundo através de nossos próprios signos. Certamente esse olhar é apenas uma *tradução*, e não teremos a pretensão de oferecer a versão original da vida inconstante do ar, da terra, do fogo e da água – elementos vazados pelas mãos temporais de mulheres que lutam em espaços cadentes e demarcados. São apenas leituras e releituras de situações experimentadas, pulsantes nos corações que atuam em espaços híbridos e que sofrem metamorfoses constantes. Sempre com esperança, talvez longe, morosa e apenas como utopia, mas que nos move para ousar transformações políticas no silêncio cotidiano de nossas próprias existências.

---

[9] www.icicom.up.pt/blog/muitaletra/arquivos/004120.html

No interior de nosso *habitat*, o Pantanal, a Educação Ambiental (EA) tem sido idealizada no mundo desses elementos – com casas, cidades e comportamentos equivalentes ao social e cultural da terra. Por isso, pensar o Pantanal é sempre pensar numa totalidade onde o tempo da natureza, da cultura e da sociedade está sempre em um mesmo plano. Sabemos, também, que a abordagem da ecologia política, pelo menos como tem sido aplicada no estudo das decisões do uso da terra, raramente tem dado prioridade ao desempenho que as relações de gênero têm nas decisões ambientais. No entanto, tais considerações podem ser facilmente introduzidas dentro das políticas, visto que as relações de gênero são características proeminentes do contexto dentro do qual as decisões são feitas.

O final da vida de Virginia Woolf traz uma reflexão de que talvez esteja presente um sentido de indignação à miséria e aos impactos ambientais da região que habitamos, que, submergido na luta cotidiana, vem à tona com fúria de tempos em tempos. Demarca, também, a luta nas equidades sociais e sexuais, na tentativa de eliminar a primazia e o conflito entre a construção social e biológica, buscando uma constituição dialética conflituosa (Muraro; Boff, 2002). A tensão pode gerar a ira, mas a energia desprendida transmuda-se no *empoderamento* social, tornando-se força que move as pessoas (Gandhi, 1999). E no calor do pôr de sol vermelho, entre vôos libertários de garças e nuvens polimorfas, a quietude da alma em festejo revolucionário vai marcando a Educação Ambiental que se move nas horas, tempos e espaços das utopias tropicais.

Boaventura Santos aponta que o raciocínio linear da Modernidade, na sua prepotente *razão indolente* que se autodenomina como a única lógica considerada possível, produz a contração do presente na perspectiva do futuro incerto. Um futuro que se espraia tomado pelo medo da morte e pelo surto da loucura. As três mulheres estão condenadas na fatalidade de Virginia a suspender o presente. Assim, longe de Londres, onde tudo é movimento e agitação, o *presente* poderia adquirir a feição da morte; ela é, ao contrário, vigiada, presa e circunscrita ao vilarejo distante e sem conflitos de Richmond, cuidada como uma fera enjaulada, para protegê-la da liberdade da vida, que poderia condená-la à loucura e à morte. Seu cativeiro inominável implica o cativeiro do outros. Aliás, toda loucura só existe como contraponto da loucura de todos. Não seria possível categorizar a *diferença*, não fora por um contraste, ainda que sutil, entre o demente e os razoáveis. É por isso que ela nos incomoda tanto! É nosso espelho: espelho da condição humana e de nosso brinquedo ensandecido chamado civilização. A cultura brasileira a nomina como marca de cada um/uma: poeta, médico e louco... todos somos.

Ah! De onde Virginia vê o mundo? Onde pousa seu olhar? A atriz parece possessa pela Virginia Woolf histórica. O filme pode ser compreendido pelo movimento do olhar. Aquele olhar que ultrapassa o visto. Nele há fúria, soberba, volúpia, ira, luxúria, gula... Todos os pecados capitais. Há, sobretudo, um momento do filme em que ela olha, do alto da escada, o marido trabalhando esmagado num plano inferior, atolado num ritual repetitivo e quase inútil, compondo letra por letra os livros gestados pelos delírios dela... Ele lhe fala, monotonamente, entre dentes, que coma alguma coisa para conservar a saúde. Por outro lado, ele mal esconde o medo e a denúncia que lhe aponta com o dedo, que a razoabilidade está do outro lado, no olhar de Virginia. Ele não pode ignorá-la. Disso, dirá Foucault:

> É por isso que, na experiência clássica, a loucura pode ser ao mesmo tempo um pouco criminosa, um pouco fingida, um pouco imoral, um pouco razoável, também. O louco doravante está livre, e excluído da liberdade. Outrora ele era livre durante o momento em que começava a perder sua liberdade; é livre agora [*institucionalizado*] no amplo espaço em que já a perdeu. (Foucault, 1997, p. 507)

Nos acessos de qualquer loucura, os limites naufragam. A onipotência expõe os delírios de todos...

> Os bóias-frias tomam umas biritas
> espantando a tristeza,
> sonham com bife-a-cavalo, batata-frita e a sobremesa
> é goiabada-cascão com muito queijo,
> depois café, cigarro e um beijo de uma mulata chamada Leonor
> ou Dagmar.
> Amar
> o rádio-de-pilha, o fogão-jacaré, a marmita, o domingo, o bar,
> onde tantos iguais se reúnem
> contando mentiras
> pra poder suportar...
>
> *O Rancho da Goiabada* – de João Bosco & Aldir Blanc

A condição interior da loucura é a plenitude, é a onipotência, é o saciamento: abolição de toda *falta*. É a eterna luta contra o bom senso emasculado, contra a razão inútil. Apontar o dedo e denunciar à razão que, fora dali, há outros territórios. Eram os momentos de felicidade e de liberdade. Aliás, Virginia Woolf passava dias e dias sem querer banhar-se, nua, sem roupas. A exterioridade subsumiu-se e exauriu-se numa interioridade expandida. Está também uma dimensão dramática do louco, visto como *coisa*, como mecanismo corporal exterior, *reificado*; por causa disso, nunca teve sua interioridade tão expandida. O sagrado produz o mesmo nos místicos; a fé tem a loucura por região limítrofe.

> Nessa loucura *(do ponto de vista médico)* o homem não é mais considerado numa espécie de recuo absoluto em relação à verdade. Ele é, aí, sua verdade e o contrário de sua verdade; é ele mesmo e outra coisa que não ele mesmo; é considerado na objetividade do verdadeiro, mas é verdadeira subjetividade. Está mergulhado naquilo que é sua perdição, mas só entrega aquilo que quiser entregar. É inocente porque não é aquilo que é, e culpado por ser aquilo que não é. (Foucault, 1997, p. 520)

Essa reificação é compartilhada por seu companheiro. O companheiro de Virginia renuncia, por solidariedade, à vida, compartilhando o exílio de Virginia[10]. A monotonia das horas presas marca um compasso lento do desencanto, do cotidiano vazio da expectativa de segurar o destino fatal e de prolongar as horas. Virginia foge, driblando a guarda diuturna, que a mantém sob os olhos. Há medo de que ela se suicide. Havia tentado em Londres. Certo dia foge. É encontrada na estação do trem, pronta para enfrentar o inferno vivo de Londres; expectativa de pôr fim à agonia de um tempo petrificado que não passa. É, quem sabe, o primeiro momento de dor e de apalpar profundo de dois condenados: ela, Virginia, e seu companheiro. Ele esclarece a ela o quanto renunciou da vida por ela. Londres representava, para ele, o delírio de Virginia, o surto de sua loucura, e ele tudo fizera para que a livrasse da morte. Londres, para Virginia, ao contrário, era o transe que devolvia a solvência das horas coaguladas, era onde Virginia mascava e saboreava sua transitoriedade humana, que exorbitava a condição de bicho raro, de

[10] "É verdade que muitas vezes se interna para fazer alguém escapar ao julgamento: mas interna-se num mundo onde o que está em jogo é o mal e a punição, a libertinagem e a imoralidade, a penitência e a correção. Todo um mundo onde, sob essas sombras, ronda a liberdade." (Foucault, 1997, p. 506-507)

exposição pública, e, sobretudo, sua circunscrição no *apartheid* da diferença. Diferença, a qual lhe era relembrada nos rituais de atendimento às suas necessidades, minuto após minuto. Diferente do desfiar eterno das horas no subúrbio de Richmond, em Londres sentira-se viva porque atocaiada por perigos mil, que a levariam à morte breve e a prazerosamente se entregar à sedução do suicídio. Londres, sorrateira, fugidia, evanescente, representava a magia do reencontro com suas origens, encontro primal consigo mesma, nas águas da morte. Agora, ali, na estação, de novo ameaçada de ser reenviada ao seu cativeiro, Virginia, num grito de desespero entrecortado, vaticina: "Prefiro a morte a definhar cotidianamente, sufocada segundo a segundo, mantida longe do perigo da vida!" Era a mulher-água que nela falava. Soluça de seu lugar criador e generativo, junta as lágrimas de sua essência feminina, para fecundar seus escritos. Todos liam seus livros porque se encontravam nos seus delírios, e, agora, circunscrita ao pesadelo do domínio seco do macho, morre de inanição. Justamente ao possuir tudo, a cercar-se de providências para que nada lhe falte, cobrem-lhe a(s) falta(s) ontológica(s) que a dinamizam, porque acendem a fome do desejo. São negadas a ela as torrentes fáusticas que permitiriam sorver o doce-amargo da vida em toda sua intensidade, seu gozo-algoz. O filme deixa entrever que, pela primeira vez, Virginia é ouvida: põe em crise e estremece as *certezas* daquele que a ama. Amor tão infinito e tão sufocante, confessado em seu bilhete de partida, de cuja pureza ela jamais duvidara. Virginia é torrente, é água profunda alvoroçada cujo ímpeto suprimia as fronteiras das margens – que a psicologia cunhou como "*borderline*"[11] –, explodindo a bitola da carne. A transcendência do desejo punha fogo num presente vão e o desejo exposto denuncia a animalidade. Ultrapassa os limites das comportas da cultura, insuportável para qualquer civilização. O desejo vivido nos atira à cara que podia ter sido diferente: nossa vida, nossa sociedade, nossos costumes, nossas crueldades e delírios. Flagela-nos por saber que há um ranço de arbitrariedade e de insignificância no que fazemos e somos.

Virginia parecia extenuada por um parto, o qual, como mulher, não tivera, mas que processa na parição sofrida de cada personagem dos seus contos. Personagens que a vampirizavam por dentro, com fantas-

[11] Aquele(a) que passeia pelos limites, próximo(a) ao delírio ou ao surto.

mas antigos que se descolavam de si própria, sugavam sua alma, ganhavam autonomia e se materializavam por suas páginas infindáveis e que agora mantinham-na cativa e enleada nos seus próprios destinos. Enquanto durava a parturição de seus textos, a decisão que lhe cabia sobre o destino de cada um dos personagens, Virginia fremente, moribunda e delirante, não dormia, não comia: consumia-se. Em *Mrs. Dalloway*, Virginia não mais discerne entre sua vida e a do personagem Smith. Confabula com o marido impotente que alguém precisará morrer. Ele não pode compreender em que sentido a morte, que é perda, pode ser necessária. Ele pergunta: "Quem deverá morrer?!" Virginia, sem titubear, responde: "O poeta, o visionário...".

O que um poeta e um visionário têm em comum?

Ambos transcendem os limites da representação e da aparência. O poeta atrevido explode os limites da língua; o visionário indecorosamente enxerga o que está por baixo. Ambos emprestam às aparências sentidos inadvertidos, sentidos que, pela imaginação criadora, engravidam a esterilidade da mesmice: ambos desafiam os cânones do consenso frouxo. São, por isso, muito, muito perigosos! "Por que é preciso – pergunta-lhe ainda o marido – que alguém morra?" Virginia, engolfada medularmente na condição humana, responde: "Para que outros possam viver!..."

> É por isso que pouco importa saber quando se insinuou no orgulho de Nietzsche, na humildade de Van Gogh, a voz primeira da loucura. Só há loucura como instante último da obra – esta a empurra indefinidamente para seus confins; *ali onde há obra, na há loucura*; e, no entanto, a loucura é contemporânea da obra, dado que ela inaugura o tempo de sua verdade. (Foucault, 1978, p. 519)

A morte de Virginia é um ato de amor e, sobretudo, um gesto de trágica grandeza. Liberta seu apaixonado carcereiro acrescentando-lhe vida à vida que jamais vivera; preso que estava a um amor acorrentado e sufocante, ateve-se aos limites da aparência. Não será diferente com o poeta. Soropositivo em condições de saúde extremamente precária, renunciara a toda vida social e prendia Mrs. Dalloway em seus caprichos. Ela mantinha um amor extinto que apenas se tornava presente por rituais obsessivos, despudorados e públicos, para chamá-lo à vida. Ele, recluso em sua cadeira de rodas, recusava-se a viver e, por conseguinte, a deixar

Mrs. Dalloway viver. Naquele dia, entretanto, descobrira também ele a liberdade face às muralhas... É também na morte, como transcendência, que ele retoma, depois de muitos anos, o sentido da própria vida e a doa a Mrs. Dalloway. Que valor poderá existir numa vida em que as experiências do cotidiano são adiadas para um futuro que exaure a existência? Trata-se de expandir o presente, retornar a colonizar a vida, concedendo ao futuro a única promessa que o garantirá, se o presente for lambuzado de vida e de paixão. Essa ligação epidérmica com o real, com o cotidiano e com as experiências diárias não dispensará jamais uma utopia. Ao contrário. Mas a utopia não deve ocultar a transitoriedade, a descontinuidade, a tensão que implica cada *corte*, cada (de)cisão existencializada na construção da liberdade.

Virgina se despregara há muito tempo dos limites do mundo e, por isso, vivera a condição humana em seu excesso. Zombava do mundo, de sua pequenez, zombava de sua perenidade estreita; sentira-se contundida por sua desmesurada paixão de viver a vida nos confins de seus limites: nada a seguraria de dissolver-se nas águas...

Virgina caminha por entre a mata ciliar, caminha para seu sempre-destino; caminha firme para o abraço nupcial com a fluidez das águas correntes, das águas tormentosas. São duas águas-mulheres que se encontram e selam o sempre-destino, definitivamente, sem homofobia, com o beijo da morte. *Eros* – o *amor* gozoso dos sentidos que exorbita em direção à alteridade – e *Thanatos* – a *morte*, essa entrega absoluta e radical do quanto somos, do quanto temos, do quanto nos referencia ao mundo, dispondo-nos à liberdade absoluta do destino amoroso. *Eros* e *Thanatos* têm em comum o estilhaçamento de toda temporalidade (Maldonado, 2003). Ah! Morte e Loucura: umbrais estranhos da liberdade.

As águas, agora voluptuosas, mal prendem o corpo de Virginia. Sua vitória absoluta e seu repouso se representam na linguagem fílmica do desatamento dos sapatos levados pela correnteza. Os pés nus constituem a vitória da liberdade, a absoluta cura da falta, mas também, para os que se julgavam vivos e razoáveis, a dura denúncia da loucura da razão. Razão indolente aprisionada e espremida pelo labirinto das horas que escravizam corpos extenuados pela rotina implacável orquestrada pelo funeral da acumulação.

> Artifício e novo triunfo da loucura: esse mundo que acredita avaliá-la, justificá-la através da psicologia, deve justificar-se diante dela, uma vez que em seu esforço e em seus debates ele se mede por obras desmedidas como a de Nietzsche, de Van Gogh, de Artaud. E nele não há nada, especialmente aquilo que ele pode conhecer da loucura, capaz de assegurar-lhe que essas obras da loucura o justificam. (FOUCAULT, 1978, p. 521)

REFERÊNCIAS

ARENDT, Hannah. *A condição humana*. Trad. Roberto Raposo. 10. ed. Rio de Janeiro: Forense-Universitária, 2001.

BACHELARD, Gaston. *A terra e os devaneios do repouso*. Trad. Paulo Neves da Silva. São Paulo: Martins Fontes, 1990.

BACHELARD, Gaston. *L'Eau et lês rêves: essai sur l'imagination de la matière*. Paris: José Corti, 1976.

BOAL, Augusto. Estética do oprimido. In: FÓRUM MUNDIAL DA EDUCAÇÃO. *Educação cidadã para uma cidade educadora*. São Paulo: FME, 2004 (Programação Sociocultural).

FOUCAULT, Michel. *História da loucura na Idade Clássica*. Trad. José Teixeira Coelho Neto. São Paulo: Perspectiva, 1978.

GANDHI, Mahatma. *Gandhi on anger*. Disponível em: <www.gakkaionline.net/Myths/Water.html>. Acesso em: 5 jun. 1999.

MALDONADO, Carlos A. *et al*. Desejos ambientais: buscando a liberdade nas vicissitudes de Eros e Thanatos. In: ROMÃO, José Eustáquio; SANTOS, José Eduardo de Oliveira (Coords.). *Questões do século XXI/tomo II*. São Paulo: Cortez, 2003. [Coleção Questões da Nossa Época; Edição especial, v. 100].

MEIRELES, Cecília. *Canção*. Disponível em: <http://www.editoraeletronica.net/>. Acesso em: 1 jan. 2002.

MURARO, Rose; BOFF, Leonardo. *Feminino e masculino: uma nova consciência para o encontro das diferenças*. Rio de Janeiro: Sextante, 2002.

PASSOS, Luiz A. *Currículo, tempo e cultura*. 2003, 544 p. Tese (Doutorado em Educação) – Programa de Pós-Graduação em Educação e Currículo, Pontifícia Universidade Católica, São Paulo, 2003.

RODRIGUES, Victor. *Por uma filosofia do espanto imaginário*. 1999, 555 p. Tese (Doutorado em Filosofia) – Programa de Pós-Graduação em Filosofia, Letras e Ciências Humanas, Universidade de São Paulo, São Paulo, 1999.

SANTOS, Boaventura de Sousa. Para um novo senso comum: a ciência, o direito e a política na transição paradigmática. In: *A crítica da razão indolente: contra o desperdício da experiência.* São Paulo: Cortez, 2000, v. 1.

SATO, Michèle. Água e utopias tropicais. In: II SIMPÓSIO SUL-BRASILEIRO DE EDUCAÇÃO AMBIENTAL & I ENCONTRO DA REDE SUL-BRASILEIRA DE EDUCAÇÃO AMBIENTAL. *Anais...* Itajaí: UNIVALI & REASul, 2003, p. 1-10 (CD-ROM: seção palestras).

SHAKESPEARE, William. *Hamlet.* Disponível em: <www.editoraeletronica.net/>. Acesso em: 2 out. 2002.

Sobre *Fale com Ela*

Juan Antônio Montiel

Tradução de
Carlos André Teixeira Gomes
Paula de Castro Diniz

Filme: *Fale com ela*
Ficha técnica, sinopse e mais informações na página 271.

Um: o preconceito

> [Na varanda do hospital] Benigno e Marco, com suas respectivas companheiras, instalam-se de costas para o bosque.
> Alicia e Lydia estão de óculos escuros, e suas camisolas estão presas ao encosto da cadeira por uma espécie de xale, amarrado por trás para que seus troncos não se movam. Os pés calçados com botas especiais, cravadas em um pedaço de madeira. Pela cadeira está suspensa uma bolsa de soro. Se ignorarmos estes detalhes, [...] a imagem é de dois casais amigos a desfrutar os últimos dias de bom tempo[1].

"Se ignorarmos estes detalhes": justamente nessa composição reside a comicidade da cena de *Fale com ela*, de Pedro Almodóvar. As mulheres de óculos escuros, cujas cabeças estão inclinadas uma em direção à outra, "como se conversassem entre elas", estão, na realidade, em coma. O enfermeiro Benigno, apesar de tudo, mostra-se eufórico. Em tom efeminado, faz notar a suavidade do clima – "mas que coisa mais maravilhosa!" –, interpreta o estado de ânimo das mulheres – "Lydia também gosta que lhe tragam para a varanda, não é Lydia?" – permite-se perguntar ao incrédulo Marco – "Você ouviu: Ela gosta muito".

[1] ALMODÓVAR, Pedro. *Hable con ella, el guión*. Madrid: Ocho y Medio/El Deseo Ediciones, 2002, p. 143.

Finalmente, começa a se preocupar com o que *estariam conversando* as duas comatosas – "as mulheres não tem o menor pudor". O drama da enfermidade dá passagem, desse modo, ao sorriso; e o sorriso, por sua vez, a uma emoção que oscila entre a ternura e a ironia: este é, precisamente, o tom principal do filme. Simultaneamente cômico e ácido, cruel e pleno de lirismo.

Observada em sua literalidade, a cena é, sem dúvida, ainda mais ilustrativa: descobrimos nela duas mulheres imobilizadas e mudas que são apenas o pretexto de um diálogo que depende de seu silêncio, de sua incapacidade de se mover, de sua impossibilidade de *não estar aí*. Os *casais amigos* constituem-se, nesse caso, de um só membro que é capaz de articular palavra; ou de movimentar-se, devido às circunstâncias. Trata-se de uma situação que causa arrepio por ser parecida com a imagem ideal do matrimônio sob uma perspectiva *tradicional*. Em certo momento, Benigno afirma: "Alicia [que permanece em coma] e eu nos damos melhor que a maioria dos casais"; desse modo, o apelo ao ideal se confirma. A mulher é, nesse caso, sem dúvida, o pretexto para um discurso certamente destinado a elogiá-la, mas que implica necessariamente em sua imobilidade, sua mudez.

O olhar cinematográfico de Almodóvar nos confronta, desse modo, com uma realidade da qual simultaneamente parece nos proteger, colocando à nossa frente o véu do riso, ou o da beleza; esse véu, por sua vez, se estende ao mesmo tempo em que uma cortina literalmente se levanta, no início da película. A tela é, certamente, a ante-sala do *fictício*, ou seja, não quer dizer que o que se assiste por traz deve ser considerado como *irreal*; significa, na verdade, que somos momentaneamente impedidos de elaborar juízos de valor. Milan Kundera escreveu, fazendo referência à leitura do romance, sobre essa necessária suspensão do julgamento moral frente a uma obra de arte; suas palavras são perfeitamente aplicáveis ao cinema:

> Suspender o juízo moral não é o imoral do romance, é seu moral. A moral que se opõe à indesraigável prática humana de julgar imediatamente, continuamente, e a tudo no mundo, de julgar antes e sem compreender. Esta fervorosa disponibilidade para julgar é, desde o ponto de vista da sabedoria do romance, a mais detestável necessidade, o mal daninho. Não é que o romancista questione, de um modo absoluto, a legitimidade do juízo moral, se não que o remete mais além do romance[2].

[2] KUNDERA, Milan. *Los testamentos traicionados*. Barcelona: Tusquets, 1994, p. 16.

Desse modo, antes de nos lançarmos contra o machismo inveterado, detenhamo-nos a olhar, a tentar compreender o que é que a película *quer dizer*, em que direção aponta. Esse filme não documenta uma militância; parece, muito mais, sinalizar em direção ao lugar do complexo. O riso, a beleza que se sobrepõe ao trágico são marcas de uma ambigüidade que atravessa todo o filme. Sobre essa ambigüidade, é impertinente firmar um preconceito, impor uma verdade anterior a toda reflexão particular, adequada à película. O véu da arte nos protege de nós mesmos.

Dois: o duplo

A primeira cena de *Fale com ela* acontece em um teatro; é uma dança. Como se fosse uma *caixa chinesa,* Almodóvar nos faz assistir a uma obra dentro da obra. O que ocorre no palco anuncia a trama mesma do filme, do mesmo modo em que este aponta para *outra trama,* o que chamamos *a realidade*. A *obra dentro da obra* é um resumo e também um comentário. O espetáculo se chama *Café Müller*; nele, duas mulheres se deslocam dançando pelo cenário com seus olhos vendados. Uma das bailarinas repete os gestos da outra: é *seu espelho*, seu duplo. A cena – um café – está repleta de mesas e cadeiras vazias que um homem – "com o rosto mais triste que já vi em minha vida", dirá mais tarde Benigno – procura afastar do caminho de uma das bailarinas, tentando evitar um tropeço. Contudo, as mulheres se esbarram, pouco depois, com paredes arredondadas que não podem ser afastadas, caem, voltam a se levantar e seguem dançando.

É muito importante perceber que a pergunta pelo significado de *Café Müller* como uma obra em si mesma é impertinente: *Fale com ela* é seu novo contexto e, em conseqüência, a transforma e a ressignifica; impõe, para a obra de Pina Bausch, uma nova interpretação, ajustada à narrativa que lhe adotou como uma de suas partes. As duas bailarinas anunciam, dessa maneira, a história das protagonistas: Lydia e Alicia; estabelecem uma relação, que só vale para esse filme, entre o coma e o sonambulismo. Dessa maneira, a quietude das comatosas é equiparada, paradoxalmente, com a mobilidade da dança. Porém, Lydia e Alicia são também, cada uma à sua maneira, bailarinas e não apenas sonâmbulas: Alicia, literalmente; Lydia, somente se admitirmos que a tourada é uma dança diferente – coisa que, diga-se de passagem, já foi destacada muitas vezes.

Seguindo essa lógica, teríamos que dizer que o *homem triste* remete, em primeiro lugar, ao jornalista Marco: este freqüentemente chora em público – uma manifestação tradicionalmente vedada aos homens –; o faz inclusive no próprio teatro em que se encena *Café Müller*, diante do olhar atônito de Benigno. Mas é preciso não se precipitar muito nas equiparações: *Café Müller* é, no contexto de *Fale com ela*, e provavelmente também fora deste, um jogo de duplos, de ambigüidades: Benigno não é também, de alguma forma, o *homem triste*? Inclusive pode-se ir mais além, até descobrir um tipo de *neutralidade* que se revela no interior de uma série de aparentes paradoxos: o *movimento* de quem permanece quieto – a dança das comatosas, a *feminilidade* dos protagonistas masculinos, o *diálogo* de uma só pessoa.

O projeto de uma coreografia da professora Katerina, narrado à *ausente* Alicia, parece seguir essa direção. No filme, Katerina diz:

> Tenho uma velha idéia para um balé, se chama "Trincheiras". É sobre a primeira guerra mundial. Problema: precisamos de muitos homens, muitos bailarinos, porque numa guerra existem muitos soldados, eu acho. Mas em Genebra [o espetáculo vai se realizar na Suíça] todo mundo dança. É maravilhoso! Também há bailarinas, porque no balé, quando um soldado morre, emerge de seu corpo a sua alma, seu fantasma, e isso é uma bailarina[3].

As alusões da professora de dança à Primeira Guerra Mundial produzem significados no mínimo *curiosos*: nessa guerra, como em nenhuma outra, o movimento ficou unido à detenção; as batalhas *duravam muitos meses* e, na realidade, não começavam nunca. A trincheira, precisamente, se converteu na testemunha mais perfeita desse *avanço detido*. Por outro lado, o enterro dos soldados nas trincheiras daquela guerra repercute quando Katerina chama Alicia de *my sweet potato*. Finalmente, a alusão à Suíça, o país tradicionalmente neutro – o ambíguo, o imparcial –, não parece ser de todo superficial.

Mais importante é, contudo, notar que, nesse caso, é uma mulher quem faz valer o privilégio de *papear* frente à outra que permanece necessariamente muda; uma possibilidade que, como vimos, poderia ser entendida precipitadamente como um traço evidente de *machismo*

---

[3] ALMODÓVAR, *op. cit.*, p. 86.

e que, a partir desse ponto, exige ser repensada. Também é notável a maneira pela qual a *feminilidade* de Marco e Benigno segue essa mesma linha, para se confirmar ao longo do filme: aquele não somente declara *saber muito de mulheres desesperadas* mas também, por sua vez, chora freqüentemente e se desespera. A ambigüidade sexual de Benigno é ainda mais óbvia e se destaca muitas vezes; sobre esse assunto, ocorre, ainda, uma confusão que se volta ironicamente contra o psiquiatra que a formula – na ocasião, o pai de Alicia – e, por extensão, sobre a própria psiquiatria: a *feminilidade* de Benigno não parece ser nunca um assunto de *orientação sexual* ou uma questão de preferência. É, sem dúvida, algo muito mais complexo, do plano da ambigüidade legítima, do nível da identidade: não significa que Benigno seja *gay* – ou *bissexual*, como assinalou algum crítico[4] –, mas, sim, que este habita a zona do neutro, inclusive do assexuado. Em todo caso, ao final do filme, Benigno se vê em um postal de Havana com que Marco o presenteou; na fotografia existe somente *uma mulher* que olha o mar de uma janela, esperando. Essa mulher *que espera* – e que, desse modo, parece remeter à condição virginal, ou, no mínimo, à castidade – é, para Benigno, uma imagem de si mesmo.

Levando em consideração essas questões, parece apropriado analisar os protagonistas masculinos de *Fale com ela* refletidos nas bailarinas de *Café Müller*. Também não seria absurdo, nesse sentido, relacionar Lydia com o *homem triste*. A luta contra as cadeiras é também uma luta contra os ausentes: o *Café Müller* não é propriamente um café vazio, mas, sim, um espaço caracterizado por sua condição de lugar abandonado, no qual as cadeiras remetem sempre a alguém que não está. Lydia é a encarregada de afastar as ausências da vida de Marco – do mesmo modo que o *homem triste* afasta as cadeiras –, além de lutar contra sua própria nostalgia. Por outro lado, Lydia tem uma profissão de homem: a tourada; assim habita, como Benigno, o território sexual indefinido. Isso se mostra ainda mais evidente quando se trazem à colação os múltiplos comentários que a roupa dos toureiros vem suscitando ao longo da história, no sentido de que se trata de um traje *afeminado*. Por último, é importante notar que o coma significa, no caso particular de Lydia, a

[4] Refiro-me à crítica de Peter Bardshaw para o jornal *The Guardian* do Reino Unido, publicada em 23 de agosto de 2002. Pode ser consultada em: http://www.clubcultura.com/clubcine/clubcineastas/almodovar/hableconella/criticasguardian.htm.

interrupção dos períodos menstruais e, portanto, um modo peculiar de *involução*, uma volta ao momento prévio à definição sexual.

Na realidade, o sexo é, para os personagens de *Fale com ela*, em primeiro lugar, uma mera questão de gêneros e, conseqüentemente, um dado que não determina nenhuma definição. É interessante que a única relação genital à qual se alude na película aconteça enquanto assistimos a uma nova obra dentro da obra: o filme *El amante menguante*. Essa escolha do diretor faz com que a sexualidade em *Fale com ela* apareça sempre impulsionada por uma instância simbólica e, dessa maneira, só incida casualmente sobre o plano dos corpos como realidades físicas: o que Benigno quer quando estupra Alicia é, na verdade, *habitar o seu interior* – do mesmo modo que o *amante minguante*, que se introduz na vagina de sua parceira e *passa a viver dentro dela*[5]. Essa motivação simbólica é imensurável com o mero *desejo carnal*, se é que algo como isso existe. O desejo não parece, nesse caso, um assunto dos corpos, embora atue sobre estes: o estupro é real, mas, no plano do simbólico, nunca acontece tal estupro; isso explica o fato de Benigno não demonstrar nenhuma culpa.

Se a aparente *assexualidade* dos personagens protagonistas deve ser entendida, em geral, como uma *involução*, isso é algo que queremos discutir mais tarde. Adianto aqui, contudo, uma nota provisória sobre essa questão, tendo em vista sua relação com o assunto dos *duplos*. Refiro-me a um detalhe que une Lydia à infantil namorada – ausente – de Marco: ambos os personagens estão vinculados no filme pelo episódio da cobra. A cena em que se inicia a relação amorosa entre o jornalista e a toureira é determinada pelo descobrimento de uma serpente na casa desta última e pela revelação de sua fobia diante desse tipo de *bicho*. Marco se vê obrigado a matar a cobra, o que incompreensivelmente o faz chorar. O choro ganha sentido em uma cena posterior, quando Marco narra a Lydia uma situação semelhante, na qual se envolve a personagem Ângela: "Há anos" – explica Marco, "também tive que caçar outra cobra... Estávamos na África. Ela [se refere a Ângela, sua ex-namorada] padecia dessa mesma fobia, e esperava fora da barraca, horrorizada, indefesa...e completamente nua, porque havia descoberto o bicho

[5] A frase textual é: *"Y Alfredo se queda a vivir dentro de ella, para siempre"*, em ALMODÓVAR, *op. cit.*, p. 142.

enquanto dormíamos..."[6]. A ênfase na nudez da jovem não só acentua o quanto estava indefesa assim como nos leva a pensar na nudez do próprio Marco. O resultado da descoberta dessa possível nudez, que o relato traz implícita, é a idéia de que a serpente que produz a fuga de Ângela poderia ter se mexido, melhor dizendo, entre as pernas de seu amante. Quero dizer que a fobia de serpente pode ser lida, sem forçar demais as coisas, como uma forma de temor ao pênis, compartida entre Lydia e Ângela. Tal dedução não é tão surpreendente como parece em um primeiro momento, visto que resulta confirmada em outros aspectos da trama; entre estes, inclui-se, certamente, a indefinição sexual dos personagens e a carência absoluta de vínculos propriamente carnais entre eles.

É preciso dizer, por outro lado, que a ambigüidade que caracteriza os personagens de *Fale com ela* – já anunciada, como vimos, na seqüência de *Café Müller* – extrapola o plano do sexual. A própria Katerina – novamente descrevendo o projeto de seu balé – assinala os distintos âmbitos em que essa ambigüidade se desdobra: o masculino e o feminino, sem dúvida, mas também a morte e a vida, o terreno e o que a professora de dança chama de *o etéreo*[7].

As relações que assinalei até agora parecem remeter ao assunto do *duplo*, mas, como já se advertia no caso de Lydia e Marco – e também nas bailarinas de *Café Müller* –, se desenvolvem também no plano do *especular*. Não tenho intenção de propor nenhuma taxonomia – o duplo por um lado, o especular por outro –; interessa-me, muito mais, indicar certos *acentos* nos diferentes tipos de vínculos que se revelam entre os personagens, sempre com a intenção de mostrar a complexidade da trama. Em *Fale com ela*, o similar se articula sempre com o distinto, levando à ambigüidade da qual estamos falando, mas o distinto e o similar distribuem suas forças de maneira diferente no caso dos *duplos* e dos *espelhos*. Lydia e Alicia estão vinculadas na trama por sua paixão pela *dança* e também por sua curiosa disposição para *evitar o choque*. Lydia *engana* o touro do mesmo modo que Alicia foge arduamente dos carros quando atravessa a rua depois de conhecer Benigno[8]; no caso de

[6] ALMODÓVAR, *op. cit.*, p. 71.

[7] No roteiro, destaca-se a importância da confusão de gêneros em que incide Katerina. ALMODÓVAR. Op. cit., p. 88.

[8] No roteiro: *"Y* [Alicia] *echa a correr por mitad de la calle, esquivando hábilmente los coches que pasan casi rozándola"*. ALMODÓVAR, *op. cit.*, p. 99.

ambas, essa habilidade se mostra insuficiente para evitar o acidente... e o coma. Sob essa perspectiva, as duas protagonistas são idênticas – *duplo* uma da outra –, mas o vínculo que a trama estabelece entre elas não é tão simples: Lydia perdeu seu pai; no entanto, no caso de Alicia, foi sua mãe que morreu. É isso que caracterizo como um aspecto *especular* de sua relação: certamente se trata de um vínculo, mas no qual, por exemplo, pode-se vislumbrar, em certos casos, um movimento que se desenvolve no sentido exatamente contrário, que implica um *destino* diferente.

Duas das cenas mais bonitas do filme permitem-me explicar essa idéia. Refiro-me à seqüência em que Alicia, em coma, é vestida no hospital e àquela outra em que Lydia é adornada com o traje de toureira. As cenas são, em princípio, muito parecidas; o são, inclusive, em certo nível do significado: para muitos espectadores, é óbvio que, na cena do hospital, Alicia é, de alguma maneira, arrumada *como uma noiva*. Lydia, por sua vez, é vestida para seu peculiar encontro com o touro, que se desenvolve diante dos olhos do *Niño de Valencia*; é, ao seu modo, preparada para um encontro *romântico*, para um *compromisso*. A origem amorosa da cena fica claramente estabelecida através da música que acompanha a seqüência; trata-se de uma canção de Vinícius de Moraes e Tom Jobim, intitulada *Por toda a minha vida*:

Oh! meu bem-amado
Quero fazer-te um juramento, uma canção
Eu prometo, por toda a minha vida
Ser somente tua e amar-te como nunca
Ninguém jamais amou
Ninguém
Oh! meu bem-amado, estrela pura aparecida
Eu te amo e te proclamo
O meu amor, o meu amor
Maior que tudo quanto existe
Oh! meu amor

Em todo caso, apesar dessas semelhanças nas quais insisti – e que inclusive permitem descobrir no nome de uma das mulheres um anagrama do da outra –, os destinos de Lydia e Alicia não podem ser mais diferentes: a *violência* do touro, que *parte Lydia em duas* – nas palavras de um de seus parentes[9] –, inicia o caminho desta personagem até a

[9] É o cunhado de Lydia quem diz a frase: "*La ha partido por la mitad*". ALMODÓVAR, *op. cit.*, p. 63.

morte, passando pela esterilidade: trata-se, de alguma maneira, de um fato, em si mesmo, *estéril*. Alicia, que também é violentada, a sua maneira, *partida em duas* – a mulher e o filho –, progride, contudo, por um caminho que, nesse caso, leva à gravidez e também ao seu próprio *despertar*; à vida, enfim. Os caminhos das duas protagonistas se separam, dessa maneira, *como em um espelho*.

Três: pai, mãe, filho(a)

O que já foi dito até agora, ainda que constitua apenas uma parte de uma análise evidentemente incompleta, parece suficiente para apontar para a idéia da conveniência de uma suspensão momentânea do *juízo* quando se trata de uma obra de arte: uma observação menos atenta não só não faz justiça à complexidade da obra como também impede que esta nos seja útil como comentário de uma realidade exterior que, por sua vez, é também decididamente mais complicada do que nos fazem pensar os freqüentes tópicos. Não se trata, como dissemos antes, de afirmar posições a partir do reconhecimento de determinados traços que podemos facilmente reconhecer como plausíveis ou repugnantes *moralmente*; o que o filme pode nos dizer acerca do *mundo* depende de um esforço de compreensão que seria um erro simplificar e que tem como ponto de partida a pergunta pelo significado da película. Esse esforço não pode ser substituído nem mesmo pelas eventuais explicações do diretor: implica um compromisso dos espectadores com o próprio filme e uma reflexão posterior sobre o que chamamos *realidade*.

Fale com ela põe em cena a recorrente trama cinematográfica das problemáticas relações entre homens e mulheres; a insistência do roteiro na ambigüidade e na indefinição dos personagens obriga, contudo, a perguntar em que sentido seus vínculos amorosos – e os nossos – poderiam estar condicionados por essa indefinição que, como vimos, nasce no lugar do sexual e posteriormente se estende sobre outros âmbitos. A resposta a tal pergunta está vinculada inevitavelmente com a trama: é aqui onde se devem buscar os elementos para responder – e não em um vago exterior –, mas, é muito provável, como apontei antes, que a pergunta e a resposta encontradas em *Fale com ela* sejam úteis para esclarecer nossa perspectiva sobre a vida cotidiana. No caso desse filme de

Almodóvar, por sua vez, a trama se direciona a problemas decididamente contemporâneos, e seu recurso a determinados arquétipos – *o masculino, o feminino* – se ajusta aos aspectos em que esses *modelos atemporais* incidem em nossa percepção das coisas: isso garante, de alguma maneira, a pertinência do que a película *diz* no contexto de um questionamento por nosso atual modo de viver.

Voltando para a trama, é preciso perguntar pelo sentido de certos elementos recorrentes, tendo em conta que são precisamente a repetição do que se encontra na base de todo significado. O repetido em *Fale com ela* é, como vimos, a ambigüidade, que se manifesta de distintas formas nas relações que se estabelecem entre os personagens: Lydia e Alicia se encontram em um lugar indefinido entre a vida e a morte, enquanto Marco e Benigno – e também Lydia, claro – se posicionam freqüentemente em um lugar intermediário entre o masculino e o feminino. Por outro lado, a presença de *duplos* – e *espelhos* – aponta também para a ambigüidade, dessa vez entendida como um componente último da própria *realidade*.

Um aspecto peculiar dessa indefinição generalizada é que, praticamente em todos os casos, se pode explicá-la como um tipo de nostalgia; a manifestação mais evidente desse vínculo entre indefinição e nostalgia é a incapacidade de Marco de esquecer sua relação com Ângela: a recordação está, nesse caso, obviamente vinculada com uma propensão ao choro, que, por sua vez, é um dos traços *femininos* desse personagem.

O ponto em que indefinição – ou ambigüidade – e nostalgia se encontram em *Fale com ela* é a infância, que é abordada sob seu aspecto mais significativo e simbólico. Isso pode ser comprovado, em primeiro lugar, fazendo ver que os personagens de Lydia e Marco estão unidos, precisamente, por sua incapacidade de deixar para trás a paixão que foi produzida a partir de um personagem *infantil*. Ângela conserva, inclusive, no momento de seu casamento – dez anos depois de seu rompimento com Marco[10] –, a voz e a aparência de uma criança; seu aspecto permite deduzir que, na época em que os personagens se relacionavam – um período anterior à trama –, ela seria, de qualquer forma, apenas uma

[10] Marco explica a Lydia, na saída do casamento de Ângela, que conseguiu superar seu rompimento com esta, dizendo: *"Me ha costado una década superarlo, pero se acabó"*. ALMODÓVAR, *op. cit.*, p. 149.

adolescente. O caso do *Niño* de Valencia é, de algum modo, ainda mais evidente não só pela clara alusão do seu nome – os nomes dos personagens são muito importantes no caso desse filme em particular: *Benigno, Lydia...* – mas também porque sua conduta é sempre a de alguém que recebe ordens de alguém superior. Um bom exemplo disso está na cena em que *O Niño* explica a Marco que, apesar de sua vontade, não pode permanecer ao lado de Lydia doente porque seu agente, que aparece sempre *como um pai autoritário,* não acredita que seja conveniente[11]. Em uma cena posterior, a enfermidade se revela como um mero pretexto possível para cumprir a própria vontade, como se esta não pudesse se fazer valer de outro meio: *El Niño* se deixa *atacar pelo touro* para poder ficar com Lydia: "Estou feliz porque o touro me atacou" – disse a ela – "Assim, posso ficar contigo até que você se desperte, amo meu. Ninguém vai me separar de você."[12]

Esse uso da doença como estratégia nos leva a tirar conclusões sobre o significado do coma em *Fale com ela,* como veremos mais à frente. Por hora, é preciso aprofundar ainda mais na relação que a trama estabelece entre indefinição e nostalgia, assim como no papel que a infância – seguramente desde uma perspectiva simbólica – cumpre nessa relação. Já falamos também da cena de *El amante menguante,* mas, nesse ponto, é preciso regressar a ela, sabendo que é justamente nessa cena que o ambíguo desejo de Benigno se revela de uma forma muito semelhante à que os psicanalistas chamam de *Complexo de Édipo.* A sexualidade de Benigno – e provavelmente a sexualidade em geral – está determinada pela intenção de uma volta que é, desde logo, impossível: o regresso ao ventre da mãe ou, de todo modo, o retorno ao estado de simbiose da infância.

Considerar essa *chave* do filme nos permite perceber a particular *imobilidade* que caracteriza os personagens de *Fale com ela*: por um lado, certamente, o coma das protagonistas femininas, mas também a monotonia da vida de Benigno, que simplesmente substituiu sua mãe por Alicia como *objeto* de seus cuidados; ou a incapacidade de esquecer de Marco, que, no momento em que se desenvolve a trama, se prolonga já

---

[11] O *Niño de Valencia* diz a Marco: *"Tengo que irme a América por tres meses. Mi apoderado dice que es muy importante, pero según están las cosas aquí yo no quiero irme".* ALMODÓVAR, *op. cit.*, p. 66.

[12] ALMODÓVAR, *op. cit.*, p. 154.

por dez anos e que, em uma estranha recorrência, sustenta uma relação com uma espécie de *duplo* de seu casal anterior – a quem, por outro lado, seus parentes se referem como *a menina*[13]. Sem a menor intenção de fazer *psicologia dos personagens*, recorro aqui à definição que Gilles Deleuze propõe para a neurose; segundo ele: "A neurose, a psicose, não são fragmentos de vida, senão estados nos quais se entra quando o processo está interrompido, impedido, fechado"[14]. Segundo essa perspectiva, parece possível descrever um processo como *neurótico* – quando se está preso, ou quando se está fechado sobre si mesmo em uma interminável recorrência – sem procurar psicologia onde ela não está: os personagens, desde logo, não são pessoas. Os protagonistas de *Fale com ela* parecem estar envolvidos, desse modo, em situações que, projetadas sobre *a realidade*, poderiam ser chamadas de *neuróticas*.

Por outro lado, a descoberta da *chave* da infância nos leva à curiosa forma que a paternidade possui no filme de Almodóvar. Em primeiro lugar, nenhum dos personagens tem pai e mãe: Benigno e Alicia perderam a mãe, Lydia, o pai. Por essa ausência, pode-se explicar – novamente sem fazer *psicologia*: atendendo ao argumento – o comportamento dos personagens, determinado sempre por essa ausência: tanto Lydia como Benigno cumprem destinos que são influenciados por um de seus progenitores; suas profissões, segundo se observa no filme, foram escolhidas por seus pais. Também, é preciso notar que nenhum dos protagonistas de *Fale com ela* tem filhos – na realidade, no filme não aparece nenhuma criança –, e a possível condição de pai, de Benigno, pela gravidez de Alicia, é um mero *acidente*, um efeito *colateral* de ações que se orientavam por outros fins que, por sua vez, como já vimos, podem ser reconhecidos como simbólicos. Finalmente, inclusive essa possibilidade se frustra, e o filho não chega a nascer.

Seja como for, a inesperada gravidez de Alicia se converte no elemento-chave para modificar uma situação que permanecia *neuroticamente* estável até o momento em que a gravidez *acidental* se produz. Isso nos remete ao *Café Müller*: o sonambulismo é uma eficaz figura do coma porque faz ver que o movimento do corpo está desvinculado das

---

[13] A irmã de Lydia se refere a esta como *la niña* no hospital, depois da cena da tourada. ALMODÓVAR, *op. cit.*, p. 63.

[14] DELEUZE, Gilles. "La literatura y la vida", en *Crítica y clínica*. Barcelona: Anagrama, 1997, p. 14.

transformações da mente. Almodóvar parece sinalizar, através do seu filme, que a detenção produzida pela nostalgia e a indefinição não são capazes de deter o movimento do corpo, que obedece a outra lógica. A única *cura* possível para os protagonistas de *Fale com ela* reside em uma zona alheia à vontade e que pertence exclusivamente ao corpo: o falecimento de Lydia é também um modo, certamente trágico, de resolver uma situação indefinida; a morte é, nesse sentido, também um *movimento*.

Por outro lado, em um caso como o de Benigno, no qual a sexualidade praticamente ignora a correspondência corporal e escolhe permanecer confinada ao simbólico, é o corpo quem impõe suas leis, convertendo o simbólico em um mero pretexto para o cumprimento de um destino estritamente biológico: a vida, a morte, o crescimento – a velhice, a reprodução. Esse descobrimento é surpreendente, sobretudo se levarmos em conta que a trama parece seguir, em seu início, justamente no sentido contrário: é Benigno quem toma o corpo de Alicia como ponto de partida de suas interpretações e suas expectativas; enfim, de seu *discurso*. Em uma cena do filme, Marco questiona a moralidade de Benigno referindo-se à impossibilidade de que uma comatosa manifeste a sua vontade; todavia, por trás da vontade que depende da consciência, revela-se uma estranha *vontade do corpo*, que é, em última instância, a que sempre acaba impondo-se à *neurose*, a que torna inevitável o movimento.

Essa *vontade do corpo*, por sua vez, recusa-se a se sujeitar aos pressupostos do discurso: quando Lydia morre, quando Alicia desperta e abandona o hospital, o *diálogo* – o monólogo – de Benigno torna-se simplesmente impossível. O suicídio acidental do enfermeiro não evoca o destino de Lydia, ditado a partir de sua corporalidade, significando um acontecimento que se impõe sobre o corpo desde uma ordem simbólica que Benigno se recusa, até o último momento, a abandonar: na verdade, não deseja morrer, mas, sim, entrar em coma *tal como Alicia*. É claro que esse desejo de Benigno não envolve nenhuma intenção de corporalizar-se, mas corresponde evidentemente a uma *imagem*: a união do destino de Alicia e do seu.

A *vontade de unidade* já havia se manifestado na identificação de Benigno com *O amante minguante*[15]: este não só encolhe, mas, além

[15] Benigno se refere a Alfredo, *el amante menguante*, dizendo: *"Un chico un poco gordito, como yo, pero buen tío"*. ALMODÓVAR, *op. cit.*, p. 123. As semelhanças entre Benigno e Alfredo são, em todo caso, óbvias, indo além da gordura: nenhum dos dois tem pai, e ambos têm uma complexa relação com suas mães.

disso, se *infantiliza* retornando à casa materna – também não tem pai – até encontrar um comportamento que identifica eficazmente sua mãe com sua amante; o *comportamento* é, portanto, introduzir-se no ventre desta última, reconstruindo, assim, a simbiose original entre mãe e filho. Essa solução simbólica revela-se, certamente, ineficaz no caso de Benigno; sua morte pode ser entendida, nesse mesmo sentido, como uma nova estratégia A sua é uma morte por nostalgia – ou por neurose –, uma morte *edípica.*

É muito interessante observar em *Fale com ela* como essa nostálgica vontade de *simbiose* está presente na origem da duplicidade e da ambigüidade que caracteriza os personagens. Uma certa *negação do movimento,* que, de algum modo, implica uma negação do corpo e do âmbito que lhe é próprio – o lugar de tudo o que não é simbólico –, produz uma inevitável – e de certa forma intencional – cisão entre dois mundos, que, conseqüentemente, acabam incidindo um sobre o outro de um modo tão violento como meramente *acidental,* ou melhor, de uma maneira que é totalmente alheia à consciência.

Quatro, *afora*

É interessante observar como a idéia da separação entre a arte e *o mundo real,* que resulta tão comum, se relaciona com a trama da película de Almodóvar. Do ponto de vista do lugar comum, Benigno cumpre a função do artista no argumento de *Fale com ela*. Porém, uma idéia assim é inaceitável e nega a importante função social que a arte cumpre em muitos momentos da história, como um espaço privilegiado de investigação do real. Um lugar, enfim, onde as idéias podem se provar sem a inoportuna intervenção do preconceito ou da valoração prematura.

Falei, em outro momento, do *véu do riso ou da beleza* no caso particular dos filmes de Almodóvar. Certamente, essa condição *velada* pode ser encontrada na maioria das obras de arte. De fato, a obra não pode ser entendida como tal, se prescinde de algum tipo de *véu*: a estrutura mesma, a *forma* da obra de arte é um modo em que esta se constitui. O *véu,* que poderia ser entendido como a origem da separação a que nos referimos – entre arte e *mundo* –, não é senão a instância a partir da qual a obra de arte pode se reconhecer enquanto tal: é a senha que indica o momento em que o *juízo* deve ser interrompido para dar lugar à *compreensão*; é, finalmente, a forma como a obra de arte nos interpela, pedindo que correspondamos acompanhando a reflexão e participando nesta.

Há que compreender, ainda, que o véu está na origem do *velado* e que um não existe sem o outro. A obra não só apresenta sua própria estrutura mas, além disso, *produz sentido* através da estrutura que é o seu véu. Isso pode ser explicado retomando a cena de *Fale com ela* que comentamos na primeira parte deste ensaio: disse, nesse momento, que Almodóvar, através da comicidade, "oculta e mostra de uma só vez" uma realidade terrível; esse é, justamente, o fazer próprio da obra de arte, formulável de uma maneira paradóxica: a obra, de algum modo, *mostra ocultando – re-vela.*

Nesse sentido, o riso não somente não é prescindível mas também resulta indispensável para a compreensão da realidade que o filme destaca em último caso. Através do riso, da ternura e da beleza das cenas de *Fale com ela,* vai se desenhando uma realidade que, por sua proximidade, nos resulta difícil reconhecer sem ajuda da arte. A *imobilidade* dos personagens de *Fale com ela* aponta, desse modo, para um contexto que está além da película e que é o que costumamos chamar de *realidade social.*

Insisto, contudo, que o filme não pode se estabelecer como um questionamento dessa situação que, em último caso, implicaria – e ainda sugeriria – a necessidade de uma mudança; *Fale com ela* não toma um partido, mas, sim, faz uma espécie de *diagnóstico,* que, contrariamente ao diagnóstico médico – sobre o qual o filme inclusive se permite ironizar –, não está orientado por um conhecimento prévio que se entende como adequado e generalizável e nem mesmo procura incidir sobre a realidade para mudá-la.

Na realidade que a película *revela,* as relações entre homens e mulheres estão determinadas por uma imobilidade ditada por uma indisfarçável nostalgia que se converte em certa *incapacidade de crescer.* A infância é entendida, nesse contexto, como um âmbito independente da meninice propriamente dita e se reconhece somente como um lugar estratégico, anterior à definição sexual. É interessante observar, com relação a esta última, que a sexualidade e o desejo são condicionamentos que os corpos *impõem* sobre as pessoas: a sexualidade é algo que *nos acontece* em um momento de nossas vidas – a puberdade – e contra o que todos tentamos resistir inutilmente. O desejo se revela, desse modo, como uma obscura lei dos corpos que não depende, em nenhum caso, de nossa vontade e que, inclusive, se vale do simbólico para prevalecer sempre. Uma realidade desse tipo resulta, sem dúvida, inaceitável em um contexto social que se assenta sobre a obrigação da indiferença frente às necessidades do corpo e que repele toda ação que não provenha da intenção e da vontade. O próprio exercício da sexualidade parece resistir, em nossos dias, a sua condição de *realidade dos corpos*; desse modo, o estritamente biológico tem que abrir caminho em um horizonte simbólico que não só o ignora mas também se opõe a ele abertamente.

O sociólogo francês Jean Baudrillard explorou as conseqüências da desaparição das *estruturas fortes* que se fundaram na predominância masculina. Entre estas, não se conta, certamente, nenhum triunfo do *feminino*:

> De nada serve sonhar com uma sexualidade não fálica, sem distinções, não determinada. De nada serve, no interior desta estrutura, querer fazer passar o feminino para o outro lado da barreira, e misturar os termos – ou a estrutura segue igual: todo o feminino é absorvido pelo masculino – ou se confunde, e já não há nem masculino nem feminino: grau zero da estrutura. [...] No que diz respeito ao feminino, a ilusão da revolução sexual consiste em isolá-lo nesta única estrutura onde está condenado, seja à discriminação negativa quando a estrutura é forte, seja a um triunfo irrisório em uma estrutura debilitada[16].

Em *Fale com ela,* observamos uma realidade social na qual o enfraquecimento do que Baudrillard chama de *a estrutura forte* – ou seja: a falocracia – já aconteceu, mas na qual ainda se percebem os efeitos – e o assombro – de sua falência. Um desses resultados seria certa *indefinição sexual* da qual já falamos e que, contrariamente ao que se poderia esperar, não significa uma superação da violência entre os gêneros. Um bom exemplo dessa questão no filme de Almodóvar é o procedimento de Benigno; o horizonte simbólico que envolve seus atos não é suficiente para fazer desaparecer um abuso implícito: seu discurso fundado no silêncio de Alicia, inclusive o estupro propriamente dito.

O personagem de Lydia se revela igualmente ilustrativo; no seu caso, a ilusão se exprime como uma possibilidade da resistência feminina frente ao perigo masculino. Um dos modos dessa ilusão – que fica refletida na própria ação de tourear – é, justamente, *masculinizar-se*.

---

[16] BAUDRILLARD, Jean. *De la seducción*. Cátedra, Salamanca, 1994, p. 14.

Mas essa possibilidade revela-se como um preceito da própria masculinidade paterna, ou seja, como uma forma em que o masculino continua prevalecendo. A entrega amorosa, o *compromisso* de Lydia se mostra, então, como a necessidade da aceitação de uma violência tão categórica – o ataque do touro – que deve ser resolvida no silêncio, na imobilidade e na morte[17].

A trama prevê, contudo, uma esperança nesse contexto tão pouco alentador. Alicia e Marco são os únicos personagens que desejam certamente por distintas vias, progredir deixando para trás uma situação na qual permaneciam indefinidos. O filme termina insinuando um possível encontro entre eles como uma necessária irrupção do novo. As condições do início dessa possível relação são interessantes: a troca de olhares com a qual os dois protagonistas se vinculam no teatro onde está sendo representada *Mazurca Fogo* torna-se possível por uma cadeira vazia que sugere, certamente, a ausência de Benigno. Esse é, provavelmente, um modo de dizer que a resolução da neurose não implica a negação do passado, senão a reconciliação com este.

A primeira parte de *Mazurca Fogo*, a *Danza de los suspiros*, é um dos momentos mais sugestivos de todo o filme: nessa coreografia, há uma mulher à qual se dá a possibilidade de falar, aproximando-lhe um microfone à sua boca. Sua reação diante do gesto que a estimula não poderia ser mais insólita: ela suspira. Diante do convite que a obriga a negar-se e a assumir o lugar do masculino – o *discurso* –, essa mulher parece impor sua misteriosa *voz própria*.

[17] O agente diz ao *Niño de Valencia*, fazendo referência à maneira com que Lydia toreia: *"Es capaz de dejar que el toro le saque las entrañas con tal de que tú lo veas"*. ALMODÓVAR, *op. cit.*, p. 33.

O que há por detrás dessa *Persona*?

Amaury Cesar Moraes

Filme: *Persona*
Ficha técnica, sinopse e mais informações na página 274.

1.

Persona. Um filme intrigante porque parece apresentar todos os elementos que conduzem a sua interpretação. Parece que o diretor não quis deixar para o crítico nenhum espaço para o exercício de uma análise mais livre, com certo grau de arbitrariedade costumeira.[1] Como responder aos seus detratores que, em certa época, diziam que ele (Bergman) precisava ler as críticas, em especial dos mais intelectualizados, para saber "o que mesmo ele queria dizer com o filme ou com aquela seqüência mais insólita?" O que queremos dizer é que pelo menos duas chaves poderiam ser usadas para discutir esse filme: a idéia de *persona*, categoria psicanalítica junguiana, e *persona*, artefato usado no teatro, uma espécie de máscara.

O filme permite que se utilizem uma e outra chave para que se o desvende. Assim, num primeiro ensaio, vamos caminhar por essas trilhas que o autor nos oferece; depois procuraremos outras.

---

[1] Num certo sentido, ao menos como compreende Metz (1980, p. 7-21), pode-se tomar o filme como um "discurso fechado", pode-se buscar encontrar os elementos constitutivos da sua elaboração, os quais são dados pelo contexto da produção, e aí entra sobretudo a intervenção arbitrária do autor; mas, uma vez feito o filme, as regras da produção (e entenda-se então da direção, do roteiro, da iluminação etc.) devem ser entendidas como as regras da sua interpretação, limitando-se agora_a_arbitrariedade do crítico.

2.

Para começar, um breve resumo da história seria necessário[2], embora também esse resumo possa assumir a função de uma "máscara" de uma possível história verdadeira. Mas não podemos contornar a apresentação de um enredo mínimo, porque cinema é, antes de tudo, *narrativa*, como se faz ou se desfaz uma narrativa; toda arte está aí.[3]

> Uma atriz que é internada numa clínica para pacientes com distúrbios mentais, logo após ter ficado muda e imóvel durante a interpretação de Electra: ela teria ouvido "risadinhas" e, com isso, perdera o envolvimento na peça e não conseguiu continuar. Isso é contado pela médica da clínica à enfermeira, Alma, que vai cuidar da atriz Elizabeth Vogler. Como a atriz não apresenta problemas físicos nem psíquicos que demandem cuidados próprios da clínica, a médica resolve enviá-la junto com a enfermeira para uma casa próxima à praia. Uma breve estadia longe de tudo talvez desfaça o trauma e refaça a ligação de Elizabeth com o mundo. Paciente e enfermeira vão para essa casa e lá permanecem durante algum tempo. Alma fala muito, o tempo inteiro, enquanto a outra a observa, ouve e responde com gestos, sem dizer palavra. Os primeiros dias vão bem. Alma faz confissões, as duas bebem, fumam, tomam banho de sol, tiram fotografias, lêem – Elizabeth para si, e Alma, às vezes, para as duas. Elizabeth escreve uma carta que Alma leva ao correio. No meio do caminho, pára e lê a carta. Nesta, a paciente fala da enfermeira como se a estivesse estudando como uma personagem. Desde a clínica, Alma não se sentia preparada para o caso e agora angustia-se com a mudez da paciente e pede, muitas vezes, que esta fale alguma coisa, leia alguma coisa, pois precisa ouvir alguém. Com o passar do tempo, vai se irritando mais e mais. Conta a Elizabeth que leu a carta, acusando-a de tê-la

---

[2] "... é através da reflexão sobre filmes de que gostamos (ou de que não gostamos ...) que conseguimos alcançar numerosas verdades referentes à arte do filme em geral."(METZ, 1972, p. 16)

[3] O diálogo com o tempo é um elemento central no filme narrativo. Se a projeção do filme só se pode realizar *no* tempo, a linguagem cinematográfica acabou logo incorporando o tempo como elemento interno na construção do filme. Isso pode ser um ponto de diferença entre o cinema de ficção e o documentário – embora não se possa fazer essa distinção de modo absoluto, pois mesmo o documentário tem uma construção temporal incorporada, por exemplo, nos "ganchos" que ligam as "descrições" que podem caracterizar o seu discurso. Na ficção que se confunde com a narrativa, o tempo é totalmente interno e um dos elementos centrais de produção da *impressão de realidade*, de que falaremos mais adiante.

usado, ficando histérica. Esta reage batendo-lhe no rosto, machucando-lhe o nariz que sangra. Alma, então, ameaça-a com uma caneca com água fervente. Por um instante, quase imperceptível, Elizabeth fala, pedindo-lhe para não atirar a água. A enfermeira percebe que a paciente ficou com medo e, ao mesmo tempo, que não deveria ter feito o que fez. Os dias passam. Elas se reconciliam, por pouco tempo. Alma pede perdão a Elizabeth, mas esta parece não a perdoar. Novamente a enfermeira se irrita com a paciente, considerando-a "orgulhosa", quando esperava que fosse "generosa", pois assim representa os artistas. Nos dias que se seguem, elas voltam a viver sem se falar. Num dia, aparece um homem – é o marido de Elizabeth – que "confunde" Alma com a mulher. A enfermeira se faz passar pela paciente. Eles se beijam e mantêm relação, enquanto são observados pela outra. A enfermeira acaba se arrependendo. Noutro momento, a enfermeira vê que a paciente está com a foto do filho que havia rasgado ainda na clínica quando a recebera junto com a carta do marido. Conta a história de Elizabeth, da gravidez indesejada e o nascimento do filho. Alma depois veste-se novamente de enfermeira e discute com a paciente, ameaçando-a. Os dias passam, e elas retornam. Alma vai até a estrada e pega um ônibus.

3.

Mas essa história é toda entrecortada por *intervenções* do diretor no filme. Embora pareça linear, contada desse modo, mesmo com elementos relativamente insólitos, ainda assim as intervenções do diretor são importantes para questionar uma leitura do enredo. Alguns elementos seriam indicadores de que a história mantém um diálogo – contrapontístico – com o próprio cinema, ou melhor, com as narrativas convencionais.

O começo e o fim do filme são marcados pela apresentação de imagens do começo e do fim da projeção de um filme. Vêem-se peças do projetor se moverem, a luz, carretéis, e o filme começa e termina de rodar no aparelho. Isso nos oferece um convite ao *distanciamento*: não é o leão da Metro, nem é a antena da RKO, nem os holofotes da Twenty Century Fox; não, é o filme que começa ou termina de rodar passando pelos carretéis.

Outra intervenção que tem um duplo sentido é quando, mais ou menos no meio do filme, após Alma quebrar um copo e recolher os cacos, Elizabeth pisa um caco que não fora recolhido e é vista através da porta de vidro pela enfermeira. Nesse momento, o filme pára, a imagem da enfermeira é cortada no meio; o filme então queima, e uma série de imagens são passadas, imagens do cinema mudo, ouve-se um grito de dor e uma mão sendo pregada com um cravo – possivelmente Jesus. Essas imagens já estavam presentes logo no começo do filme. São repetição, como a recomeçar ou a começar uma segunda parte do filme.

Uma terceira intervenção do diretor é quase no final do filme. Quando Alma está se dirigindo para o ônibus, para ir embora, a seqüência é cortada pela imagem do diretor e cinegrafista filmando uma cena, descendo com a câmera acoplada num guindaste, fechando em *close* sobre Elizabeth que está deitada, tomando sol. A sua imagem aparece refletida e invertida no vidro que protege a lente da câmera.

Parece-nos que essas seqüências funcionam para suscitar um distanciamento em relação ao que se vê, para que não se perca na narrativa, tomando-se o filme como uma história somente se se mergulha numa "impressão de realidade"[4], identificando-se com as personagens, projetando-se numa ou noutra.[5] Por outro lado, na economia do filme, podese sugerir uma entrada na história de Elizabeth de um outro modo. Por exemplo, que tudo não passou mesmo de "estudo" ou um "laboratório" para a atriz "preparar uma personagem" que representará no teatro ou no cinema, ou que as histórias se confundem – a que vemos e a que pensamos que vemos.

Esse é um ponto que nos conduz para outra interpretação, aquela da *persona* como máscara do teatro. O filme que vemos é a máscara do filme que está sendo feito. Também Alma é uma máscara para Elizabeth, embora o seu nome possa querer dizer algo mais profundo, revelandose muito mais uma imagem refletida, invertida. Essa possibilidade é reafirmada várias vezes, durante o filme: quando a enfermeira se diz parecida com a atriz; quando as metades dos rostos das duas mulheres se confundem no vidro/tela que o garoto – que também se parece muito com as

---

[4] Sobre a categoria *impressão de realidade*, temos que o cinema nos dá a *impressão de realidade* de estarmos assistindo não a uma representação, a uma ficção, mas diretamente a um espetáculo real.(Laffay *apud* Metz, *op. cit.*, p. 16).

[5] Segundo Leirens, o espectador tem com a personagem de teatro uma relação de *oposição*, enquanto que, no cinema, tal relação se dá por *identificação*. (Leirens *apud* Metz, *op. cit.*, p. 22-23); Morin fala da projeção-identificação ou da participação afetiva como parte da "alma do cinema" (Morin *in* XAVIER, 1983, p. 145-172).

duas – toca no começo e no fim do filme; quando o marido de Elizabeth a confunde com Alma etc. Alma e Elizabeth são imagens de uma mesma mulher. Embora a atriz se apresente como portadora de algum distúrbio mental, é a enfermeira que realmente apresenta esses distúrbios, em vários ataques de histeria. E é Elizabeth que mantém a calma e o controle de tudo, recusando-se até a falar.

4.

Mas por que a atriz entrou nesse estado de mudez? É a médica que nos conduz a uma interpretação possível e que novamente repõe a idéia de *persona* segundo a teoria junguiana: "personalidade que o indivíduo apresenta aos outros como real, mas que na verdade é uma variante às vezes muito diferente da verdadeira". A médica conversa com a atriz e lhe diz o que pensa sobre seu silêncio. Não se trata de um diagnóstico propriamente dito, pois a médica não assume a solenidade ou os protocolos do discurso científico. É mesmo uma *conversa*, que ocorre pouco antes de a paciente ser enviada com a enfermeira à casa na praia – medida heterodoxa em termos médicos, se bem que bastante recorrente nesses casos. Segundo a médica, Elizabeth estava cansada de ser outra pessoa, de ter de assumir outros papéis e representá-los. Poderia ter buscando uma solução no suicídio, mas preferia o silêncio pela dificuldade que ele impunha, enquanto o suicídio ainda seria uma solução fácil, previsível. Podemos entender que o silêncio trazia um exercício de autocontrole, de mudança de perspectiva para um(a) ator/atriz: de alguém que fala o tempo todo para alguém que ouve o tempo inteiro. Aqui também ficamos dentro e fora do filme: Liv Ullmann e Elizabeth Vogler se identificam e se mostram como atrizes de talento impressionante no exercício do silêncio.[6] É notável o autocontrole com que Liv Ullmann

[6] Silêncio e escuta que muito lembram o processo psicanalítico. Essa é certamente uma chave de interpretação do filme. Nos limites dessa análise, não pretendemos trilhar exaustivamente por esse caminho, apenas indicá-lo, quer pela falta de competência, pois não somos especialistas, quer porque partilhamos do entendimento de Metz para quem "há uma importante diferença... entre a diegese na ficção e a diegese na análise propriamente. É uma diferença entre *textos*. Numa análise, o texto não apresenta limites de nenhuma espécie. O texto vai se expandindo, se desenvolvendo, sendo construído; a cada sessão, ele é levado mais longe. Ele não possui limites precisos – não se trata de um texto fechado como o de um filme." (Metz *in* Xavier, 1983, p. 411-433, especialmente p. 423).

realiza a sua performance, exprimindo-se exclusivamente com o rosto e com os gestos, o corpo. Isso também repõe o filme – o cinema – em diálogo consigo mesmo: o cinema é imagem e certamente é som também, mas aqui há um choque, uma ruptura que traz a experiência do cinema mudo (o silencioso) para dentro do cinema falado (o sonoro). Começa pelas imagens do cinema mudo, das comédias e truques do cinema mudo em que predominava a expressão corporal e facial para traduzir sentimentos, intenções para o espectador. Elizabeth é a continuidade dessa tradição nesse filme, agora reforçada pela fotografia e pela maestria de iluminação sobre o seu rosto (e de outras personagens, como o de Alma). A atriz de teatro que pára de falar perde sua função, pois o que predomina no teatro é o texto, a palavra. Já no cinema, a imagem pode predominar ou, ao menos, apresentar-se como o *outro* do texto, da palavra.

A opção pelo silêncio e não pelo suicídio é invocada também pelas cenas que Elizabeth vê na TV, numa reportagem, possivelmente no Extremo Oriente, em que um homem em protesto (como acontecia naqueles anos de 1960) "ateia fogo às vestes" e queima até cair morto.

5.

O silêncio de Elizabeth tem por contraponto certa "tagarelice" da enfermeira Alma. Aqui também temos uma duplicidade de oposições inesperadas: a atriz que deve falar e se dispõe a ouvir, e a enfermeira que deve mais ouvir e que fala demais. Surge uma oportunidade, então, de vermos um outro contraponto entre imagem e som como estratégias de narrativas. Embora o que predomine no cinema seja a imagem, Alma oferece-nos uma narrativa oral que, pela sua eficiência e sobretudo pelo tema central de caráter erótico, acaba se impondo com força equivalente a imagens. Alma, na primeira noite em que estão na casa da praia, narra a Elizabeth um episódio de sua vida, que a marcou profundamente.

> Uma vez, quando fora à praia com seu noivo e saíra sozinha numa manhã, encontrou uma garota que tomava banho de sol na areia, nua. Deitou-se ao seu lado, e começaram a conversar até pressentirem a presença de alguém – dois garotos que as espiavam de longe. Primeiro um se aproximou e foi convidado pela outra garota a fazer sexo com ela. Alma ficou excitada e disse que não podia mais esperar a sua vez. O garoto deixou a outra e fez sexo com ela. Mas mesmo que

> ela pedisse que ele "não fizesse um filho nela", ele não pode evitar e ejaculou dentro dela. Logo o outro garoto chegou perto e se juntou a eles, e recomeçaram a fazer sexo. De volta ao hotel, Alma encontra-se com o noivo e, ainda excitada, mantém relações intensas com este. Fica grávida e resolve fazer um aborto que, embora entenda como "a coisa mais acertada a fazer", acaba trazendo-lhe remorso e culpa para sempre.

Certamente essa narrativa bem no começo do filme está ligada a uma outra, quase no fim, em que a enfermeira conta duas vezes para a paciente a história desta. O que une as duas narrativas é a *maternidade* ou a sua *recusa*, mas com sentidos aparentemente diversos. Uma mesma história narrada duas vezes por Alma, mas *tomada* de pontos diferentes: na primeira, por detrás da enfermeira, vemos o rosto e as reações de Elizabeth em relação aos fatos que Alma vai trazendo do passado; na segunda, por detrás da atriz, vemos o rosto de Alma e a silhueta de Elizabeth. É importante notar que não se trata de duas seqüências distintas no tempo de filmagem, mas sim duas seqüências distintas no tempo de projeção, pois se percebe claramente pela silhueta de Elizabeth que são exatamente os mesmos gestos que vemos na segunda narrativa e que havíamos visto na primeira.

A narrativa é provocada quando Alma vê que Elizabeth estava olhando, e esconde com as mãos, a fotografia de seu filho que ela recebera com uma carta do marido ainda na clínica e que fora lida pela enfermeira. A atriz interrompera a leitura para pegar a fotografia e rasgá-la ao meio pela vertical. Agora Elizabeth juntava as duas partes. Assim Alma conta e reconta a história:

> Durante uma festa, alguém comenta que Elizabeth estava realizada agora, um bom casamento, uma boa carreira. Faltava-lhe, no entanto, uma coisa: a maternidade. Elizabeth decide ter um filho e completar a sua realização. Mas no meio da gestação, começa a se arrepender e rejeitar a criança e a recusar o "papel natural" a toda mulher. Elizabeth não tem coragem de abortar a criança, mas espera que ela nasça morta. Isso não acontece, e algo pior advém: a criança nasce deformada, o que aumenta ainda mais a rejeição de Elizabeth pelo filho. Querendo retornar ao teatro, ela deixa que outras pessoas criem o menino que, no entanto, cresce amando-a cada vez mais, enquanto ela o odeia na mesma proporção. De certa forma, o aborto está presente e de um modo ainda mais dramático, o que aumenta o tamanho da

culpa da mãe. Elizabeth percebe que, das várias *personas* que assumiu no teatro, nenhuma teria sido tão "real" que a marcasse profundamente. Tal qual a personagem que representava quando parou de falar – Electra –, dir-se-ia que a maternidade seria uma *persona* inexorável.

Como dissemos, a narrativa se repete, e na segunda vez, vemos o rosto de Alma fundir-se com o de Elizabeth: duas metades em que, por sutilezas, percebemos a distorção. Vários momentos tivemos para experimentar a chave do *duplo* como estruturação e, conseqüentemente, como interpretação do filme: o eu e o outro a se completarem e a se oporem. Quando o filme pára, na metade, após uma briga de Alma com Elizabeth, e o rosto da enfermeira se fixa na tela como uma foto, ele é cortado em dois; a foto do menino é rasgada ao meio; Elizabeth e Alma são tão parecidas que as metades de seus rostos podem juntar-se formando um só.

Numa seqüência bastante insólita, durante uma noite, após ir dar uma olhada na paciente, Alma caminha pela casa e ouve alguém chamar por Elizabeth. É um homem, o marido da atriz que confunde uma com a outra. Logo a atriz aparece, mas é como se não estivesse presente para os outros dois. Alma diz que não é Elizabeth, mas não adianta. O marido lhe fala do filho, depois a beija, depois os dois mantêm relações, tudo sendo visto por Elizabeth.

6.

A maternidade tomada no contexto de vida de uma atriz, particularmente nesse filme, põe em questão a sua "naturalidade", isto é, aparece como um "papel social", como algo exterior e anterior ao sujeito, à pessoa, algo que, de um ponto de vista sociológico, consiste num conjunto de comportamentos – ações, respostas, modos de pensar – construídos e impostos socialmente. Nesse sentido, é também uma *persona*. Como atriz que domina a técnica e a intuição, Elizabeth Vogler pode dominar essa *persona* e não ser por ela dominada, tal qual acontece com as outras mulheres – e que constitui uma expectativa da sociedade. Esse distanciamento é possível com a mediação da arte que, ao mesmo tempo em que é vida, é reflexão e intervenção sobre a vida. A mudez de Elizabeth, por exemplo, expressa a suspensão do juízo e o distanciamento em relação à naturalidade do mundo e é acionada pelas "risadinhas" que ela ouve durante a representação da peça. Mudez, risadinhas assumem então um caráter irônico: interrompem o movimento natural das coisas.

7.

O silêncio, a maternidade, o sexo, o gesto, a fala, o cinema, o teatro, homens e meninos: todos vão compondo um quadro em torno da atriz e da enfermeira, em que as personas *mantêm uma tensão entre as mulheres de quem não temos mais certeza da realidade*[7] *– se são duas ou uma só; uma só que se multiplica em papéis, tempos e narrativas, gestos, palavras e silêncio.*

O filme acaba como começou: um menino de óculos que observa e toca o vidro/tela onde se percebe a imagem de uma mulher, ora parece que é Elizabeth, ora Alma, ora o próprio menino. Depois vemos o mecanismo do projetor desligar-se, a luz se apaga. Era um filme. Fim.

REFERÊNCIAS

CINEMANIA 95*: The Entertaining Guide to Movies and the Moviemakers, USA, Microsoft: 1995.*

METZ, C. *A significação no cinema.* São Paulo: Perspectiva/Edusp, 1972.

METZ, C. *Linguagem e cinema.* São Paulo: Perspectiva, 1980.

XAVIER, I. *A experiência do cinema.* Rio de Janeiro: Graal/Embrafilme, 1983.

[7] Realidade, morte, sexualidade são alguns dos temas caros a Ingmar Bergman.

TERCEIRA PARTE

Indicações e Referências

FICHA TÉCNICA, SINOPSE, DADOS BIOGRÁFICOS E FILMOGRAFIA DO DIRETOR

FICHA TÉCNICA DO FILME *ROSA LUXEMBURGO*

Título Original: *Rosa Luxemburg*

Ano de Produção: 1986

País de Origem: Alemanha

Direção: Margarethe von Trotta

Elenco: Barbara Sukowa, Daniel Olbrychski, Otto Sander.

Sinopse: Biografia da militante, oradora e teórica marxista Rosa Luxemburgo, judia-polonesa que liderou uma revolução comunista na Alemanha do começo do século e morreu assassinada em 1919. Barbara Sukowa defende com garra seu papel, tendo dividido o prêmio de melhor atriz em Cannes-86 com a brasileira Fernanda Torres (pelo filme *Eu sei que vou te amar*).

Biografia de Margareth Von Trotta

Margarethe von Trotta nasceu em Berlim, em 1942. Em 1960, mudou-se para Paris, onde trabalhou para Collectives Filmes, colaborando em roteiros e posteriormente na co-direção. Transformou-se em uma das atrizes mais famosas do cinema novo alemão, trabalhando com Rainer Werner Fassbinder e Volker Schlöndorff, com quem casou-se e co-escreveu vários roteiros. Estreou na direção em parceria com o marido no filme *A honra perdida de uma mulher* (1975). Com seu quarto filme, *Os anos de chumbo*, ganhou o Leão de Ouro em Veneza.

Filmografia

2004 – *Die Andere Frau* (TV)

2003 – *As mulheres de Rosenstrasse* (*Rosenstrasse*)

2000 – *Jahrestage* (TV minissérie)

1999 – *Dunkle Tage* (TV)

1999 – *Mit fünfzig küssen Männer anders* (TV)

1997 – *Winterkind* (TV)

1995 – *A promessa* (*Das Versprechen*)

1993 – *The long silence*

1990 – *L'Africana*

1988 – *Peur et amour* (*Fürchten und lieben*)

1988 – *Felix* (segmento Eva)

1986 – *Rosa Luxemburgo* (*Rosa Luxemburg*)

1983 – *Heller Wahn*

1981 – *Os anos de chumbo* (*Die bleierne zeit*)

1979 – *A balança da felicidade* (Schwestern ou Die balance des Glücks)

1978 – *O segundo despertar de Christa Klages* (*Das zweite erwachen der Christa Klages*)

1975 – *A honra perdida de uma mulher* (*Verlorene Ehre der Katharina Blum*)

FICHA TÉCNICA DO FILME *FRIDA KAHLO*

Título Original: *Frida*

Ano de Produção: 2002

País de Origem: EUA/Canadá

Direção: Julie Taymor

Elenco: Salma Hayek (Frida Kahlo), Alfred Molina (Diego Rivera), Geoffrey Rush (Leon Trotsky), Ashley Judd (Tina Modotti), Antonio Banderas (David Alfaro Siqueiros), Edward Norton (Nelson Rockfeller), Valeria Golino (Lupe Marín), Mía Maestro (Cristina Kahlo), Roger Rees (Guillermo Kahlo), Patricia Reyes Spíndola (Matilde Kahlo), Saffron Burrows (Gracie), Margarita Sanz (Natalia Trotsky), Diego Luna (Alejandro Gonzalez Arias) Jorge e Valdés Garcia (Médico).

Sinopse: Cinebiografia da artista plástica mexicana Frida Kahlo, interpretada pela atriz Salma Hayek. O filme narra a trajetória da revolucionária pintora desde seu relacionamento incondicional com seu mentor e marido, o pintor Diego Rivera, até seu envolvimento controverso com León Trotsky. Valente na luta a favor do movimento feminista, Frida teve uma vida de contestação política e esbanjou energia com sua arte visceral e honesta. Mantinha hábitos pouco convencionais para a época, como declarar abertamente sua bissexualidade.

Tempo de Duração: 1h63min (Drama)

***Site* Oficial**: www.miramax.com/frida

Biografia de Julie Taymor

Julie Taymor nasceu em 15 de dezembro de 1952, nos Estados Unidos, Massachusetts. Dirigiu seu primeiro longa-metragem, em 1999, a partir da adaptação da peça "Titus", de William Shakespeare. Taymor recebeu vários prêmios com a peça "O Rei Leão" que estreou no teatro de New Amsterdam, em 1997; dirigiu também "O Pássaro Verde", de Carlo Gozzi, na Broadway, em 2000. Desenvolveu a Companhia Internacional Teatr loh, onde participavam atores alemães e americanos, músicos, dançarinos, entre outros. A companhia excursionou por toda a Indonésia, com duas produções originais, que posteriormente foram apresentadas nos EUA.

Filmografia

2002 – *Frida Kahlo* (*Frida*)

1999 – *Titus* (idem)

1992 – *Fool's Fire* (TV)

1992 – *Oedipus Rex* (TV)

Premiações

- Ganhou 2 Oscars: Melhor Maquiagem e Melhor Trilha Sonora. Foi ainda indicado nas categorias: Melhor Atriz (Salma Hayek), Melhor Direção de Arte, Melhor Figurino e Melhor Canção Original ("Burn It Blue").
- Ganhou o Globo de Ouro de Melhor Trilha Sonora, além de ter sido indicado na categoria de Melhor Atriz – Drama (Salma Hayek).
- Ganhou o BAFTA de Melhor Maquiagem, além de ter sido indicado nas categorias de: Melhor Atriz (Salma Hayek), Melhor Figurino e Melhor Ator Coadjuvante (Alfred Molina).

Curiosidades

- As atrizes Jennifer Lopez e Madonna chegaram a ser cotadas para interpretar Frida Kahlo.
- A canção "Burn It Blue", indicada ao Oscar, é cantada por Caetano Veloso e Lilá Brown na trilha sonora de *Frida*.

FICHA TÉCNICADO FILME *ETERNAMENTE PAGU*

Título Original: *Eternamente Pagu*

Ano de Produção: 1987

País de Origem: Brasil

Direção: Norma Bengell

Elenco: Carla Camurati, Antônio Fagundes, Otávio Augusto, Nina de Pádua, Ester Góes, Norma Bengell, Kito Junqueira, Breno Moroni, Antônio Pitanga, Ariel Coelho...

Sinopse: Fim dos anos 20, Patrícia Galvão, conhecida como Pagu, ainda não tem 20 anos e já encanta os meios intelectuais avançados de São Paulo, da mesma forma que escandaliza os conservadores. É apresentada aos membros da ala radical do movimento modernista, liderada por Oswald de Andrade, brilhando entre estrelas não menos cintilantes, como a pintora Tarsila do Amaral. Pagu e Oswald se amam, têm um filho, militam no Partido Comunista e fundam um jornal. Pagu vai à Argentina, onde encontra Luiz Carlos Prestes, e, ao participar de uma greve em Santos, é presa pela primeira vez. Em seguida, parte numa viagem pelo mundo, deixando Oswald e o filho, sempre convivendo com artistas e militantes de esquerda.

Tempo de Duração: 1h41m (Drama)

Biografia de Norma Bengell

Norma Almeida Pinto Guimarães D´Áurea Benguell, mais conhecida como Norma Bengell, nasceu no Rio de Janeiro, em 1935. Começou sua carreira como vedete da boate carioca Night and Day. Alcançou grande sucesso na televisão ao apresentar um programa semanal de música popular na Tupi. Estreou no cinema em 1958, com *O homem de Sputnik*, de Carlos Manga. Foi uma das grandes musas do "Cinema Novo", protagonizando a primeira cena de nu frontal do cinema nacional, no filme *Os cafajestes* (1961), de Ruy Guerra. Após o sucesso de *O pagador de promessas*, Palma de Ouro em Cannes em 1962, passou uma temporada em Roma, onde estrelou vários filmes e casou-se com o ator Gabrielle Tinti. Atuou em Holywood, no filme de Boris Segal, *Cat burgler,* gravando as canções "Água de Beber" e "Garota de Ipanema", ambas de Tom Jobim e Vinícius de Moraes, que fizeram parte da trilha sonora.

Filmografia

1996 – *O Guarani*

1987 – *Eternamente Pagu*

FICHA TÉCNICA DO FILME *A HISTÓRIA OFICIAL*

Título Original: *La historia oficial*

Ano de Produção: 1985

País de Origem: Argentina

Direção: Luis Puenzo

Elenco: Norma Aleandro, Héctor Alterio, Chunchuna Villafane.

Sinopse: Na Buenos Aires de 1983, casal vive em paz com a filha adotiva, até que a amiga chega do exílio e revela o absurdo do regime militar argentino. Uma obra política de importância; ganhou o Oscar de melhor filme estrangeiro, e Norma Aleandro dividiu o prêmio de melhor atriz no Festival de Cannes com Cher (por *Marcas do destino*).

Tempo de Duração: 1h65min (Drama)

Biografia de Luis Puenzo

Luis Puenzo nasceu em Buenos Aires, na Argentina, em 19 de fevereiro de 1946, sendo conhecido internacionalmente por seu filme *A história oficial* (1985). Vindo da publicidade, Puenzo não conseguiu repetir o sucesso em terras americanas após *A história oficial*, produzindo vários fracassos, como *Gringo velho*, com Jane Fonda, e a adaptação de *A peste*, livro clássico de Albert Camus, filmado em Buenos Aires, com elenco internacional.

Filmografia

2004 – *La puta y la ballena*

2002 – *Rompendo o silêncio* (*Broken silence*, episódio "Some Who Lived")

1992 – *A peste* (*The plague*)

1989 – *Gringo velho* (*Old gringo*)

1985 – *A história oficial* (*La historia oficial*)

1975 – *Las sorpresas* (segmento "Cinco años de vida")

1973 – *Luces de mis zapatos*

FICHA TÉCNICA DO FILME *UMA CIDADE SEM PASSADO*

Titulo Original: *Das Schreckliche Mädchen*

Ano de Produção: 1989

País de Origem: Alemanha

Direção: Michael Verhoeven

Elenco: Lena Stolze (Sonja), Hans-Reinhard Müller (Juckenack), Monika Baumgartner, Elisabeth Bertram

Sinopse: Moça de uma cidade pequena decide escrever um texto sobre a cidade na época do nazismo para concorrer em um concurso. Durante a pesquisa, ela descobre a verdadeira cidade, bem como as atividades das pessoas durante o nazismo. Aborda a questão do resgate histórico e a importância da pesquisa para esclarecer a própria história.

Tempo de Duração: 1h51min

Biografia de Michael Verhoeven

Michael Verhoeven nasceu em Berlim, em 1938. Filho de um diretor de operetas dos anos 40, abandonou a Medicina para fazer cinema. Em 1967, fez *Paarunger*, um filme antivietnamita, escândalo no Festival de Berlim, onde foi recusado por ser anti-EUA. Em 1982, produziu *A rosa branca*, sobre a resistência antinazista, e que causou grande polêmica na Alemanha e concorreu ao Oscar de filme estrangeiro. O filme *Uma cidade sem passado* (1990) recebeu vários prêmios, entre eles, o Urso de Prata em Berlim.

Filmografia

2003 – *Die Schnelle Gerdi und die Hauptstadt* (minissérie)

2000 – *Enthüllung einer Ehe* (TV)

2000 – *Zimmer mit Frühstück* (TV)

1995 – *Mutters Courage*

1993 – *Eine Unheilige Liebe* (TV)

1992 – *Lilli Lottofee* (TV)

1990 – *Schlaraffenland* (TV)

1990 – *Uma cidade sem passado* (*Das Schreckliche Mädchen*)

1989 – *Die Schnelle Gerdi* (minissérie)

1988 – *Semmelweis, Ignaz – Arzt der Frauen*

1987 – *Gundas Vater* (TV)

1986 – *Killing Cars*

1986 – *Gegen die Regel* (TV)

1985 – *Stinkwut* (TV)

1983 – *Liebe Melanie* (TV)

1982 – *A rosa branca*

1982 – *Die Mutprobe* (TV)

1980 – *Sonntagskinder*

1980 – *Am Südhang* (TV)

1978-1982 – *Gutenbach* (TV)

1977 – *Gefundenes Fressen*

1977 – *Bier und Spiele* (TV)

1976 – *MitGift*

1975 – *Krempoli – Ein Platz für wilde Kinder* (TV)

1973 – *Sonja schafft die Wirklichkeit ab oder... ein unheimlich starker Abgang* (TV)

1972 – *Tatort – Kressin und der Mann mit dem gelben Koffer* (TV)

1971 – *Wer im Glashaus liebt... der Graben*

1970 – *O.K.*

1970 – *Der Bettenstudent ou Was mach' ich mit den Mädchen?*

1969 – *Engelchen macht weiter – Hoppe, hoppe Reiter*

1969 – *Der Kommissar* (episódio "Dr.Meinhardts trauriges Ende")

1967 – *Paarungen*

FICHA TÉCNICA DO FILME *LANTERNAS VERMELHAS*

Título Original: *Da hong deng long gao gao gua*

País de Origem: China

Direção: Zhang Yimou

Elenco: Gong-Li, Ma Jingwu, He Caifei

Sinopse: Na China, início do século, uma estudante universitária abandona os estudos para se casar com patriarca do clã dos Chen, um homem influente e de muitas posses, já casado com três outras mulheres de idades e personalidades diferentes. Songlian logo aprende os rituais da "villa", onde cada esposa tem sua própria casa e criadagem. Todos os dias, o senhor coloca lanternas vermelhas em frente da casa da esposa que escolhe para dormir. Esta terá o direito a privilégios e favores do senhor. Por seus favores, cria-se entre as mulheres uma forte rivalidade, em que mentiras e mortes são as armas para uma sobrevivência.

Biografia de Zhang Yimou

Zhang Yimou, nascido em Xian, em 1950, é um dos representantes mais conhecidos do movimento do cinema chinês intitulado "5ª Geração". Em 1978, com a pequena abertura política, alguns cursos universitários foram retomados na China. Entre eles, o curso de Cinema, na Academia de Cinema de Pequin, teve a oportunidade de formar sua primeira turma. Dela fizeram parte Chen Kaige, Tian Zhuangzhuang e Zhang Yimou, cineastas que tornaram a China continental uma referência fundamental do cinema internacional, na década de 1990. Formado em 1982, Zhang Yimou primeiramente destacou-se na direção de fotografia de *Yellow Earth* (1983) e *The big parade* (1985), e logo se consagrou como diretor com *Sorgo vermelho* (1988), vencedor do Urso de Ouro no Festival de Berlim. Foi o começo de uma carreira consagrada com diversos prêmios, entre eles: Leão de Prata em Veneza para *Lanternas vermelhas*, Leão de Ouro em Veneza para *A história de Qiu Ju*, Grande prêmio do júri e melhor ator em Cannes com *Tempos de viver*, Leão de Ouro em Veneza por *Nenhum a menos*, entre outros. Seus filmes são reconhecidamente notáveis pela atenção dada às cores, pelo enquadramento preciso das imagens, pelos figurinos impecáveis, por todo o cuidado e refinamento estético.

Filmografia

2005 – *Qian li zou dan ji*

2004 – *O clã das adagas voadoras* (*Shi mian mai fu*)

2002 – *Herói* (*Ying xiong*)

2001 – *Xingfu shiguang*

1999 – *Nenhum a menos* (*Yi ge dou bu neng shao*)

1999 – *O caminho para casa* (*Wo de fu qin mu qin*)

1997 – *You hua hao hao shuo*

1996 – *Lumiere & Cia* (*Lumière et compagnie*)

1995 – *Operação Shangai* (*Yao a yao yao dao waipo qiao/Shanghai Triad*)

1994 – *Tempos de viver* (*Huozhe*)

1992 – *A história de Qiu Ju* (*Qiu Ju da guan si*)

1991 – *Lanternas vermelhas* (*Da hong deng long gao gao gua*)

1990 – *Amor e sedução* (*Ju Dou*)

1989 – *Operação Cougar* (*Daihao meizhoubao*)

1987 – *O sorgo vermelho* (*Hong gao liang*)

FICHA TÉCNICA DO FILME *GABBEH*

Título Original: *Gabbeh*

Ano de Produção: 1996

País de Origem: Irã/França

Direção: Mohsen Makhmalbaf

Elenco: Shaghayegh Djodat, Hossein Moharami, Abbas Sayahi, Roghieh Moharami.

Sinopse: Proibida de juntar-se ao seu grande amor, uma jovem de uma remota aldeia iraniana tem seus desejos e fantasias representados na forma de coloridos *gabbehs*, os rústicos tapetes iranianos, mundialmente admirados e colecionados. Gabbeh também é o nome da heroína, que é o fio condutor da fantasia narrada e tecida na forma de lindos tapetes.

Biografia de Mohsen Makhmalbaf

Um dos diretores mais populares e influentes da atualidade, Mohsen Makhmalbaf nasceu em Teerã, em maio de 1957. Começou a trabalhar aos oito anos de idade para sustentar sua mãe; quando adolescente, envolveu-se em um grupo militante islâmico que combatia o regime iraniano. Aos 17 anos, foi baleado e preso, permanecendo quatro anos e meio no cárcere. Com a volta do Regime Islâmico, Mohsen retornou ao seu país em 1979. Os anos que o privaram da liberdade trouxeram-lhe um renascimento intelectual e o conduziram à literatura e às artes, em especial o cinema. Nesse estágio de sua vida, Mohsen acreditou fortemente que a sociedade iraniana sofre mais da pobreza cultural do que qualquer outra coisa. Transformou-se em um escritor e diretor do Irã pós-revolucionário e estendeu suas atividades literárias às artes, novelas, curtas-metragens e roteiros que foram publicados em mais de 20 países.

Em 1996, abandonou temporariamente a carreira de diretor e fundou a Casa de Cinema de Makhmalbaf, onde ensinou um grupo seleto de alunos, incluindo sua filha, Samira, internacionalmente conhecida devido ao sucesso de crítica de *A maçã* (1999).

Filmografia

2002 – *The Afghan Alphabet*

2001 – *O caminho para Kandahar* (*Kandahar*)

2000 – *Tales of an Island* (episódio "Testing Democracy")

1999 – *Ghessé hayé kish* (episódio "The Door")

1998 – *O silêncio* (Sokout)

1996 – *Um instante de inocência* (*Nun va Goldoon*)

1996 – *Gabbeh* (idem)

1995 – *Salve o cinema* (*Salaam cinema*)

1993 – *Honarpisheh*

1992 – *Nassereddin Shah, Actor-e Cinema*

1991 – *Shabhaye Zayendeh-Rood*

1990 – *Nobat e Asheghi*

1989 – *Arousi-ye Khouban*

1987 – *O ciclista* (*Bicycleran*)

1987 – *Dastforoush*

1985 – *Baykot*

1984 – *Do Cheshman Beesu*

1984 – *Este'aze*

1983 – *Tobeh Nosuh*

FICHA TÉCNICA DO FILME *TEMPO DE ESPERA*

Título Original: *La Saison des Hommes*

Ano de Produção: 2000

País de Origem: Tunísia

Direção: Moufida Tlatli

Elenco: Rabiaa Ben Abdallah, Sabeh Bouzouita

Sinopse: Aicha tem 18 anos e casou-se com Said, na aldeia de Djerba. Said trabalha 11 meses por ano em Tunis, e, desde os primeiros dias de casada, Aicha evidenciou seu desejo de morar na capital, rompendo assim com uma tradição. Said, então, impõe-lhe uma condição: ter um filho homem. A chegada de um filho é celebrada com festa e alegria pelas mulheres, porém Aicha dá a luz a duas meninas. Quando finalmente Aziz nasce, Aicha pode realizar seu sonho. Entretanto, o menino tão esperado traz profundos sofrimentos para sua mãe que, anos mais tarde, retorna à casa em Djerba com os três filhos para compreender o passado, recuperar a confiança, a paz e a serenidade.

Biografia de Moufida Tlatli

Moufida nasceu em 1947, na Tunísia, logo depois da independência, fato que deu-lhe liberdade para freqüentar a escola – diferentemente da maioria das mulheres, as quais foram impedidas de estudar e se ausentar do país. Em 1968, inscreveu-se na Escola Francesa de Cinema IDHEC, em Paris, onde estudou edição e se formou. Retornou ao seu país natal em 1973 e começou a trabalhar como montadora. Em 1993, estreou na direção com o filme *Os silêncios do palácio*, que lhe deu menção honrosa em Cannes. *Tempo de espera* é seu segundo filme.

Filmografia

2000 – *Tempo de espera* (*La Saison des Hommes*)

1993 – *Os silêncios do palácio* (*Saimt el Qusur*)

FICHA TÉCNICA DO FILME *SOFIE*

Título Original: *Sofie*

Ano de Produção: 1992

País de Origem: Suécia/ Dinamarca

Direção: Liv Ullmann

Elenco: Karen-Lise Mynster, Ghita Norby, Erland Josephson, Jesper Christensen, Torben Zeller, Henning Moritzen.

Sinopse: A vida de Sofie, jovem judia em Copenhage, desde 1886 até 1907.

Biografia de Liv Ullmann

Liv Ullmann, atriz norueguesa, nasceu em 1939, em Tóquio, no Japão. Estudou arte dramática em Londres e fez seu primeiro filme em 1957, *Fjols til fjells*. Foi descoberta por Ingmar Bergman no palco – que lhe escreveu o papel principal de *Persona* –, com quem acabou se casando. Com Bergman, teve seus melhores papéis, que soube interpretar com muita elegância e sensibilidade. Foi indicada ao Oscar duas vezes: por *Os imigrantes*, em 1972, e *Faca a face*, em 1976.

Filmografia

2005 – *A Doll's House*

2000 – *Infiel* (*Trolösa*)

1996 – *Private Confessions/Enskilda samtal* (TV)

1996 – *Lumiere & Cia* (*Lumière et compagnie*)

1995 – *Kristin – Amor e perdição* (*Kristin Lavransdatter*)

1992 – *Sofie* (idem)

1982 – *Love* (episódio "Parting")

FICHA TÉCNICA DO FILME
A EXCÊNTRICA FAMÍLIA DE ANTÔNIA

Título Original: *Antonia's Line*

Ano de Produção: 1995

País de Origem: Holanda/Bélgica/Inglaterra

Direção: Marleen Gorris

Elenco: Willeke van Ammelrooy, Els Dottermans, Jan Decleir, Marina de Graaf, Jan Steen.

Sinopse: Três gerações de mulheres de forte personalidade marcaram a vida de Antonia desde que ela voltou à sua cidade natal para o enterro da mãe. É uma fábula existencial sobre a força das mulheres e um forte elogio à individualidade. Apesar de a história ser linear, o roteiro mistura elementos do realismo mágico para acompanhar a vida de personagens incomuns, como a filha de Antonia, que assume um caso com a professora de sua própria filha. Ganhou o Oscar de melhor filme estrangeiro em 1995.

Tempo de Duração: 1h38min (Drama)

Biografia de Marllen Gorris

Marleen Gorris Nasceu em 1948, em Limburg, Holanda. Começou a escrever roteiros aos 30 anos e, apenas cinco anos mais tarde, estreou na direção com o polêmico *A question of silence*. É conhecida por sua militância feminista, consolidada com *The Last Island* (1990). Em 1995, ficou famosa mundialmente ao ganhar o Oscar de melhor filme estrangeiro por *A excêntrica família de Antonia*.

Filmografia

2005 – *Barry*

2003 – *Carolina*

2000 – *O último lance* (*The Luzhin Defence*)

1997 – *Mrs. Dalloway* (idem)

1995 – *A excêntrica família de Antonia* (*Antonia's Line*)

1993 – *Verhalen van de straat* (TV)

1990 – *The Last Island*

1984 – *Gebroken spiegels*

1982 – *A question of silence/De Stilte rond Christine M.*

FICHA TÉCNICA DO FILME *ANAHY DE LAS MISSIONES*

Título Original: *Anahy de Las Misiones*

Ano de Produção: 1997

País de Origem: Brasil

Direção: Sérgio Silva

Elenco: Marcos Palmeira, Araci Esteves, Dira Paes, Giovanna Gold, Paulo José, Fernando Alves Pinto, Matheus Nachtergaela, Cláudio Gabriel, Ivo Cutzarida.

Sinopse: Durante a Revolução Farroupilha (1835-1845), no Rio Grande do Sul, Anahy e seus filhos recolhem despejos de guerras para depois vendê-los aos soldados.

O diretor, estreante em longa, revela o talento em uma trama e um elenco excepcional (em particular a gaúcha Araci Esteves, que ganhou vários prêmios no papel central).

O filme ganhou o festival de Brasília nas categorias de Filme, Ator (Palmeira) e Atriz (Araci).

Tempo de Duração: 1h e 55m (Drama)

Biografia de Sérgio Silva

Sérgio Silva é porto-alegrense nascido em 1945. Ao longo de 30 anos, vem intercalando cinema, teatro e docência acadêmica. *Anahy* é seu filme de estréia após ter feito vários curtas-metragens, entre eles: *Adiós América do Sul* (1982), *Festa de casamento* (1990) e *O Zeppelin passou por aqui* (1993).

Filmografia

2003 – *Noite de São João*

1997 – *Anahy de las misiones*

FICHA TÉCNICA DO FILME *HANNAH E SUAS IRMÃS*

Título Original: *Hannah and her sisters*

Ano de Produção: 1986

País de Origem: EUA

Direção: Woody Allen

Elenco: Woody Allen, Michael Caine, Mia Farrow, Carrie Fisher, Barbara Hershey, Max Von Sydow, Sam Waterston, Dianne Wiest, Lloyd Nolan, Maureen O´Sullivan, Daniel Stern, John Turturro.

Sinopse: Família nova-iorquina permanece unida graças à dedicação de uma dona de casa exemplar, que ampara as duas irmãs em momentos de angústia e ainda oferece o ombro para o ex-marido, além de cuidar do marido atual (que tem um caso com a cunhada) e dos filhos. O filme acompanha o relacionamento entre todos eles durante dois anos, com humor e emoção. Amor, solidão e morte, os temas habituais de Allen, estão presentes nessa crônica brilhante, vencedora dos Oscars de coadjuvantes (Caine e Wiest) e roteiro original.

Biografia de Woody Allen

Allen Sweart Kognigsberg, mais conhecido como Woody Allen, nasceu em 1º de setembro de 1935, no bairro nova-iorquino do Brooklyn. O cineasta teve seu primeiro contato com o cinema em 1962, ao ser contratado para escrever o roteiro do curta-metragem *The Laughmaker*. Estreou como diretor em *Um assaltante bem trapalhão*, em 1969. Desde a filmagem de *A última noite de Boris Grushenko* (1975), uma comédia encenada em meio às guerras napoleônicas, que teve grande parte das locações na Europa, Allen tem trabalhado somente em Nova York e arredores. Atuar, dirigir e escrever os roteiros de suas produções é algo natural para Allen. Recebeu três Oscars pelo filme *Noivo neurótico, noiva nervosa* (1977), incluindo melhor filme, e *Manhattan* (1979) alcançou grande sucesso, o que tornou famosa sua personalidade introvertida, neurótica, porém sagaz. Tem escrito, dirigido e habitualmente atuado em um novo filme a cada ano, desde 1977.

Com mais de 30 filmes no currículo e vários prêmios na estante, Woody Allen é uma das figuras mais populares dos Estados Unidos. No entanto, não é das mais queridas. Talvez por retratar, na maioria das vezes com certo sarcasmo, as relações sociais e o modo de pensar do americano, muita gente torce o nariz para seu trabalho. Fora da América, entretanto, ele é considerado um gênio do cinema moderno.

Filmografia

2005 – *Melinda e Melinda* (*Melinda & Melinda*)

2002 – *Dirigindo no escuro* (*Hollywood Ending*)

2001 – *O escorpião de Jade* (*The Curse of the Jade Scorpion*)

2000 – *Os trapaceiros* (*Small time crooks*)

1999 – Poucas e Boas (Sweet and Londown)

1998 – *Celebridades* (*Celebrity*)

1997 – *Desconstruindo Harry* (*Descontructing Harry*)

1996 – *Todos dizem eu te amo* (*Everyone says I love you*)

1995 – *Poderosa Afrodite* (*Mighty Aphrodite*)

1994 – *Tiros na Broadway* (*Bullets Over Broadway*)

1993 – *Misterioso assassinato em Manhattan* (*Manhattan murder mistery*)

1992 – *Maridos e esposas* (*Husband and wives*)

1991 – *Neblina e sombras* (*Shadows and fog*)

1990 – *Simplesmente Alice* (*Alice*)

1989 – *Crimes e pecados* (*Crimes and misdemeanors*)

1989 – *Contos de Nova York* – episódio Édipo Arrasado (*New York stories*)

1988 – *A outra* (*Another woman*)

1987 – *Setembro* (*September*)

1987 – A era do rádio (*Radio days*)

1986 – *Hannah e suas irmãs* (*Hannah and her siters*)

1985 – *A rosa púrpura do Cairo* (*The purple rose of Cairo*)

1984 – *Broadway Danny Rose* (idem)

1983 – *Zelig* (idem)

1982 – *Sonhos eróticos numa noite de verão* (A midsummer night´s sex comedy)

1980 – *Memórias* (*Stardust memories*)

1979 – *Manhattan* (idem)

1978 – *Interiores* (*Interiors*)

1977 – *Noivo neurótico, noiva nervosa* (*Annie Hall*)

1975 – *A última noite de Boris Grushenko* (*Love and Death*)

1973 – *Dorminhoco* (*Sleeper*)

1972 – *Tudo o que você sempre quis saber sobre sexo mas tinha medo de perguntar* (*Everything you always wanted to know abou sex but were afraid to ask*)

1971 – *Bananas* (idem)

1969 – *Um assaltante bem trapalhão* (*Take the money and run*)

1966 – *What's Up Tiger Lily?*

FICHA TÉCNICA DO FILME *AS HORAS*

Título Original: *The hours*

Ano de Produção: 2002

País de Origem: EUA

Direção: Stephen Daldry

Elenco: Meryl Streep (Clarissa Vaughn), Julianne Moore (Laura Brown), Nicole Kidman (Virginia Woolf), Eileen Atkins (Barbara), Linda Bassett (Nelly), Toni Collette (Kitty), Christian Coulson (Ralph), Claire Danes (Julia), Stephen Dillane (Leonard Woolf), Ed Harris (Richard), Allison Janney (Sally), Charley Ramm (Julian Bell), John C. Reilly (Dan Brown), Miranda Richardson (Vanessa Bell), Kate Super (Clarissa Vaughn – jovem), Jeff Daniel.

Sinopse: Em três períodos diferentes, vivem três mulheres ligadas ao livro *Mrs. Dalloway*. Em 1923, vive Virginia Woolf (Nicole Kidman), autora do livro, que enfrenta uma crise de depressão e idéias de suicídio. Em 1949, vive Laura Brown (Julianne Moore), uma dona de casa grávida que mora em Los Angeles, planeja uma festa de aniversário para o marido e não consegue parar de ler o livro. Nos dias atuais, vive Clarissa Vaughn (Meryl Streep), uma editora de livros que vive em Nova York e dá uma festa para Richard (Ed Harris), escritor que fora seu amante no passado e hoje está com Aids e morrendo.

Tempo de Duração: 114 min

***Site* Oficial**: www.thehoursmovie.com

Biografia de Stephen Daldry

Stephen Daldry nasceu em 1960, em Dorset – Inglaterra. Fez sua estréia em longas-metragens no sensível *Billy Elliot* e, de cara, foi indicado para o Oscar da categoria.

Ex-diretor da renomada casa de espetáculos Royal Court Theatre, em Londres, foi o responsável pela produção e realização de mais de cem peças, encenadas em diversos países, entre elas: "Via Dolorosa", de David Hare, na Broadway; "Rat in the Skull", de Ron Hutchinson's; "This is a Chair", de Caryl Churchill; "The Kitchen", de Arnold Wesker; "Search and Destroy", de Konder. Para o National Theatre, ele dirigiu a superpremiada peça "Machinal and An Inspector Calls".

Daldry foi também produtor e diretor da BBC Radio e Television. Seu primeiro curta-metragem, *Eight*, foi indicado para o BAFTA Award, o Oscar britânico.

Filmografia

2002 – *As horas* (*The hours*)

2000 – *Billy Elliot* (*Billy Elliot*)

Premiações

– Ganhou o Oscar de Melhor Atriz (Nicole Kidman) e foi indicado em outras oito categorias: Melhor Filme, Melhor Diretor, Melhor Ator Coadjuvante (Ed Harris), Melhor Atriz Coadjuvante (Julianne Moore), Melhor Figurino, Melhor Edição, Melhor Roteiro Adaptado e Melhor Trilha Sonora.

– Ganhou dois Globos de Ouro, nas categorias de Melhor Filme (Drama) e Melhor Atriz – Drama (Nicole Kidman). Recebeu ainda outras cinco indicações, nas seguintes categorias: Melhor Diretor, Melhor Ator Coadjuvante (Ed Harris), Melhor Atriz Coadjuvante (Meryl Streep), Melhor Roteiro e Melhor Trilha Sonora.

– Ganhou dois prêmios no BAFTA, nas seguintes categorias: Melhor Atriz (Nicole Kidman) e Melhor Trilha Sonora. Recebeu ainda outras nove indicações, nas seguintes categorias: Melhor Filme, Melhor Diretor, Melhor Filme Britânico, Melhor Atriz (Meryl Streep), Melhor Ator Coadjuvante (Ed Harris), Melhor Atriz Coadjuvante (Julianne Moore), Melhor Maquiagem, Melhor Edição e Melhor Roteiro Adaptado.

– Inicialmente a previsão era que *As horas* estreasse nos cinemas americanos em dezembro de 2001. Apesar de o filme estar pronto nessa época, a Miramax e a Paramount decidiram adiar seu lançamento em um ano, por considerar a disputa ao Oscar muito acirrada naquele momento.

– Antes de definir o título de seu livro como *Mrs. Dalloway*, a escritora Virginia Woolf cogitou intitulá-lo como *The hours*.

FICHA TÉCNICA DO FILME *FALE COM ELA*

Título Original: *Hable con ella*

País de Origem: Espanha

Ano de Produção: 2002

Direção: Pedro Almodóvar

Elenco: Javier Cámara (Benigno Martin), Darío Grandinetti (Marco Zulonga), Rosario Flores (Lydia Gonzalez), Leonor Watling (Alicia Roncero), Geraldine Chaplin (Katerina Bilova), Mariola Fuentes (Rosa), Fele Martínez (Alfredo), Paz Vega (Amparo), Chus Lampreave (Concierge), Elena Anaya (Angela), Caetano Veloso, Marisa Paredes, Cecilia Roth.

Sinopse: Em Madri, vive Benigno Martin (Javier Cámara), um enfermeiro cujo apartamento fica diante de uma academia de balé, comandada por Katerina Bilova (Geraldine Chaplin). Ele fica freqüentemente na janela da sua casa, vendo com especial atenção uma das estudantes de Katerina, Alicia Roncero (Leonor Watling), por quem está apaixonado. Benigno chega ao ponto de marcar uma consulta com o pai dela, uma psiquiatra que tem um consultório na própria casa, só para ter uma chance de falar com Alicia, mas agora só consegue lhe dar um susto. Quando Alicia é ferida em um acidente de carro, que a deixa em coma, é internada no hospital onde Benigno trabalha. Ele passa a cuidar dela, mas a atenção que dispensa com Alicia é totalmente acima do normal. Além disso, Benigno fala com ela o tempo todo, movido por um misto de fé e amor, pois crê que, de alguma forma, ela possa ouvir. Após quatro anos, o quadro dela está inalterado, e a dedicação que Benigno sente por ela também. Marco Zuluaga (Darío Grandinetti), um jornalista, é designado para entrevistar Lydia Gonzalez Rosario Flores, uma conhecida toureira que teve o nome nos tablóides ao ter um tempestuoso romance com "El Nino de Valência", um toureiro. Logo os dois iniciam uma relação, que estava destinada a ser curta, pois Lydia é atingida por um touro e considerada clinicamente morta. Por coincidência, ela é internada no mesmo hospital onde está Alicia, e logo Benigno e Marco ficam amigos.

Tempo de Duração: 116 min

***Site* Oficial**: www.sonyclassics.com/talktoher

Biografia de Pedro Almodóvar

Pedro Almodóvar Caballero nasceu em Calzada de Calatrava, La Mancha, Espanha, em 24 de setembro de 1951. Sua família emigrou-se para Estremadura quando ele tinha oito anos; lá estudou com os Salesianos e Franciscanos. Durante o tempo que viveu em Cáceres, freqüentava cinema compulsivamente. Em 1967, com 16 anos, mudou-se para Madrid, sem família e sem dinheiro, mas com um projeto claro: estudar e fazer filmes. Diante da impossibilidade de estudar teoria na Escola Oficial de Cinema, fechada recentemente por Franco, decidiu aprender na prática.

Fez diversos bicos até conseguir um emprego na Cia. Telefônica Nacional, onde permaneceu durante 12 anos como assistente administrativo. Em função do trabalho, pôde ter contato com a classe média espanhola, seus dramas e misérias. Pelas manhãs, trabalhava na Cia. Telefônica; durante as tardes e noites, ele escrevia e juntou-se ao grupo de teatro independente "Los Gollardos" e fez filmes em Super-8. Escreveu para várias revistas alternativas e foi membro do grupo punk-rock "Almodóvar e McNamara". A estréia de seu primeiro filme, *Pepi, Luci, Bom y Otras Chicas del Montón* (1980), coincidiu com o nascimento da democracia na Espanha.

Filmografia

2004 – *Má educação* (*La mala educación*)

2002 – *Fale com ela* (*Habla con ella*)

1999 – *Tudo sobre minha mãe* (*Todo sobre mi madre*)

1997 – *Carne trémula* (*Carne tremula*)

1995 – *A flor do meu segredo* (*La flor de mi secreto*)

1993 – *Kika* (*Kika*)

1991 – *De salto alto* (*Tocones Lejanos*)

1990 – *Ata-me!* (*Átame!*)

1988 – *Mulheres à beira de um ataque de nervos* (*Mujeres al borde de um ataque de nervios*)

1987 – *A lei do desejo* (*La ley del deseo*)

1986 – *Matador* (*Matador*)

1985 – *Tráiler para amantes de lo prohibito* (TV)

1984 – *O que eu fiz para merecer isso?* (*Qué he hecho yo para merecer esto?*)

1983 – *Maus hábitos* (*Entre Tinieblas*)

1982 – *Labirinto de paixões* (*Laberinto de pasiones*)

1980 – *Pepi, Luci. Bom y otras chicas del Montón*

Premiações

– Ganhou o Oscar de Melhor Roteiro Original, além de ter sido indicado na categoria de Melhor Diretor.

– Ganhou o Globo de Ouro de Melhor Filme Estrangeiro.

– Recebeu sete indicações ao Goya, nas seguintes categorias: Melhor Filme, Melhor Diretor, Melhor Ator (Javier Cámara), Melhor Trilha Sonora, Melhor Roteiro Original, Melhor Som e Melhores Efeitos Especiais.

– Ganhou dois prêmios no BAFTA, nas seguintes categorias: Melhor Filme Estrangeiro e Melhor Roteiro Original.

– Ganhou o César de Melhor Filme da União Européia.

FICHA TÉCNICA DO FILME *PERSONA*

Título Original: *Persona*

Ano de Produção: 1966

País de Origem: Suécia

Direção: Ingmar Bergman

Elenco: Bibi Andersson, Liv Ullmann, Gunnar Bjornstrand, Margaretha Krook.

Sinopse: Atriz entra em crise e fica muda; passa a se tratar com uma enfermeira psiquiátrica; aos poucos, os papéis se invertem. Uma das melhores investigações psicológicas já feitas no cinema, esse rápido ensaio humano de Bergman é um verdadeiro *tour* de força para as duas grandes atrizes centrais, pois a câmera praticamente não as abandona. Tensão e inquisição caracterizam o contato com duas mulheres de forte personalidade, com um texto ao mesmo tempo poético e perturbador. Em preto-e-branco.

Tempo de Duração: 1h21min (Drama)

Biografia de Ingmar Bergman

Ernst Ingmar Bergman nasceu em Uppsala, Suécia, em 14 de julho de 1918. Por ser filho de um pastor luterano, o ambiente religioso em que passou a infância influenciou sua formação moral e intelectual. Na adolescência, já se sentia seduzido pelo cinema, a cujos recursos expressivos dava grande valor. Mas, como tantos outros cineastas, começou por dedicar-se ao teatro, atividade que nunca abandonou. Em seu primeiro filme, *Crise* (1945), reflete-se o pessimismo do pós-guerra europeu. Em 1949, ao realizar *Prisão,* Bergman iniciou uma fase em que dois temas fundamentais coexistem: um, de caráter filosófico, em torno de questões como a existência de Deus ou do bem e do mal; outro, de tipo satírico, centrado nos problemas da falta de comunicação entre as pessoas.

Em meados dos anos 50, o filme mais representativo de Bergman foi *O sétimo selo* (1957), alegoria ambientada na Idade Média, com que obteve fama mundial. No mesmo ano, conseguiu grande sucesso no Festival de Cannes com *Sorrisos numa noite de verão* (1955).

Os sucessos acumulados ao longo de sua carreira culminaram, em 1983, com a obtenção do Oscar de melhor filme estrangeiro por *Fanny e Alexander.*

Filmografia

2003 – *Saraband* (TV)

2000 – *Bildmakarna* (TV)

1997 – *Na presença de um palhaço* (*Larmar och gör sig till*, TV)

1995 – *Sista skriket* (TV)

1993 – *Backanterna* (TV)

1992 – *Markisinnan de Sade* (TV)

1986 – *De Två saliga* (TV)

1986 – *Diário de uma filmagem* (*Dokument Fanny och Alexander*)

1984 – *Depois do ensaio* (*Efter repetitionen*, TV)

1983 – *Hustruskolan* (TV)

1982 – *Fanny e Alexander* (*Fanny och Alexander*)

1980 – *Da vida das marionetes* (*Aus dem Leben der Marionetten*)

1978 – *Sonata de Outono* (*Höstsonaten*)

1977 – *O ovo da serpente* (*The serpent's egg*)

1976 – *Faca a face* (*Ansikte mot ansikte*)

1975 – *A flauta mágica* (*Trollflöjten*, TV)

1974 – *Misantropen* (TV)

1973 – *Cenas de um casamento* (*Scener ur ett äktenskap*)

1972 – *Gritos e sussuros* (*Viskningar och rop*)

1971 – *A hora do amor* (*Beröringen*)

1969 – *A paixão de Ana* (*En passion*)

1969 – *Riten* (TV)

1969 – *Fårödokument* (TV)

1968 – *Vergonha* (*Skammen*)

1968 – *A hora do lobo* (*Vargtimmen*)

1967 – *Stimulantia* (episódio "Daniel")

1966 – *Persona – quando duas mulheres pecam* (*Persona*)

1965 – *Don Juan* (minissérie)

1964 – *För att inte tala om alla dessa kvinnor*

1963 – *O silêncio* (*Tystnaden*)

1963 – *Nattvardsgästerna*

1963 – *Ett Drömspel* (TV)

1961 – *Såsom i en spegel*

1960 – *Djävulens öga*

1960 – *A fonte da donzela* (*Jungfrukällan*)

1960 – *Oväder* (TV)

1958 – *O rosto* (*Ansiktet*)

1958 – *Rabies* (TV)

1958 – *Venetianskan* (TV)

1958 – *No limiar da vida* (*Nära livet*)

1957 – *Morangos silvestres* (*Smultronstället*)

1957 – *Herr Sleeman kommer* (TV)

1957 – *O sétimo selo* (*Det Sjunde inseglet*)

1957 – *Bakomfilm smultronstället*

1955 – *Sorrisos de uma noite de amor* (*Sommarnattens leende*)

1955 – *Sonhos de mulheres* (*Kvinnodröm*)

1954 – *Uma lição de amor* (*En Lektion i kärlek*)

1953 – *Noites de circo* (*Gycklarnas afton*)

1953 – *Mônica e o desejo* (*Sommaren med Monika*)

1952 – *Quando as mulheres esperam* (*Kvinnors väntan*)

1951 – *Juventude* (*Sommarlek*)

1950 – *Sånt händer inte här*

1950 – *Till glädje*

1949 – *Sede de paixões* (*Törst*)

1949 – *Prisão* (*Fängelse*)

1948 – *Porto* (*Hamnstad*)

1948 – *Música na noite* (*Musik i mörker*)

1947 – *Skepp till India land*

1946 – *Det regnar på vår kärlek*

1946 – *Crise* (*Kris*)

FESTIVAIS DE CINEMA DE REALIZADORAS/ CINEMA DE MULHERES

• Brasil

FEMINA – Festival Internacional de Cinema Feminino

Acontece na cidade do Rio de Janeiro e é constituído de sessões de longas, curtas e médias-metragens em formatos de cinema ou vídeo, exclusivamente dirigidos por mulheres, e um fórum de debates.

O FEMINA teve sua primeira edição em novembro de 2004, e sua realização foi um marco na participação feminina no cinema. Como o primeiro festival de filmes dirigidos por mulheres no Brasil e América Latina, foi saudado com entusiasmo pelos festivais do gênero existentes em outros países. Foram recebidas convidadas internacionais, entre cineastas, atrizes e produtoras de festivais de cinema de mulheres no mundo, que voltaram encantadas e confirmaram seu apoio à realização do FEMINA 2005. O FEMINA 2004 apresentou uma Mostra Competitiva de Curtas-metragens Brasileiros, Lançamentos de longas-metragens latino-americanos e internacionais, Mostras Especiais do Festival de Cannes 2004 e do Festival Femme Totale, da Alemanha, Mostra Homenagem à atriz e produtora Betty Faria, um Fórum de Debates, constituído de três mesas, e um Encontro de Diretoras de Festivais Internacionais de Cinema de Mulheres.

Contatos: *http:// www.feminafest.com.br*

• França

Festival Internacional de Films de Femmes de Créteil

Esse Festival, um dos mais antigos e importantes no gênero, realiza-se, anualmente, em Cretéil, um *banlieue* parisiense, há mais de 20 anos. É uma promoção do IRIS (Centro de Pesquisa e de Documentação) que se dedica não somente à documentação do festival como também à organização de um importante acervo de filmes realizados por mulheres e sobre a temática da mulher em geral.

O primeiro Festival Internacional de Films de Femmes de Cretéil ocorreu em 1979 e, embora se realize sempre em Cretéil, dirige-se a um horizonte internacional, com o propósito de favorecer não somente o encontro entre realizadoras do mundo inteiro e o público mas também a troca cultural entre a Europa e o mundo.

Em seus 27 anos de cinema no feminino, de combates, de lutas, de reveses, de revolução, o Films de Femmes de Cretéil é uma manifestação do cinema de autor, nascido em defesa da sua qualidade inovadora, de resistência e mesmo de uma provocação, segundo os documentos do próprio IRIS e do Festival.

Contatos: *www.filmsdefemmes.com*

- **Espanha**

Mostra Internacional de Films de Dones de Barcelona

A Mostra Internacional de Filmes de Mulheres de Barcelona, iniciada em junho de 1993, tem como objetivo promover o cinema dirigido por mulheres, dando visibilidade à cultura audiovisual feminina, projetando filmografias de realizadoras de todo o mundo e evidenciando assim a importância da contribuição das mulheres no desenvolvimento da criação audiovisual. Depois de mais de uma década de história, a Mostra Internacional de Filmes de Mulheres de Barcelona converteu-se em um espaço cultural estável e numa plataforma de exibição alternativa cada vez mais comprometida com o debate dos processos criativos.

A Mostra Internacional de Filmes de Mulheres de Barcelona é parte de La Plataforma – Festivais de Cinema, Vídeo e Multimédia de Barcelona –, de Trama – Coordenação de Mostras e Festivais de Cinema, Vídeo e Multimédia realizados por mulheres – e da Coordenação Européia de Festivais.

O cinema de mulheres, apesar dos limites impostos pela indústria e pela falta de reconhecimento pleno por parte da crítica, se apresenta como elemento imprescindível para entender melhor o que é o cinema hoje.

Contatos: *mostra@dracmagic.com*

Algumas indicações de centros de documentação, estudos e pesquisas sobre mulher/gênero/feminino/femininos

– **IRIS – Centre de Ressources Multimédias de la Création Audiovisuelle des Femmes –** Maison des Arts – Place Salvador Allende – 94000 – Créteil – França

Sua vocação: reunir os arquivos audiovisuais concernentes às mulheres e à história das mulheres

Seus temas de predileção: as identidades, a história das mulheres e a imagem, a criação audiovisual das mulheres, a solidariedade, a educação...

Seus arquivos: de ficções, de documentários, de ... de mulheres, de .... de debates, de obras, de fotos, de artigos etc.

IRIS coloca à disposição do público e dos profissionais um acervo documental único de filmes realizados por mulheres e de filmes e criações audiovisuais sobre a temática da mulher. Oferece vários tipos de serviços, dentre eles: acesso à sua documentação e acervo; colaboração e consultoria a programações e eventos relativos às mulheres e ao cinema; bases e referências para a pesquisa nesta temática, além de organizar, anualmente, o Festival de Films de Femmes de Cretéil que está em sua vigésima oitava edição em 2005.

Contatos: *iris@filmsdefemmes.com*

http://www.filmsdefemmes.com

– **DUODA** – Centro de Recerca de Dones de la Universitat de Barcelona. Baldiri Reixac, 13. 080028. E.mail: duoda@d1.ub.es, www.ub.es/duoda.

– **PAGU** – Núcleo de Estudos de Gênero – UNICAMP.

htpp:// *www.unicamp.br/pagu/bibliografia.html*

– **NEMGE – Núcleo de Estudos da Mulher e Relações Sociais de Gênero da Universidade de São Paulo**

Projetos: Pesquisas sobre a situação da mulher. Atendimento jurídico e psicológico. São Paulo/SP. (11) 3091.4180 / 3091.4210 *nemge@edu.usp.br*

http://*www.usp.br/nemge*

– **NEPEM – Núcleo de Estudo e Pesquisas sobre a Mulher Faculdade de Filosofia e Ciências Humanas – UFMG**

http://nepem@fafich.ufmg.br

– **NIGS – Núcleo de Identidades de Gênero e Subjetividades Laboratório de Antropologia Social da UFSC**

Projeto: Mapeamento Nacional de Pesquisas e Publicações sobre Violências contra as Mulheres – Florianópolis/SC – (48) 331-8806

nigs@cfh.ufsc.br

http://www.nigs.ufsc.br/

– **Projeto Telas -** Telas dos Femininos: a mulher no cinema latino-americano e caribenho
Faculdade de Educação – UFMG

telasufmg@gmail.com

ALGUMAS INDICAÇÕES DE GRUPOS, ENTIDADES, FÓRUNS E REDES DE GÊNERO E MULHERES – BRASIL E AMÉRICA LATINA

AGENDE – Ações em Gênero Cidadania e Desenvolvimento
www.agende.org.br

AMB – Articulação de Mulheres Brasileiras
www.articulacaodemulheres.org.br

Biblioteca Virtual Mulher
www.prossiga.br/bvmulher/cedim

Cátedra Regional UNESCO – Mulher, Ciência e Tecnologia na América Latina
www.catunescomujer.org

CFEMEA – Centro Feminista de Estudos e Assessoria
www.cfemea.org.br

SOS Corpo
www.soscorpo.org.br

SPMulheres – Secretaria Especial de Políticas para as Mulheres
www.presidencia.gov.br/spmulheres

Unidad Mujer y Desarrollo – CEPAL
www.eclac.cl/mujer

UNIFEM – Fundo de Desenvolvimento das Nações Unidas para a Mulher
www.undp.org.br/unifem

Red de Salud de las Mujeres de Latinoamérica y Caribe

Comissão Nacional sobre Mulher Trabalhadora da CUT

União Brasileira de Mulheres

Red Feminista Latinoamericana y del Caribe contra la Violência Domestica e Sexual

Rede Nacional Feminista de Saúde, Direitos Sexuais e Direitos Reprodutivos

REDOR – Rede Feminista Norte e Nordeste de Estudos e Pesquisas sobre Mulher e Relações de Gênero

Red de Mujeres Afrolatinoamericanas y Afrocaribenãs

Rede Brasileira de Estudos e Pesquisas Feministas

Rede de Mulheres do Rádio

Articulação Nacional de Mulheres Trabalhadoras Rurais

Rede Nacional de Parteiras Tradicionais

Rede de Mulheres Trabalhadoras Rurais da América Latina e do Caribe

Red Latinoamericana Mujeres Transformando la Economia

Movimento Articulado de Mulheres da Amazônia

Red Internacional de Gênero y Comercio/Capitulo Latinoamericano

Articulación Feminista MERCOSUR

Articulação Nacional de ONGs de Mulheres Negras Brasileiras

Fórum Nacional de Mulheres Negras

SITES DE ENTIDADES, REDES, FÓRUNS SOBRE MULHER, GÊNERO E FEMININO

www.redesaude.org.br

www.cfemea.org.br

www.mulher500.org.br

www.pagu.org.br
www.articulacaodemulheres.org.br
www.mama.org.br
www.mujeresdelsur.org.br
www.forumsocialmundial.org.br
www.redemulher.org.br
www.sof.org.br/marchamulheres/
www.senale.com.br
www.geledes.com.br
www.criola.ong.br
www.socorpo.org.br
www.marchamargaridas.contag.org.br
www.movimientos.org/remte
www.movimientos.org/mujerafro
www.abong.org.br
www.reddesalud.org
www.mulheresnegras.org.br
www.generoycomercio.org
www.redefem.org.br

INDICAÇÕES BIBLIOGRÁFICAS BÁSICAS – MULHER/GÊNERO/ DIFERENÇA DE SEXO/FEMININO

Livros

BEAUVOIR, Simone. *O segundo sexo.* São Paulo: Difusão Européia, 1960.

BIRMAN, Joel. *Cartografias do feminino.* São Paulo: Ed. 34, 1999.

DEL PRIORI, Mary (Org.). História das Mulheres no Brasil. São Paulo: Contexto,1997.

DIOTIMA. IL pensiero della differenza sessuale. Milán: La Tartaruga, 1987.

DIOTIMA. IL cielo stellato dentro de noi. L'ordine simbólico della madre. Milán, La Tartaruga, 1992.

DUBY, Georges; PERROT, Michele. *História das mulheres no ocidente.* Porto: Afrontamento, 1990.

FERREIRA, Cláudia; BONAN, Cláudia. *Mulheres e movimentos*. Rio de Janeiro: Ed. Aeroplano, 2004.

GARRETAS, María-Milagros Rivera. *Nombrar el mundo en femenino: pensamiento de las mujeres teoría feminista*. Barcelona: Icaria Editorial, 2003.

GUBIN, Eliane *et al*. *Lê siècle dês féminismes*. Paris: Editions de l'Atelier, 2004. E.mail: editions.atelier@wanadoo.fr

IRIGARAY, Luce. *Ese sexo que no es uno*. Trad. De Silvia Tubert. Madrid: Saltés, 1982.

IRIGARAY, Luce. *Éthique de la differénce sexuelle*. Paris: Les Editions de Minuit,1985.

JELIN, Elizabeth. *Ciudadania y identidad: lãs mujeres em los movimientos latino-americanos*. Instituto de Pesquisas das Nações. Ginebra: UNIRISD, 1987.

KAPLAN, E. A. *Las mujeres y el cine*. A ambos lados de la cámara. Madrid: Feminismos, Cátedra, 1998.

MURARO, Luisa. *El orden simbólico de la madre*. Madrid: Barcelona:

Horas y horas Editorial, 1994.

NOVAES, Fernando A. (org.). *História da vida privada no Brasil*. São Paulo: Companhia das Letras, 1997.

PERROT, Michele. *Os excluídos da história*. São Paulo: Paz e Terra, 1988.

PRIORI, Mary del. *A mulher na história do Brasil*. São Paulo: Contexto, 1988.

SAFIOTTI, Heleieth. *A mulher na sociedade de classes:* mito e realidade. São Paulo: Livraria Quatro Aretes, 1969.

SCHUMAHER, Schuma; BRAZIL, Érico Vital. *Dicionário de Mulheres do Brasil: de 1500 até a atualidade*. Rio de Janeiro: Jorge Zahar, 2000.

SCOTT, J. Gênero: uma categoria útil de análise histórica. *Educação e Realidade*, v. 20(2) jul./dez. 1995, p. 88.

SIMMEL, Georg. Lo relativo y lo absoluto em el problema de los sexos. In: SIMMEL, Georg. *Sobre la aventura*: ensayos filosóficos. Barcelona: Ediciones Península. (Colección Homo Sociologicus)

SIMMEL, Georg. Cultura femenina. In: SIMMEL, Georg. *Sobre la aventura: ensayos filosóficos*. Barcelona: Ediciones Península. (Colección Homo Sociologicus)

Periódicos

Cadernos PAGU – Campinas – NEG/UNICAMP

Revista de Estudos Feministas. Rio de Janeiro – CIEC/ECO/UFRJ

Revista Estudos Feministas, Florianópolis – Centro de Filosofia e Ciências Humanas – Universidade Federal de Santa Catarina. E.mail: ref@cfh.ufsc.br. Home-page: www.cfh.ufsc.br/~ref

DUODA – Revista de Estúdios Feministas/Revita D'estudis Feministes – Centro de Recerca de Dones de la Universitat de Barcelona. Baldiri Reixac, 13. 080028. E.mail: duoda@d1.ub.es, www.ub.es/duoda.

Livrarias de Mulheres

Libreria delle donne – htpp://www.libreriadelledone.it

Libreria Mujeres Barcelona (Libreria Proleg)

http://www.mallorcaweb.net/proleg/Librería Mujeres de Madrid

http://www.unapalabraotra.org/libreriamujeres.html

OS AUTORES

Afrânio Mendes Catani

Professor do departamento de Administração Escolar e Economia da Educação da Faculdade de Educação/USP e no Programa de Pós-graduação em Integração da América Latina (PROLAM/USP).

Amaury Cesar Moraes

Doutor em Educação pela Universidade Federal do Rio de Janeiro (UFRJ) e professor da Faculdade de Educação da mesma instituição.

Ana Maria Cavaliere

Doutora em Educação pela Universidade Federal do Rio de Janeiro (UFRJ) e professora da Faculdade de Educação da mesma instituição.

Ana Paula Rocha

Graduanda do curso de História – turma do 2º semestre de 2004 – e monitora do Setor de Pesquisa do Instituto de Ciências Humanas.

Andréa Casa Nova Maia

Doutora em História Social da Cultura pela Universidade Federal Fluminense (UFF-RJ) e mestre em História pela Universidade Federal de Minas Gerais (Fafich-MG).

Carmem Lúcia Eiterer

Doutora em Educação pela Universidade de São Paulo. Professora da Faculdade de Educação da Universidade Federal de Minas Gerais.

Cláudia Pereira Vianna

Docente da Faculdade de Educação da USP (FEUSP), com mestrado em História e Filosofia da Educação pela PUC-SP e doutorado em Educação pela FEUSP.

Cynthia Greive Veiga

Doutora em Ciências Humanas na área de História pela Universidade Estadual de Campinas e professora de História da Educação da Faculdade de Educação da Universidade Federal de Minas Gerais e do Programa de pós-graduação em Educação da mesma instituição.

Elen Cristina Souza Doppenschmitt

Mestre em Comunicação e Semiótica pela Pontifícia Universidade Católica de São Paulo (PUC/SP). Atuação profissional: Centro de Estudos Rurais e Urbanos (CERU/USP).

Eli Henn Fabris

Doutora em Educação pela Universidade Federal do Rio Grande do Sul (UFRGS) e mestre em Educação pela mesma universidade.

Inês Assunção de Castro Teixeira

Doutora em Educação e professora da Graduação e Pós-graduação da Faculdade de Educação da UFMG. É pesquisadora do Núcleo de Estudos e Pesquisas sobre Profissão Docente da FaE/UFMG e do Programa de História Oral do Centro de Estudos Mineiros da Fafich/UFMG.

Isabel Lelis

Doutora em Ciências Humanas – Educação; professora (aposentada) da Faculdade de Educação da UFRJ; professora do Programa de Pós-Graduação em Educação na PUC-Rio; coordena a pesquisa institucional "Entre famílias e escola, a força do julgamento professoral".

José de Sousa Miguel Lopes

Doutor em Filosofia e História da Educação pela PUC São Paulo. É professor visitante da Unileste-MG e tem desenvolvido pesquisas e publicações sobre relações étnico-raciais e temáticas da Antropologia na Educação.

Juan Antônio Montiel

Mestre em Letras, doutorando em Filosofia pela Universidade de Barcelona e assessor literário da Editora Anagrama.

Keylla Kerche

Graduanda do curso de História – turma do 2º semestre de 2004 – e estagiária do projeto "Estrada Real: trajeto de muitas histórias e memórias", financiado pela FAPEMIG.

Luiz Augusto Passos

Mestre e doutor em Educação pela Universidade Federal de Mato Grosso. Pesquisador do Grupo de Pesquisa Movimentos Sociais e Educação (GPMSE) da UFMT.

Maria Antonieta Pereira

Doutora em Literatura Comparada. Professora da Faculdade de Letras da Universidade Federal de Minas Gerais.

Maria da Graça Jacintho Setton

Mestre e doutora em Sociologia pela PUC-SP e pela FFLCH-USP. Pós-Doutorado na École de Hautes Études em Scienses Sociales – Paris, França. Professora de Sociologia do curso de Pedagogia, Licenciatura e do Programa de Pós-Graduação da FEUSP.

Maria Isabel Antunes Rocha

Graduação em Psicologia. Mestre em Psicologia Social. Doutora em Educação. Docente e pesquisadora da Faculdade de Educação/Universidade Federal de Minas Gerais.

Maura Corcini Lopes

Doutora em Educação pela Universidade Federal do Rio Grande do Sul (UFRGS).

Michèle Sato

Professora-doutora da Universidade Federal de Mato Grosso (UFMT) e consultora internacional do Ministério do Meio Ambiente (MMA).

Renato de Sousa Porto Gilioli

Doutor em Educação pela Universidade de São Paulo (USP) e mestre em Educação pela mesma instituição.

Vera Casa Nova

Doutora em Ciência da Literatura: Semiologia pela Universidade Federal do Rio de Janeiro (UFRJ).

Vera de Paula

Mestre em Educação; professora aposentada da PUC-Rio, da Cândido Mendes; coordenadora de projetos especiais do Fórum de Ciência e Cultura da UFRJ.

Virgínia Maria Trindade Valadares

Mestre e doutora em História da Expansão e dos Descobrimentos Portugueses – Universidade de Lisboa, Lisboa – Portugal. Professora do COLTEC – UFMG e coordenadora do setor de pesquisa do Instituto de Ciências Humanas – PUC-MG.

Zeila de Brito Fabri Demartini

Doutora em Sociologia pela USP. Pesquisadora – colaboradora do Programa de Pós-Graduação da Unicamp.

QUALQUER LIVRO DO NOSSO CATÁLOGO NÃO ENCONTRADO NAS LIVRARIAS PODE SER PEDIDO POR CARTA, FAX, TELEFONE OU PELA INTERNET.

Rua Aimorés, 981, 8º andar – Funcionários
Belo Horizonte-MG – CEP 30140-071

Tel: (31) 3222 6819
Fax: (31) 3224 6087
Televendas (gratuito): 0800 2831322

vendas@autenticaeditora.com.br
www.autenticaeditora.com.br

ESTE LIVRO FOI COMPOSTO COM TIPOGRAFIA OTTAWA E IMPRESSO EM PAPEL OFF SET 75 G. NA SERMOGRAF ARTES GRÁFICAS.